KB259891

성희롱 · 성추행 · 성폭력
대처방법과 법률적해결

편저 : 이 창 복

성희롱, 성추행 및 성폭력의 판단기준과 대처방법,
모든 성범죄 피해 신고, 상담, 수사기관에 고소,
형사절차 및 손해배상, 피해자 보호와 지원,
예방 등에 관해서 복잡한 법절차를
상세하게 각종 상담사례, 서식을 관련 판례

머리말

미국에서 시작한 『#Mee Too』 운동은 유럽으로 확산되더니 우리나라에도 상륙하여 굉장한 광풍을 일으키고 있습니다. 처음에는 문화예술계에서 미미하게 시작되다가 권력기관인 검찰에서 폭로가 나오면서 교육계, 학계는 물론이고 이제는 정치권으로 옮겨져 그 여파가 모든 권역으로 퍼지고 있습니다.

그래서 정부에서도 '공공부문 성희롱·성폭력 근절 정책 추진현황 및 보완대책'을 밝히면서 '공공부문 직장 내 성희롱·성폭력 특별신고센터'를 개소하여 피해사건을 접수받고 있습니다. 여성가족부 산하 한국여성인권진흥원 내 설치되는 '특별신고센터'는 직장 내부 절차에 따른 피해 신고를 주저해 온 피해자들이 2차 피해에 대한 두려움 없이 신고할 수 있도록 하기 위하여 설치한 기관입니다.

앞으로는 우월적 지위를 이용한 권력형 성폭력 범죄에 대한 법정형을 최대 10년까지로 상향하고, 이에 따라 공소시효가 연장되는 방안이 추진되고 있습니다. 아울러 피해자의 진술을 어렵게 할 수 있는 사실적시 명예훼손죄, 무고죄를 이용한 가해자의 협박 등에 대한 무료 법률지원을 강화하고, 피해자·신고자에 대한 체계적 신변보호에 나서려고 법을 개정하거나 제정하려고 정부에서 노력하고 있습니다.

이 책에서는 성희롱, 성추행 및 성폭력의 판단기준과 대처방법, 모든 성범죄 피해 신고, 상담, 수사기관에 고소, 형사절차 및 손해배상, 피해자 보호와 지원, 예방 등에 관해서 복잡한 법절차를 상세하게 각종 상담사례, 서식을 관련 판례와 함께 누구나 쉽게 이해할 수 있도록 엮었습니다.

이러한 자료들은 대법원의 최신 판결례와 법제처의 생활법령, 고용노동부와 대한법률구조공단의 상담사례 및 서식, 국가인권위원회의 상담사례 등을 참고하였으며, 이를 종합적으로 정리, 분석하여 일목요연하게 편집하였습니다,

이 책이 성희롱, 성추행, 성폭력을 억울하게 당하고도 신고 못하고 있는 분이나 이런 분에게 도움을 주려는 모든 분들에게 큰 도움이 되리라 믿으며, 열악한 출판시장임에도 불구하고 흔쾌히 출간에 응해 주신 법문북스 김현호 대표에게 감사를 드립니다.

2018. 5.
편저자 드림

목 차

제1장 성희롱이란 무엇인가요?

◆ 제1절 성희롱 피해자 개요

◆ 제3절 직장 내 성희롱의 금지

◆ 제4절 공공장소에서의 성희롱의 금지

◆ 제5절 사회적 약자에 대한 성희롱

제2장 성폭력을 당한 경우에는 어떻게 해야 하나요?

부　록 : 관련법령

제1장
성희롱이란 무엇인가요?

제1장 성희롱이란 무엇인가요?

제1절 성희롱 피해자 개요

1. 성희롱의 법적 개념

① 일반적으로 성희롱이란 상대방이 원하지 않는 성적(性的)인 말이나 행동을 하여 상대방에게 성적 굴욕감이나 수치심을 느끼게 하는 행위를 말합니다.

② 성희롱의 개념을 정의하고 있는 입법례는 「국가인권위원회법」과 「남녀고용평등과 일·가정 양립지원에 관한 법률」 및 「양성평등기본법」에서 찾아볼 수 있는데 공통적으로 성희롱이란 '지위를 이용하거나 업무와 관련하여' 성적(性的) 언동(言動) 등으로 성적 굴욕감(屈辱感) 또는 혐오감(嫌惡感)을 느끼게 하거나, 성적 언동 그 밖의 요구 등에 대한 불응을 이유로 고용에서 불이익을 주는 것까지 포함하는 근로관계를 전제로 하는 경우가 대부분입니다.

③ 그 밖에 「경범죄 처벌법」 제3조제1항제33호에서는 직접 성희롱을 정의하고 있지는 않으나 신체의 과다노출로 다른 사람에게 부끄러움이나 불쾌감을 주는 행위를 금지하고 있습니다.

④ 또한, 성희롱이 그 정도를 넘어서 성범죄에 해당하거나 그 밖에 형사처벌의 대상이 되는 경우에는 「형법」, 「성폭력범죄의 처벌 등에 관한 특례법」 및 「경범죄처벌법」에 따라 형사처벌의 대상이 됩니다.

(관련판례 1)
　구 남녀차별금지 및 구제에 관한 법률(2003. 5. 29. 법률 제6915호로 개정되기 전의 것) 제2조 제2호에서 규정한 성희롱의 전제요건인 '성적 언동 등'이란 남녀 간의 육체적 관계나 남성 또는 여성의 신체적 특징과 관련된 육체적, 언어적, 시각적 행위로서 사회공동체의 건전한 상식과 관행에 비추어 볼 때 객관적으로 상대방과 같은 처지에 있는 일반적이고도 평균적인 사람으로 하여금 성적 굴욕감이나 혐오감을 느끼게 할 수 있는 행위를 의미하고, 위 규정상의 성희롱이 성립하기 위해서는 행위자에게 반드시 성적 동기나 의도가 있어야 하는 것은 아니지만, 당사자의 관계, 행위가 행해진 장소 및 상황, 행위에 대한 상대방의 명시적 또는 추정적인 반응의 내용, 행위의 내용 및 정도, 행위가 일회적 또는 단기간의 것인지 아니면 계속적인 것인지 여부 등의 구체적 사정을 참작하여 볼 때, 객관적으로 상대방과 같은 처지에 있는 일반적이고도 평균적인 사람으로 하여금 성적 굴욕감이나 혐오감을 느낄 수 있게 하는 행위가 있고, 그로 인하여 행위의 상대방이 성적 굴욕감이나 혐오감을 느꼈음이 인정되어야 한다. 따라서 객관적으로 상대방과 같은 처지에 있는 일반적이고도 평균적인 사람으로 하여금 성적 굴욕감이나 혐오감을 느끼게 하는 행위가 아닌 이상 상대방이 성적 굴욕감이나 혐오감을 느꼈다는 이유만으로 성희롱이 성립할 수는 없다(대법원 2007. 6. 14. 선고 2005두6461 판결).

(관련판례 2)

성적 표현행위의 위법성 여부는, 쌍방 당사자의 연령이나 관계, 행위가 행해진 장소 및 상황, 성적 동기나 의도의 유무, 행위에 대한 상대방의 명시적 또는 추정적인 반응의 내용, 행위의 내용 및 정도, 행위가 일회적 또는 단기간의 것인지 아니면 계속적인 것인지 여부 등의 구체적 사정을 종합하여, 그것이 사회공동체의 건전한 상식과 관행에 비추어 볼 때 용인될 수 있는 정도의 것인지 여부 즉 선량한 풍속 또는 사회질서에 위반되는 것인지 여부에 따라 결정되어야 하고, 상대방의 성적 표현행위로 인하여 인격권의 침해를 당한 자가 정신적 고통을 입는다는 것은 경험칙상 명백하다(대법원 1998. 2. 10. 선고 95다39533 판결).

2. 성희롱의 정의

2-1. 「국가인권위원회법」

"성희롱"이란 업무, 고용 그 밖의 관계에서 공공기관의 종사자, 사용자 또는 근로자가 그 직위를 이용하거나 업무 등과 관련해 성적 언동 등으로 성적 굴욕감 또는 혐오감을 느끼게 하거나 성적 언동 그 밖의 요구 등에 대한 불응을 이유로 고용상의 불이익을 주는 것을 말합니다(제2조 제3호 라목).

2-2. 「남녀고용평등과 일·가정 양립지원에 관한 법률」

"직장 내 성희롱"이란 사업주·상급자 또는 근로자가 직장 내의 지위를 이용하거나 업무와 관련하여 다른 근로자에게 성적 언동 등으로 성적 굴욕감 또는 혐오감을 느끼게 하거나 성적 언동 또는 그 밖의 요구 등에 따르지 않았다는 이유로 고용에서 불이익을 주는 것을 말합니다(제2조 제2호).

2-3. 「양성평등기본법」 및 「양성평등기본법 시행령」

① "성희롱"이란 업무, 고용, 그 밖의 관계에서 국가기관·지방자치단체 또는 각급 학교 및 공직 유관 단체의 종사자, 사용자 또는 근로자가 다음의 어느 하나에 해당하는 행위를 하는 경우를 말합니다(제3조제2호 동법 시행령 제2조).

1. 지위를 이용하거나 업무 등과 관련하여 성적 언동 등으로 상대방에게 성적 굴욕감이나 혐오감을 느끼게 하는 행위
2. 상대방이 성적 언동 또는 요구에 대한 불응을 이유로 불이익을 주거나 그에 따르는 것을 조건으로 이익 공여의 의사표시를 하는 행위

(관련판례 1)

　「국가인권위원회법」의 제2조제4호라목의 '성희롱 행위'는 제2조제5호의 요건을 충족하면 성립하고 당해 행위가 성희롱 대상자를 우대·배제·구별하거나 불리하게 대우하는 행위이어야 할 필요는 없으므로, 원심이 이와 달리 평등권을 침해하는 차별행위일 것까지 그 요건으로 보아 원고의 이 사건 언행이 성별에 의하여 소외인을 차별하는 행위라고 볼 증거가 없다는 이유로 이 사건 인사조치권고처분이 위법하다고 판단한 것은 잘못이라고 하겠다(대법원 2008. 10. 9. 선고 2008두7854 판결).

(관련판례 2)

　이른바 성희롱의 위법성의 문제는 종전에는 법적 문제로 노출되지 아니한 채 묵인되거나 당사자간에 해결되었던 것이나 앞으로는 빈번히 문제될 소지가 많다는 점에서는 새로운 유형의 불법행위이기는 하나, 이를 논함에 있어서는 이를 일반 불법행위의 한 유형으로 파악하여 행위의 위법성 여부에 따라 불법행위의 성부를 가리면 족한 것이지, 불법행위를 구성하는 성희롱을 고용관계에 한정하여, 조건적 성희롱과 환경형 성희롱으로 구분하고, 특히 환경형의 성희롱의 경우, 그 성희롱의 태양이 중대하고 철저한 정도에 이르러야 하며, 불법행위가 성립하기 위하여는 가해자의 성적 언동 자체가 피해자의 업무수행을 부당히 간섭하고 적대적 굴욕적 근무환경을 조성함으로써 실제상 피해자가 업무능력을 저해당하였다거나 정신적인 안정에 중대한 영향을 입을 것을 요건으로 하는 것이므로 불법행위에 기한 손해배상을 청구하는 피해자로서는 가해자의 성희롱으로 말미암아 단순한 분노, 슬픔, 울화, 놀람을 초과하는 정신적 고통을 받았다는 점을 주장·입증하여야 한다는 견해는 이를 채택할 수 없다. 또한 피해자가 가해자의 성희롱을 거부하였다는 이유로 보복적으로 해고를 당하였든지 아니면 근로환경에 부당한 간섭을 당하였다든지 하는 사정은 위자료를 산정하는 데에 참작사유가 되는 것에 불과할 뿐 불법행위의 성립 여부를 좌우하는 요소는 아니다(대법원 1998. 2. 10. 선고 95다39533 판결).

3. '성적 언동 등'의 의미

① 남녀 간의 육체적 관계나 남성 또는 여성의 신체적 특징과 관련된 육체적, 언어적, 시각적 행위로서 사회공동체의 건전한 상식과 관행에 비추어 볼 때 객관적으로 상대방과 같은 처지에 있는 일반적이고도 평균적인 사람에게 성적 굴욕감이나 혐오감을 느끼게 할 수 있는 행위를 말합니다(대법원 2008.7. 10. 선고 2007두22498판결).

② 성적 언동이 아닌 여성비하적인 발언이나 가부장적인 발언은 성희롱에 해당하지 않습니다.

※ 예: 여성에게만 차심부름을 시키거나 '야'라고 부르는 경우

(관련판례)

구 「남녀차별금지 및 구제에 관한 법률」(2003. 5. 29. 법률 제6915호로 개정되기 전의 것) 제2조제2호에서 규정한 성희롱의 전제요건인 '성적 언동 등'이란 남녀 간의 육체적 관계나 남성 또는 여성의 신체적 특징과 관련된 육체적, 언어적, 시각적 행위로서 사회공동체의 건전한 상식과 관행에 비추어 볼 때 객관적으로 상대방과 같은 처지에 있는 일반적이고도 평균적인 사람으로 하여금 성적 굴욕감이나 혐오감을 느끼게 할 수 있는 행위를 의미하고, 위 규정상의 성희롱이 성립하기 위해서는 행위자에게 반드시 성적 동기나 의도가 있어야 하는 것은 아니지만, 당사자의 관계, 행위가 행해진 장소 및 상황, 행위에 대한 상대방의 명시적 또는 추정적인 반응의 내용, 행위의 내용 및 정도, 행위가 일회적 또는 단기간의 것인지 아니면 계속적인 것인지 여부 등의 구체적 사정을 참작하여 볼 때, 객관적으로 상대방과 같은 처지에 있는 일반적이고도 평균적인 사람으로 하여금 성적 굴욕감이나 혐오감을 느낄 수 있게 하는 행위가 있고, 그로 인하여 행위의 상대방이 성적 굴욕감이나 혐오감을 느꼈음이 인정되어야 한다. 따라서 객관적으로 상대방과 같은 처지에 있는 일반적이고도 평균적인 사람으로 하여금 성적 굴욕감이나 혐오감을 느끼게 하는 행위가 아닌 이상 상대방이 성적 굴욕감이나 혐오감을 느꼈다는 이유만으로 성희롱이 성립할 수는 없다(대법원 2007. 6. 14. 선고 2005두6461 판결).

4. '지위를 이용하거나 업무 등과 관련하여'의 의미

① 포괄적인 업무관련성을 나타낸 것으로서 업무수행의 기회나 업무수행에 편승하여 성적 언동이 이루어진 경우뿐만 아니라 권한을 남용하거나 업무수행을 빙자하여 성적 언동을 한 경우도 성희롱에 포함됩니다.

② 업무관련성이 인정되는지는 양 당사자의 관계, 행위가 행해진 장소 및 상황, 행위의 내용 및 정도 등의 구체적 사정을 고려해 판단해야 합니다(대법원 2006.12.21. 선고 2005두13414판결).

③ 지위를 이용하거나 업무관련성이 인정되는 경우라면 사업장 밖이나 근무시간 외에서의 행위라도 성희롱에 해당할 수 있습니다.

■ **신체의 특정 부위를 치는 행위가 성희롱에 해당하나요?**

Q : 지점장이 여직원의 엉덩이, 허리 등을 툭 치는 행위를 한 사실이 직장 내 성희롱에 해당하나요?

A : 「남녀고용평등법」 제2조제2호에 따르면 "직장 내 성희롱"이란 사업주, 상급자 또는 근로자가 직장 내의 지위를 이용하거나 업무와 관련하여 다른 근로자에게 성적인 언동 등으로 성적 굴욕감 또는 혐오감을 느끼게 하거나 성적 언동, 그 밖의 요구 등에 대한 불응을 이유로 고용상의 불이익을 주는 것을 말합니다.

직장 내 성희롱의 성립 여부에 대한 판단은 쌍방 당사자의 관계, 행위가 이루어진 장소 및 상황, 성적 동기나 의도의 유무, 행위에 대한 상대방의 반응, 행위의 내용 및 정도, 행위가 일회적인지 아니면 계속적인지 등을 종합적으로 고려해 결정해야 하며, 만약 직장 내 성희롱에 해당한다면 사업주는 행위자에 대해 징계 등의 조치를 해야 합니다.

(관련판례)

'성희롱'을 정의한 구 「남녀차별금지 및 구제에 관한 법률」(2003. 5. 29. 법률 제6915호로 개정되기 전의 것) 제2조제2호에서의 '지위를 이용하거나 업무 등과 관련하여'라는 요건은 포괄적인 업무관련성을 나타낸 것으로서 업무수행의 기회나 업무수행에 편승하여 성적 언동이 이루어진 경우뿐 아니라 권한을 남용하거나 업무수행을 빙자하여 성적 언동을 한 경우도 이에 포함되고, 어떠한 성적 언동이 업무관련성이 인정되는지 여부는 쌍방 당사자의 관계, 행위가 행해진 장소 및 상황, 행위의 내용 및 정도 등의 구체적 사정을 참작하여 판단해야 한다(대법원 2006.12.21.선고 2005두13414 판결).

■ **성희롱의 유형에는 어떤 것이 있나요?**

Q : 성희롱의 유형에는 어떤 것이 있나요?

A : 몸을 직접 만지는 것만이 성희롱이 아닙니다.

은근히 훑어보는 음험한 눈빛과 야릇한 웃음이 상대방에게 불쾌하게 느껴졌다면, 그것도 성희롱이라 할 수 있는 겁니다. 법에서 규정하는 성희롱의 유형을 보면 남녀차별금지법 제17조에 의한 12가지 성희롱 유형입니다.

우선, 신체적으로 접촉하는

① 육체적 성희롱에는

- 갑자기 입을 맞추거나 포옹하거나 뒤에서 껴안는 등 신체적 접촉을 시도한다
- 가슴이나 엉덩이 같은 특정 신체부위를 더듬거나
- 안마나 애무를 강요하는 행위

② 언어적 성희롱은

- 음란한 농담이나 음담패설을 던지는 것
- 외모에 대해서 성적인 비유나 평가를 하는 경우
- 성생활에 대해 꼬치꼬치 묻거나 성적인 내용의 정보를 일부러 퍼뜨리는 것
- 성적관계를 강요하거나 회유하는 행위
- 음란한 내용의 전화

- 회식자리에서 무리하게 옆에 앉혀 술을 따르게 하는 행위가 있습니다.

③ 시각적인 성희롱에는

- 외설적인 사진이나 그림, 낙서, 음란출판물 같은 것을 게시하거나 보여주는 것, 아니면
- 직접 또는 팩스나 컴퓨터 등을 통해서 음란한 편지나 사진, 그림을 보여주는 행위
- 성과 관련된 자신의 특정 신체부위를 고의적으로 노출하거나 만지는 행위가 있습니다.

(관련판례)

구 남녀고용평등법(2005. 5. 31. 법률 제7564호로 개정되기 전의 것) 제2조제2항에서 규정한 '직장 내 성희롱'의 전제요건인 '성적인 언동 등'이란 남녀 간의 육체적 관계나 남성 또는 여성의 신체적 특징과 관련된 육체적, 언어적, 시각적 행위로서 사회공동체의 건전한 상식과 관행에 비추어 볼 때 객관적으로 상대방과 같은 처지에 있는 일반적이고도 평균적인 사람에게 성적 굴욕감이나 혐오감을 느끼게 할 수 있는 행위를 의미한다. 나아가 위 규정상의 성희롱이 성립하기 위해서는 행위자에게 반드시 성적 동기나 의도가 있어야 하는 것은 아니지만, 당사자의 관계, 행위 장소 및 상황, 행위에 대한 상대방의 명시적 또는 추정적인 반응의 내용, 행위의 내용 및 정도, 행위가 일회적 또는 단기간의 것인지 아니면 계속적인 것인지 등의 구체적 사정을 고려할 때, 객관적으로 상대방과 같은 처지에 있는 일반적이고도 평균적인 사람에게 성적 굴욕감이나 혐오감을 느낄 수 있게 하는 행위가 있고, 그로 인하여 행위의 상대방이 성적 굴욕감이나 혐오감을 느꼈음이 인정되어야 한다(대법원 2008. 7. 10. 선고 2007두22498 판결).

■ **상급자에게 성희롱을 당했을 경우에 손해배상을 청구할 수 있나요?**

Q. 직장에서 상급자에게 성희롱을 당했습니다. 정신적으로 심하게 충격 받았는데 이에 대해 손해배상을 청구할 수 있나요?

A. 성희롱으로 신체, 자유 또는 명예에 피해를 입었거나 정신적 고통을 받은 경우에는 그 손해에 대해서 배상(위자료 포함)을 청구할 수 있습니다.손해배상청구는 피해자나 그 법정대리인이 손해 및 가해자를 안 날로부터 3년 내에, 성희롱이 있은 날로부터 10년 내에 청구해야 합니다.

■ 직장내 성희롱으로 인한 손해배상에서 사용자책임을 물을 수 있을까요?

Q : 직장내에서 성희롱을 당했습니다. 그러나 성희롱 과정이 직무와 연관성이 낮아 보이는데도 직장에 사용자책임을 물을 수 있을까요?

A : 직장내 성희롱에 해당한다면 사용자가 그 보호의무를 위반한 것으로 사용자책임을 구성합니다. 그러나 어느 피용자의 다른 피용자에 대한 성희롱 행위가 그의 사무집행과는 아무런 관련이 없을 뿐만 아니라, 가해자의 성희롱 행위가 은밀하고 개인적으로 이루어지고 피해자로서도 이를 공개하지 아니하여 사용자로서는 이를 알거나 알 수 있었다고 보여지지도 아니하다면, 이러한 경우에서까지 사용자가 피해자에 대하여 고용계약상의 보호의무를 다하지 아니하였다고 할 수는 없겠습니다.

■ 직장내 성희롱을 당했을 경우에 회사에 손해배상을 청구할 수 있나요?

Q. 직장내에서 성희롱을 당했습니다. 이를 회사에 손해배상을 청구할 수 있나요?

A. 근로자는 업무와 관련하여 다른 근로자에게 성적인 언동 등으로 성적 굴욕감 또는 혐오감을 느끼게 하여서는 아니되고, 여기서 '업무와 관련하여'라 함은 근로자의 업무 그 자체 또는 이에 필요한 행위뿐만 아니라 이와 관련된 것이라고 일반적으로 보여지는 행위는 설사 그것이 근로자의 이익을 도모하기 위한 경우라도 이에 포함된다고 보아야 할 것이며, 사용자인 회사는 근로자의 근무환경에 대해 배려하여 성희롱을 통하여 근로자의 인격적 존엄을 해치고, 노무제공에 중대한 지장을 초래하는 것을

방지해야 할 의무가 있으므로 근로자가 다른 근로자에게 성희롱을 하였다면 사용자인 회사는 이로 인한 손해를 배상할 책임이 있다는 판례가 있습니다(서울지방법원 2002. 5. 3. 선고 2001가합6471 판결). 위 판례를 참고할 때 직장 내 성희롱에 대해서는 사용자의 방지의무가 있는 것이고 이를 미이행한 것에 대해 손해배상 책임을 물을 수 있습니다.

(관련판례)

사업주가 직장 내 성희롱과 관련하여 피해를 입은 근로자 또는 성희롱 피해 발생을 주장하는 근로자(이하 '피해근로자 등'이라 한다)에게 해고나 그 밖의 불리한 조치를 한 경우에는 남녀고용평등법 제14조 제2항을 위반한 것으로서 민법 제750조의 불법행위가 성립한다. 그러나 사업주의 피해근로자 등에 대한 조치가 직장 내 성희롱 피해나 그와 관련된 문제 제기와 무관하다면 위 제14조 제2항을 위반한 것이 아니다. 또한 사업주의 조치가 직장 내 성희롱과 별도의 정당한 사유가 있는 경우에도 위 조항 위반으로 볼 수 없다.

사업주의 조치가 피해근로자 등에 대한 불리한 조치로서 위법한 것인지 여부는 불리한 조치가 직장 내 성희롱에 대한 문제 제기 등과 근접한 시기에 있었는지, 불리한 조치를 한 경위와 과정, 불리한 조치를 하면서 사업주가 내세운 사유가 피해근로자 등의 문제 제기 이전부터 존재하였던 것인지, 피해근로자 등의 행위로 인한 타인의 권리나 이익 침해 정도와 불리한 조치로 피해근로자 등이 입은 불이익 정도, 불리한 조치가 종전 관행이나 동종 사안과 비교하여 이례적이거나 차별적인 취급인지 여부, 불리한 조치에 대하여 피해근로자 등이 구제신청 등을 한 경우에는 그 경과 등을 종합적으로 고려하여 판단해야 한다.

남녀고용평등법은 관련 분쟁의 해결에서 사업주가 증명책임을 부담한다는 규정을 두고 있는데(제30조), 이는 직장 내 성희롱에 관한 분쟁에도 적용된다. 따라서 직장 내 성희롱으로 인한 분쟁이 발생한 경우에 피해근로자 등에 대한 불리한 조치가 성희롱과 관련성이 없거나 정당한 사유가 있다는 점에 대하여 사업주가 증명을 하여야 한다(대법원 2017. 12. 22. 선고 2016다202947 판결),

■ 직장상사와 친분 있는 자의 성희롱에는 어떻게 대처해야 하나요?

Q : 동사무소 공무원입니다. 같은 동사무소 직원들은 근처의 다른 동사무소 직원들과 업무로 인해 유대관계를 가지고 있는데, 다른 동사무소 직원인 A의 생일 파티자리에서 A가 나에게 입을 맞추고 동료 직원들과 상사들이 재미있다고 웃으며 "좋겠다"라고 까지 했습니다. 그러나 당시 분위기 때문에 화를 내지 못했습니다. 또 한번은 저녁 술자리에서 A가 "다리가 매끈하다, 가슴이 크다, 몸매가 좋다"라는 말을 하고 계속 가슴과 다리를 쳐다보았고 이후 가슴을 만지기까지 했습니다. 사과를 요구하였지만 A는 성희롱에 대해 전혀 인식하지 못하고 성희롱적인 메일을 보내기도 했습니다. 이런 경우에도 국가인권위원회의 도움을 받을 수 있나요?

A : 「국가인권위원회법」 제2조제3호라목, 「남녀고용평등과 일·가정 양립지원에 관한 법률」 제2조제2호 및 「여성발전기본법」 제3조제4호에서는 모두 성희롱 행위에 대해 지위를 이용하거나 업무와 관련하여 성적 언동 등을 했을 것을 요구하고 있습니다.
   따라서 같은 직장의 근로자가 아니라도 업무적 유대관계를 위한 회식자리 등에서 성적 언동을 했다면 업무관련성이 인정됩니다. 따라서 업무와 관련한 상대방의 성적 언동으로 수치심을 느꼈다면 「국가인권위원회법」에 따라 국가인권위원회에 진정할 수 있습니다.

(관련판례)

객관적으로 상대방과 같은 처지에 있는 일반적이고도 평균적인 사람의 입장에서 보아 어떠한 성희롱 행위가 고용환경을 악화시킬 정도로 매우 심하거나 또는 반복적으로 행해지는 경우, 사업주가 사용자책임으로 피해 근로자에 대해 손해배상책임을 지게 될 수도 있을 뿐 아니라 성희롱 가해자가 징계해고 되지 않고 같은 직장에서 계속 근무하는 것이 성희롱 피해 근로자들의 고용환경을 감내할 수 없을 정도로 악화시키는 결과를 가져 올 수도 있으므로, 근로관계를 계속할 수 없을 정도로 근로

■ **대학교수의 조교에게 성희롱을 당한 경우 민사적인 손해배상청구가 가능한가요?**

Q. 대학교수로부터 지속적으로 불쾌한 언동과 신체접촉을 당했습니다. 이에 대해서 손해배상청구가 가능한가요?

A. 대학교수가 조교를 지도하거나 언행을 할 때 위법성이 있다면 손해배상청구를 할 수 있습니다. 성적 표현행위의 위법성 여부는, 쌍방 당사자의 연령이나 관계, 행위가 행해진 장소 및 상황, 성적 동기나 의도의 유무, 행위에 대한 상대방의 명시적 또는 추정적인 반응의 내용, 행위의 내용 및 정도, 행위가 일회적 또는 단기간의 것인지 아니면 계속적인 것인지 여부 등의 구체적 사정을 종합하여, 그것이 사회공동체의 건전한 상식과 관행에 비추어 볼 때 용인될 수 있는 정도의 것인지 여부 즉 선량한 풍속 또는 사회질서에 위반되는 것인지 여부에 따라 결정되어야 하는 것입니다. 피해자가 엔엠알기기 담당 유급조교로서 정식 임용되기 전후 2, 3개월 동안, 가해자가 기기의 조작 방법을 지도하는 과정에서 피해자의 어깨, 등, 손 등을 가해자의 손이나 팔로 무수히 접촉하였고, 복도 등에서 피해자와 마주칠 때면 피해자의 등에 손을 대거나 어깨를 잡았고, 실험실에서 "요즘 누가 시골 처녀처럼 이렇게 머리를 땋고 다니느냐."고 말하면서 피해자의 머리를 만지기도 하였으며, 피해자가 정식 임용된 후에는 단둘이서 입방식을 하자고 제의하기도 하고, 교수연구실에서 피해자를 심부름 기타 명목으로 수시로 불러들여 위아래로 훑어보면서 몸매를 감상하는 듯한 태도를 취하여 피해자가 불쾌하고 곤혹스러운 느낌을 가졌다면, 화학과 교수 겸 엔엠알기기의 총책임자로서 사실상 피해자에 대하여 지휘·감독관계에 있는 가해자의 위와

같은 언동은 분명한 성적인 동기와 의도를 가진 것으로 보여지고, 그러한 성적인 언동은 비록 일정 기간 동안에 한하는 것이지만 그 기간 동안만큼은 집요하고 계속적인 까닭에 사회통념상 일상생활에서 허용되는 단순한 농담 또는 호의적이고 권유적인 언동으로 볼 수 없고, 오히려 피해자로 하여금 성적 굴욕감이나 혐오감을 느끼게 하는 것으로서 피해자의 인격권을 침해한 것이며, 이러한 침해행위는 선량한 풍속 또는 사회질서에 위반하는 위법한 행위이인 것이라는 판례가 있습니다(대법원 1998.2.10.선고 95다39533 판결). 이런 판례를 참조하여 위법한 행위라고 판단된다면 손해배상청구가 가능하다고 볼 것입니다.

(관련판례)

[1] '성희롱'을 정의한 구 남녀차별금지 및 구제에 관한 법률(2003. 5. 29. 법률 제6915호로 개정되기 전의 것) 제2조 제2호에서의 '지위를 이용하거나 업무 등과 관련하여'라는 요건은 포괄적인 업무관련성을 나타낸 것으로서 업무수행의 기회나 업무수행에 편승하여 성적 언동이 이루어진 경우뿐 아니라 권한을 남용하거나 업무수행을 빙자하여 성적 언동을 한 경우도 이에 포함되고, 어떠한 성적 언동이 업무관련성이 인정되는지 여부는 쌍방 당사자의 관계, 행위가 행해진 장소 및 상황, 행위의 내용 및 정도 등의 구체적 사정을 참작하여 판단하여야 한다.

[2] 구 남녀차별금지 및 구제에 관한 법률(2003. 5. 29. 법률 제6915호로 개정되기 전의 것)에서 성희롱 규정을 둔 것과 공직선거법에서 공무원지위이용 선거운동에 대한 처벌규정을 둔 것은 그 입법 취지나 목적, 요건 및 위반시의 제재내용 등이 서로 다르므로, 구 남녀차별금지 및 구제에 관한 법률 제2조 제2항이 규정한 성희롱의 요건 중 '지위를 이용하거나 업무 등과 관련하여'라는 개념이 공직선거법 제85조에서의 '지위를 이용하여'라는 개념과 동일하다고 볼 수 없다(대법원 2006. 12. 21. 선고 2005두13414 판결).

■ 성적 굴욕감을 주는 그림이나 문구를 받았을 경우에 어떤 조치를 해야
하나요?

Q : 저는 교사로 근무하고 있습니다. 일 때문에 몇 번 본 적이 있는
교육청 교육과장이 '편지를 읽고 내용에 대한 생각은 전화로 말해
달라'며 몇 장의 종이를 건네주었습니다. 종이 맨 위에는 남녀가
열렬히 키스하는 장면으로 유명 화가의 그림이 있었고, 아랫부분에
는 사회적으로 화제가 된 스캔들의 주인공에게 내연녀가 썼다고 하
는 연애편지가 적혀 있었는데 "죽음에 가까운 정사, 오르가즘 직전
의 환희" 등의 문구와 같이 매우 외설적인 느낌의 내용이었습니다.
어떻게 대처할까요?

A : 성희롱이 성립하기 위해서는 행위자가 피해자에게 고의적으로 성적 모
멸감을 주고 괴롭히려는 동기나 의도가 필수적이지 않으며, 귀하에게
성적 수치심을 줄 의도가 없었고 분위기를 전환할 의도에서 행동한 것
이라 하더라도 결과적으로 피해자에게 성적 굴욕감을 주었다면 성희롱
에 해당합니다. 교육과장에게 특별인권교육을 받을 것을 권고합니다.

(관련판례 1)
　구 남녀고용평등법(2005. 5. 31. 법률 제7564호로 개정되기 전의
것) 제2조제2항에서 규정한 '직장 내 성희롱'의 전제요건인 '성적인 언
동 등'이란 남녀 간의 육체적 관계나 남성 또는 여성의 신체적 특징과
관련된 육체적, 언어적, 시각적 행위로서 사회공동체의 건전한 상식과
관행에 비추어 볼 때 객관적으로 상대방과 같은 처지에 있는 일반적이
고도 평균적인 사람에게 성적 굴욕감이나 혐오감을 느끼게 할 수 있는
행위를 의미한다. 나아가 위 규정상의 성희롱이 성립하기 위해서는 행
위자에게 반드시 성적 동기나 의도가 있어야 하는 것은 아니지만, 당
사자의 관계, 행위 장소 및 상황, 행위에 대한 상대방의 명시적 또는
추정적인 반응의 내용, 행위의 내용 및 정도, 행위가 일회적 또는 단기
간의 것인지 아니면 계속적인 것인지 등의 구체적 사정을 고려할 때,
객관적으로 상대방과 같은 처지에 있는 일반적이고도 평균적인 사람에

게 성적 굴욕감이나 혐오감을 느낄 수 있게 하는 행위가 있고, 그로 인하여 행위의 상대방이 성적 굴욕감이나 혐오감을 느꼈음이 인정되어야 한다(대법원 2008. 7. 10. 선고 2007두22498 판결).

(관련판례 2)
초등학교 교사들의 회식 자리에서 교감이 여자교사들에 대하여 교장에게 술을 따라 줄 것을 두 차례 권한 언행이 그 경위나 정황, 발언자의 의도 등에 비추어 객관적으로나 일반적으로 여자교사들로 하여금 성적 굴욕감 또는 혐오감을 느끼게 하는 성적 언동에 해당하지 않는다(대법원 2007.6. 14.선고 2005두6461 판결).

■ **성적 의미가 포함된 언동을 하는 경우에 어떻게 해야 하나요?**

Q : 저는 아르바이트로 엔터테인먼트 회사에서 근무하고 있습니다. 저를 고용한 팀장이 티셔츠가 맘에 든다며 "나도 입어 보자. 옷 좀 벗어 달라"고 여러 차례 말했습니다. 무슨 의미로 해석해야 하나요?

A : 팀장의 행위는 성적 의미가 포함된 언동으로 받아들여질 소지가 충분합니다.
장난이나 친근함의 표현이었다면 귀하가 싫다고 했을 때 이를 중단했어야 함에도 몇 차례 동일한 언동을 반복한 것은 계속 더 큰 불쾌감을 느꼈을 것으로 판단됩니다. 따라서 상대방의 성적 언동으로 수치심을 느꼈다면 「국가인권위원회법」에 따라 국가인권위원회에 진정할 수 있습니다.

(관련판례)
카드회사의 지점장이 우월한 지위를 이용하여 자신의 지휘·감독을 받는 8명의 여직원을 상대로 일정 기간 동안 14회에 걸쳐 반복적으로 성희롱 행위를 한 사안에서, 그 성희롱 행위가 왜곡된 사회적 인습이나 직장문화 등에 의하여 형성된 평소의 생활태도에서 비롯된 것으로서 특별한 문제의식 없이 이루어진 것이라 하여 이를 가볍게 평가할

5. 「형법」 및 「성폭력범죄의 처벌 등에 관한 특례법」의 성범죄와의 구별

① 「형법」은 강간(强姦)이나 추행(醜行), 성풍속에 관한 죄, 간음(姦淫)에 관한 죄를 규정하고 있습니다. 「성폭력범죄의 처벌 등에 관한 특례법」에서는 「형법」에 규정하고 있지 않은 성범죄의 유형도 성폭력에 포함시키고 있습니다.

② 성범죄에 해당하면 형사처벌의 대상이 된다는 점에서 경미한 성적 언어나 행동으로서 형벌부과의 대상이 되지 않는 성희롱과 차이가 있습니다.

6. 강제추행과의 구별

① 강제추행(强制醜行)이란 폭행(暴行)·협박(脅迫)으로 다른 사람을 추행(醜行)하는 것을 말합니다.

② 폭행이란 사람에 대한 유형력(有形力)의 행사를 말하고, 협박이란 상대방의 반항을 불가능하게 하거나 현저히 곤란하게 할 정도의 해악(害惡)을 알리는 것을 말합니다.

③ 추행(醜行)이란 주관적인 목적이나 경향을 불문하고 객관적으로 일반인에게 성적 수치심이나 혐오감을 느끼게 하는 일체의 행위를 말합니다. 객관적으로 성적(性的)인 수치심이나 도덕감을 현저히 해할 수 있을 정도의 중요한 행위에 제한됩니다.

④ 강제추행은 성희롱과 구별하기 어려운 경우가 많지만, 폭행·협박의 정도에 이르지 않은 경우에는 성희롱이라고 볼 수 있습니다.

7. 강간과의 구별

① 강간이란 폭행·협박으로 상대방인 사람의 반항을 곤란하게 하여 간음(姦淫)하는 것을 말합니다.

② 간음이란 결혼 아닌 성교(性交)행위로서 남자의 성기를 여자의 성기에 삽입하는 것을 말합니다.

③ 폭행·협박은 상대방의 반항을 불가능하게 할 뿐만 아니라 현저히 곤란하게 하는 경우도 포함합니다.

8. 친밀감 표시와의 구별

① 경미한 성희롱은 일상적인 인간관계에서 허용되는 친밀감 표시와 구별이 어렵습니다.

② 일상적인 친밀감의 표시인지 성희롱인지를 구별하기 위해서는 주위 상황이나 강제력의 정도 등 모든 사정을 종합적으로 고려해야 합니다.

9. 성차별과의 관계

성차별이란 합리적인 이유 없이 특정한 성에게 불이익한 처우를 하는 것을 말합니다. 「국가인권위원회법」 제2조제3호에서는 성희롱을 평등권 침해의 차별행위로 규정하고 있어 성차별에 해당합니다.

10. 성희롱 행위 판단 기준

10-1. 성희롱 여부에 대한 판단

성희롱 여부를 판단할 경우에는 피해자의 주관적 사정을 고려하되, 사회통념상 합리적인 사람이 피해자의 입장이라면 문제가 되는 행동에 대해 어떻게 판단하고 대응했을 것인지를 함께 고려해야 하며, 결과적으로 위

협적이고 적대적인 고용환경을 형성하여 업무능률을 떨어뜨리게 되는지를
검토합니다.

10-2. 피해자의 주관적인 사정

① 행위자의 주관적인 동기가 아니라, 피해자의 관점을 기초로 문제된
행위를 원했던 것인지 아닌지를 중심으로 판단합니다.
② 비록 친밀감의 표시로 한 언동이었다 하더라도 상대방이 성적 굴욕감
이나 혐오감을 느꼈다면 성희롱에 해당할 수 있습니다.

10-3. 사회통념의 고려

사회통념상 피해자가 합리적인 사람이라면 문제가 되는 상황에서 어떻게
판단하고 대응했을 것인지를 고려합니다.

10-4. 사안에 따른 판단

피해자의 주관적인 사정과 사회통념에 따라 판단하되, 성적(性的) 언동
(言動)의 성격과 사건이 일어나게 된 배경 등 모든 상황과 기록을 전체
적으로 고려하여 사안에 따라 결정합니다.

10-5. 그 밖의 고려사항

① 성희롱 행위는 반드시 반복적이거나 계속적일 필요는 없습니다. 단
한 번의 성적 언동도 성희롱으로 판단될 수 있습니다.
② 피해자가 거부의 뜻을 분명히 나타내지 않은 경우에도 객관적 사정
으로 판단해 볼 때 실제로 원하지 않았음을 알 수 있다면 성희롱에
해당할 수 있습니다.
③ 성적인 언동이라도 당시에 서로 동의하였거나 성적인 언동에 자발적
으로 참여한 경우라면 나중에 이를 성희롱행위라고 주장할 수는 없
습니다.
④ 행위자가 성적 만족을 느끼거나 성적 만족을 위해서 한 것이어야 하

는 것은 아닙니다.

성적 언동 등으로 인해 피해자가 성적 굴욕감을 느끼는 것을 기준으로 삼고 있으므로 행위자가 성적 만족을 위한 것이었거나 성적 만족감을 느껴야만 성희롱이 되는 것은 아닙니다. 단순한 호기심이나 악감정에서 비롯된 것이라도 성희롱에 해당할 수 있습니다.

⑤ 피해자가 당시에 현실적으로 성적 수치심을 느껴야 하는 것은 아닙니다.
⑥ 정신장애를 가진 사람에 대한 행위도 성희롱에 해당합니다.

10-6. 판단 기준의 예시

「남녀고용평등과 일·가정 양립 지원에 관한 법률 시행규칙」에서는 성희롱 행위인지를 판단하기 위한 기준을 예시하고 있습니다(제2조 및 별표 1).

① 성적인 언동
 - 육체적 행위
 - 입맞춤, 포옹 또는 뒤에서 껴안는 등의 신체적 접촉행위
 - 가슴·엉덩이 등 특정 신체부위를 만지는 행위
 - 안마나 애무를 강요하는 행위

※ 육체적 성희롱 행위 예시
- 허리를 잡고 다리를 만지는 행위
- 블루스를 추자고 허리에 손을 대고 쓰다듬는 행위
- 안마를 해준다며 어깨를 만지는 행위
- 테이블 아래에서 발로 다리를 건드리는 행위
- "노래방 가서 술도 한잔하고 놀자"며 팔짱을 끼고 억지로 차에 태우는 행위
- 업무를 보고 있는데 의자를 끌어와 몸을 밀착시키는 행위
- 가슴을 스치고 지나가는 행위

---

② 언어적 행위

- 음란한 농담을 하거나 음탕하고 상스러운 이야기를 하는 행위(전화 통화 포함)
- 외모에 대한 성적인 비유나 평가를 하는 행위
- 성적인 사실 관계를 묻거나 성적인 내용의 정보를 의도적으로 퍼뜨리는 행위
- 성적인 관계를 강요하거나 회유하는 행위
- 회식자리 등에서 무리하게 옆에 앉혀 술을 따르도록 강요하는 행위

※ 언어적 성희롱 행위 예시

- "딱 붙은 옷 입으니까 섹시하고 보기 좋은데? 항상 그렇게 입고 다녀. 회사 다닐 맛 난다"
- "여자가 들어갈 때 들어가고 나올 데 나와야 하는데 넌 말라서 안 섹시해."
- "여자가 그렇게 뚱뚱해서 어떤 남자가 좋아하겠어?"
- "○○씨도 여잔데 미니스커트나 파인 옷 같은 것도 입고 다녀"
- "술집여자같이 그런 옷차림이 뭐야?"
- "아가씨 엉덩이라 탱탱하네."
- "술 먹고 같이 자자."
- 자신의 성생활을 이야기하거나 상대방의 성생활에 대해 질문하는 행위
- "어제 또 야동 봤지?"
- "남자는 허벅지가 튼실해야 하는데, 좀 부실하다."
- "운동하고 왔어? 어깨 한번 만져보고 싶다."
- "우리는 여직원이 많아서 여자 나오는 술집 갈 필요가 없어"
- "술은 여자가 따라야 제 맛이지. ○○씨가 부장님 술 좀 따라드려"
- "우리 ○○씨~ 우리 이쁜이~ 우리 애인 어제 잘 들어갔어?"

③ 시각적 행위

 - 음란한 사진·그림·낙서·출판물 등을 게시하거나 보여주는 행위(컴퓨터
   통신이나 팩시밀리 등을 이용하는 경우 포함)
 - 성과 관련된 자신의 특정 신체부위를 고의적으로 노출하거나 만지는
   행위

※ 시각적 성희롱 행위 예시
 - 컴퓨터 모니터로 야한 사진을 보여주거나 바탕화면, 스크린세이버로
   깔아놓는 것
 - 야한 사진이나 농담시리즈를 카톡, 메신저 등을 통해 전송
 - 다른 직원들 앞에서 자신의 바지를 내려 상의를 바지 속으로 넣는 것
 - 원치 않는 윙크를 계속하는 것
 - 음란한 시선으로 빤히 쳐다보는 것

④ 그 밖에 사회통념상 성적 굴욕감 또는 혐오감을 느끼게 하는 것으로
   인정되는 언어나 행동

※ 기타 성희롱 행위 예시
 - 원하지 않는 만남이나 교제를 강요하는 행위
 - 좋아한다며 원치 않는 접촉을 계속 시도하는 행위
 - 사적인 내용의 문자를 보내서 보내지 말라고 했더니 동료들 앞에
   서 인격적으로 무시하는 행위
 - 직장 내 성희롱의 피해를 제기하거나 거절의 의사를 표시하였더니
   불이익을 주는 행위
 - 퇴폐적인 술집에서 이루어진 회식에 원치 않는 근로자의 참석을
   종용하는 행위
 - 거래처 접대를 해야 한다며 원치 않는 식사, 술자리 참석을 강요
   하거나 거래처 직원과의 만남을 강요하는 행위

10-7. 고용에서 불이익을 주는 것의 예시

채용탈락, 감봉(減俸), 승진탈락, 전직(轉職), 정직(停職), 휴직, 해고 등과 같이 채용 또는 근로조건을 일방적으로 불리하게 하는 것

■ 사무실에 야한 달력을 걸어 둔 것도 시각적인 성희롱에 해당하나요?

Q : 직장 동료가 여성의 누드 사진을 자신의 컴퓨터 바탕화면으로 저장해 둔 경우나 사무실에 야한 달력을 걸어 둔 것도 성희롱에 해당하나요?

A : 오직 자신이 즐기기 위해 그와 같은 행위를 했다면 그 자체로는 성희롱 행위에 해당하지 않습니다. 그러나 이로 인해 다른 사람이 성적 굴욕감이나 혐오감을 느꼈고 그 감정을 표현했는데도 그러한 행동을 계속한다면 시각적 행위에 의한 성희롱 행위[남녀고용평등과 일·가정 양립 지원에 관한 법률 시행규칙 제2조 및 별표 1 제1호다목(1)]에 해당합니다.

◇ 시각적 행위에 의한 성희롱
① 오직 자신이 즐기기 위해 여성의 누드 사진 등을 바탕화면에 저장해 두는 행위를 했다면 그 자체로는 성희롱 행위에 해당하지 않습니다.
② 그러나 이로 인해 다른 사람이 성적 굴욕감이나 혐오감을 느꼈고 그 감정을 표현했는데도 그러한 행동을 계속한다면 시각적 행위에 의한 성희롱 행위에 해당합니다.

■ 음담패설이나 야한 농담도 언어적 행위에 의한 성희롱에 해당하나요?

Q : 우리 회사 사무실에는 남자 사원들이 대부분입니다. 회식자리 뿐만 아니라 업무 중에도 음담패설이나 야한 농담을 하곤 해서 당혹스럽습니다. 성희롱에 해당하나요?

A : 음란한 농담이나 음담패설은 언어적 행위에 의한 성희롱 행위[남녀고용평등과 일·가정 양립 지원에 관한 법률 시행규칙 제2조 및 별표 1

제1호나목(1)]에 해당합니다.

◇ 언어적 행위에 의한 성희롱

① 야한 농담이나 음담패설은 언어적 행위에 의한 성희롱 행위에 해당합니다.

② 특히 어느 한쪽의 성(性)이 수적으로 우세한 곳에서 성적인 농담을 하는 것은 다른 성을 가진 사람에게 당혹감을 줄 수 있습니다. 상대방이 그런 행위에 대해 어떠한 거부 의사도 표현하지 않았다고 해서 성희롱 행위에 대한 책임에서 벗어날 수 있는 것은 아닙니다. 상대방이 그러한 행위에 동참하지 않았다는 것은 소극적인 거부의 의사로 보아야 합니다.

■ **항의의 표시로 엉덩이를 노출시킨 행위가 음란한 해위에 해당되는지요?**

Q. 甲은 주차문제로 乙과 말다툼을 하다, 乙이 자신에게 심한 말을 하자, 근처에 있던 乙의 딸인 丙에게 소리 지르면서, 그 앞에서 바지와 팬티를 무릎까지 내린 후 엉덩이를 들이미는 방법으로 항의를 한 바 이것이 공연히 음란한 행위를 한 것인지요?

A. 「형법」 제245조는 "공연히 음란한 행위를 한 자는 1년 이하의 징역, 500만원 이하의 벌금, 구류 또는 과료에 처한다."라고 규정하고 있습니다.

'음란한 행위'와 관련하여 판례는 "음란한 행위란 일반 보통인의 성욕을 자극하여 성적 흥분을 유발하고 정상적인 성적 수치심을 해하여 성적 도의관념에 반하는 것을 가리킨다고 할 것이고, 위 죄는 주관적으로 성욕의 흥분, 만족 등의 성적인 목적이 있어야 성립하는 것은 아니고 그 행위의 음란성에 대한 의미의 인식이 있으면 족하다."라고 하였습니다(대법원 2000. 12. 22. 선고 2000도4372 판결).

한편, 위 사례와 유사한 사안에서 판례는 "경범죄처벌법 제1조 제41호가 '여러 사람의 눈에 뜨이는 곳에서 함부로 알몸을 지나치게 내놓거나 속까지 들여다 보이는 옷을 입거나 또는 가려야 할 곳을 내어 놓아 다른 사람에게 부끄러운 느낌이나 불쾌감을 준 사람'을 처벌하도록 규정하고 있는 점 등에 비추어 볼 때, 신체의 노출행위가 있었다고 하더라도 그 일시와 장소, 노출 부위, 노출 방법·정도, 노출 동기·경위 등 구체적 사정에 비추어, 그것이 일반 보통인의 성욕을 자극하여 성적 흥분을 유발하고 정상적인 성적 수치심을 해하는 것이 아니라 단순히 다른 사람에게 부끄러운 느낌이나 불쾌감을 주는 정도에 불과하다고 인정되는 경우 그와 같은 행위는 경범죄처벌법 제1조 제41호에 해당할지언정, 형법 제245조의 음란행위에 해당한다고 할 수 없다.”라고 하였습니다(대법원 2004.3.12.선고 2003도6514 판결).

따라서 위 판례에 비추어 보면 甲은 공연음란죄에 해당되기는 어려워 보이고 「경범죄처벌법」 제1조 제41호로 처벌될 가능성이 있어 보입니다.

11. 성희롱 피해자 관련 법제의 개관

11-1. 「국가인권위원회법」

「국가인권위원회법」에서는 성희롱 행위를 비롯해 차별행위를 받은 경우 국가인권위원회(이하 “위원회”라 함)에 진정(제30조제1항)할 수 있게 하고 위원회가 조사(제36조제1항), 당사자에게 합의권고(제40조), 조정 및 조정에 갈음하는 결정을 할 수 있도록 하고 있습니다(제42조). 또한 「국가인권위원회법」에서는 위원회의 구제조치 권고 및 고발, 징계권고 등에 대해 규정하고 있습니다.

11-1-1. 진정

성희롱 피해자 또는 그 사실을 알고 있는 사람이나 단체는 이에 대해 진정할 수 있습니다(제30조제1항).

11-1-2. 진정에 관한 조사와 조정 등

① 위원회는 진정에 관해 조사할 수 있습니다(제36조제1항).

② 위원회는 조사중이거나 조사가 끝난 진정에 대하여 합의를 권고할 수 있습니다(제40조).

③ 위원회는 진정사항에 대해 조정하거나(제42조제1항), 조정에 갈음하는 결정을 할 수 있습니다(제42조제3항).

④ 성희롱이 일어났다고 판단하는 때에는 위원회는 피진정인, 그 소속기관·단체 또는 감독기관의 장에게 구제조치를 권고할 수 있으며, 고발, 징계권고, 긴급구제조치의 권고 등을 할 수 있습니다.

11-2. 「남녀고용평등과 일·가정 양립 지원에 관한 법률」

11-2-1. 직장 내 성희롱 금지

① 직장 내 성희롱 발생이 확인된 경우 사업주는 지체 없이 가해자에 대해 징계나 그 밖에 이에 준하는 조치를 해야 합니다(제14조제1항).

② 사업주는 직장 내 성희롱과 관련하여 피해를 입은 근로자나 성희롱 피해를 주장하는 근로자에게 해고나 그 밖의 불리한 조치를 해서는 안 됩니다(제14조제2항).

11-2-2. 고객 등에 의한 성희롱 발생 시 사업주의 의무

① 사업주는 고객 등 업무와 밀접한 관련이 있는 자가 업무수행 과정에서 성적인 언동 등을 통해 근로자에게 성적 굴욕감 또는 혐오감 등을 느끼게 해 해당 근로자가 그로 인한 고충 해소를 요청할 경우 근무 장소 변경, 배치전환 등 가능한 조치를 하도록 노력해야 합니다(제14조의2제1항).

② 사업주는 근로자가 이에 따른 피해를 주장하거나 고객 등으로부터의 성적 요구 등에 불응한 것을 이유로 해고나 그 밖의 불이익한 조치를 해서는 안 됩니다(제14조의2제2항).

11-3. 「양성평등기본법」

11-3-1. 성희롱의 개념

'성희롱'이란 업무, 고용, 그 밖의 관계에서 국가기관·지방자치단체 또는 공공단체의 종사자, 사용자 또는 근로자가 다음의 어느 하나에 해당하는 행위를 하는 경우를 말합니다(제3조제2호).

- 지위를 이용하거나 업무 등과 관련하여 성적 언동 등으로 상대방에게 성적 굴욕감이나 혐오감을 느끼게 하는 행위
- 상대방이 성적 언동 또는 요구에 대한 불응을 이유로 불이익을 주거나 그에 따르는 것을 조건으로 이익 공여의 의사표시를 하는 행위

11-3-2. 성희롱의 방지 등

국가기관 등의 장과 사업주는 성희롱을 방지하기 위해 교육을 하는 등 필요한 조치를 해야 하고, 국가기관 등의 장은 그 조치 결과를 여성가족부장관에게 제출해야 합니다(제31조 1항).

11-4. 「근로기준법」

① 「근로기준법」에는 근로자에 대한 부당해고 등을 금지하고 부당해고 시 근로자의 노동위원회에 구제신청을 할 수 있도록 규정하고 있습니다.

② 부당해고 등을 당한 근로자는 부당해고 등이 있었던 날부터 3개월 이내에 노동위원회에 구제를 신청할 수 있습니다(제28조).

11-5. 사회적 약자에 대한 성희롱 관련 법령

① 장애인에 대한 성희롱에 대해서는 「장애인차별금지 및 권리구제 등에 관한 법률」이 적용됩니다.

② 장애인에 대한 성희롱 및 성적 학대 등을 금지하고 있습니다(장애인

차별금지 및 권리구제 등에 관한 법률 제32조제5항 및 제49조제1항).

③ 성희롱 피해 장애인은 인권위원회에 진정하고(장애인차별금지 및 권리
구제 등에 관한 법률 제38조), 법무부장관에 시정명령을 신청할 수
있습니다(동법 제43조제1항).

④ 가해자에게 손해배상을 청구하고(장애인차별금지 및 권리구제 등에
관한 법률 제46조제1항) 법원에 임시조치명령을 신청할 수 있습니다
(동법 제48조제1항).

⑤ 「아동복지법」에서는 아동에 대한 성희롱을 금지하고 있으며, 「노인복
지법」에서는 노인에 대한 성희롱을 금지하고 있습니다.

11-6. 그 밖의 관련 법령

① 「경범죄처벌법」 제3조제1항제33호에서는 직접 성희롱을 정의하고 있
지는 않으나 신체의 과다노출로 다른 사람에게 부끄러움이나 불쾌감
을 주는 행위를 금지하고 있습니다.

② 성희롱 피해자는 「민법」 및 「국가배상법」에 따라 성희롱 가해자나
사용자에 대하여 손해배상을 청구할 수 있습니다.

③ 통신 등을 이용한 성희롱과 공공장소에서의 성희롱은 「경범죄처벌법」
등에서 처벌하도록 규정하고 있으며, 성범죄나 그 밖에 형사처벌의
대상이 되는 경우에는 「형법」 및 「성폭력범죄의 처벌 등에 관한 특
례법」 등 형사 관련 법령이 적용됩니다.

제2절 직장 내 성희롱의 금지

1. 직장 내 성희롱의 개념

"직장 내 성희롱"이란 사업주·상급자 또는 근로자가 직장에서의 지위를 이용하거나 업무와 관련하여 다른 근로자에게 성적 언동 등으로 성적 굴욕감 또는 혐오감을 느끼게 하거나 성적 언동 또는 그 밖의 요구 등에 따르지 아니하였다는 이유로 고용에서 불이익을 주는 것을 말합니다(남녀고용평등과 일·가정 양립 지원에 관한 법률 제2조제2호)

2. 직장 내 성희롱의 금지

① 사업주, 상급자 또는 근로자는 직장 내 성희롱을 해서는 안 됩니다(동법 제12조).

② 이를 위반한 사업주는 다음의 구분에 따라 과태료를 부과받습니다(동법 제39조제1항, 동법 시행령 제22조제1항 및 별표 제1호).

1. 직장 내 성희롱과 관련하여 최근 3년 이내에 과태료처분을 받은 사실이 있는 사람이 다시 직장 내 성희롱을 한 경우: 1천만원
2. 한 사람에게 여러 차례 직장 내 성희롱을 하거나 2명 이상에게 직장 내 성희롱을 한 경우: 500만원
3. 그 밖의 직장 내 성희롱을 한 경우: 300만원

3. 성희롱 피해자의 범위

① 「남녀고용평등과 일·가정 양립 지원에 관한 법률」에서는 피해자를 다른 근로자로 한정하고 있습니다(제2조제2호 및 제12조).

② 사업주는 피해자가 될 수 없습니다.

③ 일반적으로 여성 근로자가 대부분이지만, 남성의 경우에도 성희롱의

피해자가 될 수 있습니다.

④ 정규직이 아닌 아르바이트, 파트타임 등 비정규직 근로자도 피해자가 될 수 있으며, 모집·채용과정에 있는 구직자도 포함됩니다.

⑤ 업무에 연속성이 있고 같은 근로공간에서 근무하는 경우라면 협력업체 근로자도 피해자가 될 수 있습니다.

⑥ 퇴직한 경우에도 행위 당시 근로자인 경우에는 성희롱 피해자에 해당합니다.

■ 동성(同性) 및 남성에 대한 성희롱도 성희롱인가요?

Q1 : 생산직 사원(성인 남성)으로 근무하고 있는데, 작업을 하고 있으면 상사들(모두 남성)이 뒤에서 껴안듯이 하며 성기를 만지거나 툭툭 치기도 합니다. 기분이 나쁜데, 이것도 성희롱인가요?

Q2 : 작업장에서 직장 동료인 B(여성)가 나(남성)를 껴안으려 하자, 다른 동료 A(여성)가 "내 거야, 손대지 마!"라고 하여 불쾌했습니다. 평소에도 A는 근무 중에 나의 젖꼭지를 잡아당기거나 껴안으려 했고, 엉덩이를 툭툭 건드려 이를 거부해도 아랑곳하지 않아 성적 굴욕감을 느껴 회사를 그만두었습니다. 이것도 직장 내 성희롱인가요?

A : 위의 두 경우 모두 업무관련성이 있고 그와 같은 행위로 인해 성적 굴욕감이나 성적 수치심을 느꼈다면 직장 내 성희롱에 해당합니다.
「남녀고용평등과 일·가정 양립 지원에 관한 법률」 제2조제2호나 「국가인권위원회법」 제2조제3호라목에서는 성희롱 피해자를 여성이나 이성(異性)으로 제한하고 있지 않습니다. 따라서 남성도 성희롱 피해자가 될 수 있으며, 남성의 남성에 대한 성희롱, 여성의 여성에 대한 성희롱도 있을 수 있습니다.

■ 여성이 남성을 대상으로 성희롱을 한 경우에도 성희롱에 해당하나요?

Q. 여성이 남성을 대상으로 성희롱을 한 경우에도 성희롱에 해당하나요?

A. 여성이 남성을 대상으로 성희롱을 한 경우에도 성희롱이 인정됩니다. 의류제조·판매 회사의 생산부 미싱사와 미싱보조로 일하는 기혼여성근로자 A와 B는 같은 회사 생산부 소속 기계실 기계 수리기사 보조사원으로 일하는 미혼남성근로자 C에게 성희롱을 한 것이 문제되었습니다. C는 거부의사를 표시했음에도 불구하고 A와 B는 C에게 신체접촉을 하였고, 결국 회사 내에는 A와 B가 C를 가지고 놀았다는 소문까지 돌게 되었습니다.
  이에 대해 서울지방법원은 여성인 A와 B가 남성인 C에 대해 한 성적인 행위가 '남녀고용평등법'상 성희롱에 해당되고, C가 A와 B의 행위로 인해 받은 정신적 고통이 인정된다고 하였습니다(서울지법 2002.5.3. 선고 2001가합6471판결).

■ 병원에서 남성 직원이 남성 환자에게 성희롱을 한 경우에도 성희롱에 해당하나요?

Q. 병원에서 남성 직원이 남성 환자에게 성희롱을 한 경우에도 성희롱에 해당하나요?

A. 병원의 남성 직원이 남성 환자에게 성희롱을 한 경우에도 성희롱이 인정됩니다.
  병원의 남성 직원이 병원에 입원하여 치료중인 남성 환자에게 약 11개월 동안 "너 나 좋아하지, 사랑하지, 나도 너 사랑하고 좋아서 이렇게 손을 만진다."라고 말하며 10회 이상 손을 만졌고, 성기를 만지고 눈을 까뒤집었으며, 복도에서 만나면 성기를 툭 치고 지나갔고, "딸딸이쟁이, 딸딸이를 한 달에 몇 번 치나"라고 묻는 등 성희롱을 하여 성적 굴욕감을 느끼게 하였습니다. 이에 대해 인권위는 피진정인의 이러한 언행이 성적 함의가 있으며, 합리적 일반인의 관점에서 볼 때 심한 성적 굴욕감 또는 혐오감을 주기에 충분하다고 인정된다고 결정하였습니다.

■ 파견근로자에 대한 성희롱도 직장 내 성희롱에 해당하나요?

Q : 초등학교에서 민간참여업체 컴퓨터강사로 있습니다. 그런데 같은
학교 정보부장인 A는 깍지 껴서 주무르거나 등을 쓰다듬거나 어깨
를 감싸기도 했으며 입술을 만지거나 얼굴을 밀착시켜 이야기하기
도 했습니다. 학교 측에 이를 보고했으나 학교 측은 아무 일도 없
었다는 듯이 그냥 지나쳐 버렸습니다. 이런 경우도 직장 내 성희롱
에 해당하나요?

A : 파견근로자도 「남녀고용평등과 일·가정 양립 지원에 관한 법률」에서의
성희롱 피해자가 될 수 있습니다. 그에 관한 직장 내 성희롱의 사실 규
명이나 분쟁처리절차 등에 대해서는 사용사업주가 담당해야 합니다. 다
만, 사용사업주에게는 징계권한이 없고, 징계조치할 것을 파견사업주에
게 권고할 수 있습니다.

4. '지위를 이용하거나 업무 등과 관련하여' 성희롱 발생

① 널리 업무와 관련성이 있으면 성희롱에 해당합니다.

② 업무수행의 기회나 업무수행에 편승하여 성적 언동이 이루어진 경우
뿐 아니라 권한을 남용하거나 업무수행을 빙자하여 성적 언동을 한
경우도 성희롱에 포함됩니다.

③ 지위를 이용하거나 업무관련성이 인정되는 경우라면 퇴근길, 회식 자
리나 야유회 등과 같이 사업장 밖이나 근무시간 외에서의 행위라도
성희롱에 해당할 수 있습니다.

(행정심판례)

○ 【주문】

- 피진정인 1에게 국가인권위원회가 주최하는 특별인권교육을 받을
것을 권고한다.

- 피진정인 2에게 성희롱 진정을 이유로 진정인에게 고용상 불이익을

주지 않을 것임을 문서로서 약속하고, 진정인을 대상으로 한 인력
활용계획을 국가인권위원회에 보고할 것을 권고한다.
- 피진정인 2에게 성희롱 고충처리절차 마련, 성희롱고충상담원 지정 등
성희롱 예방책을 수립하여 전 직원에게 공지하고, 2009년도 성희롱
예방교육 실시결과와 함께 국가인권위원회에 보고할 것을 권고한다.

○ 【이유】

1. 진정요지

가. 진정인은 (주)○○은행 사원이고 피진정인 1은 같은 회사 대리로, 진
정인은 피진정인 1의 아래와 같은 성적 언동으로 인해 심한 성적 불쾌
감을 느꼈다. 2007. 7.경 ○○지점 회식이 끝난 후 피진정인 1과 주임
이○○이 여직원들을 집에 바래다준다고 하여 함께 차에 타고 가게 되
었는데, 그 도중에 위 이○○이 진정인에게 2차에 같이 가자고 제안하
였고 진정인이 거절하자 이○○은 " 그럼 테이블을 따로 잡고 맥주나
마시자."고 다시 제안하였다. 그러자 당시 운전을 하며 듣고 있던 피진
정인 1은 "그럼 룸을 잡아 줄테니 둘이 벗고 뒹굴고 비비면서 놀아라."
라고 말하였다. 2007. 8.경 정기인사에서 진정인은 △△지점으로 발령
을 받아 피진정인 1과 같은 지점에서 근무하지 않도록 조치되었다. 그
러던 중 같은 해 11.경 ○○지점에서 근무하던 주임 정○○이 △△지
점으로 발령받아 2008. 1.경 △△지점 근처 에 방을 얻으려 하자, 피
진정인 1은 이를 두고 "(진정인과 정○○이) 같이 살려고 방까지 구하
는구나. 아주 같이 살겠네."라고 말하였고, 같은 해 8. 8. 출근길에는
"(진정인과 정○○이) 같이 사는 것 아니냐."는 발언을 하였다.

나. 진정인은 이상과 같은 피진정인 1의 성적언동에 심한 성적 불쾌
감을 느끼고 △△지점장을 통해 회사에 문제해결을 요청하였지만 적
절한 조치가 없어 2008. 8. 12. △△지점장을 상대로 노동부에 직
장내 성희롱 진정을 하였고, 회사측은 진정인에게 노동부 진정을 취
하할 것을 설득하였다. 진정인은 같은 해 9. 26.자로 본사 기획팀으
로 발령이 났으며, 피진정인 1은 같은 해 10. 16.자로 퇴사하였다.
그러나 회사측은 진정인에게도 이직을 권유하였고 기획팀 발령 이후
거의 업무를 부여하지 않았으며 인터넷도 연결해주지 않는 등 성희

롱 사건에 대한 문제제기를 이유로 고용상 불이익을 주고 있다.

2. 판단

가. 업무 등 관련성 여부

진정의 원인이 된 행위 발생 당시 진정인과 피진정인 1은 (주)○○은행 ○○지점 및 △△지점의 사원 및 대리로 근무하고 있었던바 양 당사자는 업무상관계에 있었음이 인정된다. 다음으로 피진정인 1의 성적 발언은 공식적 회식 직후의 귀가길 및 출근길 즉 통근 중에 발생하였는데, 근로자의 통근행위는 노무의 제공이라는 의미에서 업무와 밀접한 관계에 있다고 할 수 있고, 통근 중 발생한 재해가 「공무원연금법」상의 공무상 재해로 인정되고 있는 것(대법원 1993. 10. 8. 선고 93다16161 판결)에서 알 수 있듯이 통근 과정의 업무 관련성 은 어렵지 않게 인정된다 할 것이다. 피진정인 1의 성적 발언 발생장소의 업무 관련성과 관련하여, 노동부는 이 사건의 발생장소가 회식 후 귀가길 및 출근길이었다는 점을 근거로 사업주의 지배·관리권이 미친다고 보기 어려워 그 업무 관련성을 인정하기 어렵다고 판단하였지만, 사업주의 지배·관리권 범위를 기준으로 하는 「남녀고용평등과 일·가정 양립 지원에 관한 법률」에 근거한 노동부의 판단과 「국가인권위원회법」에 근거한 우리 위원회의 판단기준이 동일하지는 않으며, 어느 한쪽의 판단이 다른 한쪽의 판단을 구속하는 것도 아니다.

나. 진정요지 '가'의 각하요건 해당 여부

이 사건 진정요지 '가'는 노동부에 진정된 내용과 동일하며, 그 가운데 2007. 7.경 귀가길 차 안에서의 발언은 발생 후 1년 이상 경과하여 진정한 경우에 해당되므로, 「국가인권위원회법」 제32조 제1항에 따른 각하대상인지 여부를 검토할 필요가 있다. 이에 대해 살피건대, 우선 노동부에 진정된 사건의 피진정인과 우리 위원회에 진정된 사건의 피진정인이 상이한바, 노동부에의 진정이 직장 내 성희롱과 관련하여 지점책임자의 책임에 대해 문제제기한 것이라면 우리 위원회에 제기된 진정은 성희롱 행위 당사자 및 사업주에게 책임을 묻는 내용이어서 진정의 원인이 된 사실이 동일하다 해도 두 진정은 각기 독립된 진정으로 볼 수 있을 것이다. 또한 「국가인권위원회법」 제32조 제1항에서 각하사유를 규정하는 의미는 진정인의 인권침해에 대한 국가기관에 의한 구제가 중복되는 것을 방지할 목적으로 규정한 것인바, 위 규정은 피해자 권리구제의 실효성을 담보하는 방향에서 제한적으로 해석되어야 할 것이다. 따라서 이 사건의 경우처럼 노동부가 업무 관련성 판단기준에 해당하지 않는다는 이유로 사건을 종결함으로써 진정인이 실질적인 구제를 받지 못한 사건에 대해서도 동 조항을 적용하여 각하할 경우 진정인은 아무 곳에서도 구제받지 못하게 되는 결과를 초래하게 되는 바, 이는 법형식적 해석에 치우쳐 본래의 입법 취지에 반하는 오류를 범하는 것이라 할 것이다. 다음으로, 2007. 7.경 피진정인 1의 귀가길 차 안에서의 발언은 이 사건의 발단이 된 내용일 뿐 아니라 2008. 1.경 및 8.경의 동거 발언과 관련해 진정인이 느꼈을 성적 불쾌감을 유추하는데 있어 필요한 내용인바, 「국가인권위원회법」 제32조 제1항 제4호의 단서조항을 적용하여 조사대상에 포함시키는 것으로 결정한다. 이상의 내용을 종합할 때, 진정요지 '가'는 「국가인권위원회법」 제32조 제1항에 따른 각하대상에 해당하지 않는 것으로 판단한다.

다. 성적 언동 및 성적 굴욕감 여부

2007. 7.경 (주)○○은행 ○○지점의 회식이 끝난 후 진정인을 집에 데려다 주는 차 안에서 피진정인 1이 한 발언의 사실관계와 관련하여 피진정인은 이를 부인하고 있지만 참고인 이○○, 정○○, 박○○의 진술 및 진정인과 피진정인의 대화내용 녹취록에 근거할 때 사실로 인정되며, 당시 피진정인 1의 발언내용이 남성인 참고인 이○○이 듣기에도 민망한 정도였다면 미혼 여성인 진정인이 성적 굴욕감 또는 혐오감을 느끼기에도 충분한 것으로 판단된다. 또한 진정 인이 회식 다음날 직속차장에게 면담을 요청하여 피진정인 때문에 힘들다고 상의한 점, 지속적으로 피진정인에게 사과를 요구한 점 등도 진정인이 피진정인 1의 발언에 상당한 심리적 충격을 받았음을 뒷받침하는 것이라 할 것이다. 2008. 1.경 및 같은 해 8. 8. 출근길에서의 동거 관련 발언의 사실관계에 대해서는 피진정인 1도 인정하고 있고, 참고인 진술 및 진정인과 피진정인의 대화내용 녹취록 등으로도 뒷받침되고 있는바 사실로 판단된다. 미혼의 남녀를 상대로 동거하는 것 아니냐는 발언을 하는 것은 그 의도가 무엇이건 간에

상대에게 성적인 불쾌감을 줄만한 내용이라 할 것이며, 나아가 이 사건의 경우처럼 이미 성희롱 가해혐의가 있는 상대로부터 동거 관련 발언을 들은 것이라면 그 불쾌감의 정도는 더욱 클 것으로 판단된다. 이상의 내용을 종합할 때, 피진정인 1의 행위는 진정인으로 하여금 성적인 굴욕감 또는 혐오감을 느끼게 할 만한 것이었다고 판단되며, 「국가인권위원회법」 제2조 제5호가 규정하고 있는 성희롱에 해당되는 것으로 판단된다.

라. 고용상 불이익 여부

우리 위원회 조사결과, 피진정인 2가 진정인에 대해 해고나 징계 등 구체적인 불이익 조치를 취한 것은 아니라는 점, 업무분장과 관련하여 신입팀원에게는 업무파악기간을 두어 처음부터 일을 많이 주지 않는다는 점을 고려할 경우 고용상 불이익이 있었다고 단정하기는 어려운 점이 있다. 그러나 다른 한편으로 피진정인 2가 진정인에게 이직을 권유하였다는 진정 인의 주장이 있고 진정인이 본사 기획팀에 배치된 이후 한동안 인터넷이 연결되지 않은 사실이 확인되는바, 성희롱 진정을 이유로 피진정인 2가 진정인에게 일부 고용상 불이익한 조치를 하였을 가능성을 배제할 수 없다. 또한 진정인은 현재 하루 1~2시간 정도 소요되는 단순한 업무만을 맡고 있는바 진정인을 대상으로 한 교육실시계획이나 업무분장계획, 또는 인사이동계획 없이 현재와 같은 상황이 지속될 경우에는 성희롱 진정을 이유로 한 고용상 불이익으로 판단될 소지가 있다. 따라서 피진정인 2가 성희롱 피해자인 진정인에게 고용상 불이익 을 주었다는 혐의에서 벗어나기 위해서는 진정인에 대한 합리적 인력활용계획을 적극적으로 소명하여야 할 필요가 있다.

3. 결론

이상과 같은 이유로 「국가인권위원회법」 제44조 제1항 제1호의 규정에 따라 주문과 같이 결정한다.

(국가인권위원회 08진차974, 2008.12.8., 차별)

■ 피용자가 다른 피용자를 성추행 또는 간음한 행위에 대하여 사용자 책임을 인정할 수 있는지요?

Q. 저는 A아파트 관리사무소에서 경리직원으로 근무하고 있습니다. 그런데 A아파트의 甲입주자대표회의와 아파트 위수탁관리계약을 체결한 乙주식회사가 아파트관리사무소 소장으로 고용한 丙이 관리사무소 내에서 저를 추행하였는데, 이러한 경우 제가 甲과 乙에 대하여도 손해배상청구를 할 수 있나요.

A. 乙 회사가 丙을 고용하였고, 甲입주자대표회의는 丙을 직접 지휘·감독하는 관계에 있습니다. 한편 피용자가 다른 피용자를 성추행 또는 간음하는 등 고의적인 가해행위를 한 경우, 그 행위가 피용자의 사무집행 자체는 아니라 하더라도, 피해자로 하여금 성적 굴욕감 또는 혐오감을 느끼게 하는 방법으로 업무를 수행하도록 하는 과정에서 피해자를 성추행하는 등 그 가해행위가 외형상 객관적으로 업무의 수행에 수반되거나 업무수행과 밀접한 관련 아래이루어지는 경우뿐만 아니라, 피용자가 사용자로부터 채용, 계속 고용, 승진, 근무평정과 같은 다른 근로자에 대한 고용조건을 결정할 수 있는 권한을 부여받고 있음을 이용하여 그 업무수행과 시간적, 장소적인 근접성이 인정되는 상황에서 피해자를 성추행하는 등과 같이 외형상, 객관적으로 사용자 의 사무집행행위와 관련된 것이라고 볼 수 있는 사안에서도 사용자책임이 성립할 수 있습니다(대법원 2009. 2. 26. 선고 2008다89712판결 등 참조).

이러한 법리에 비추어 살피건대, 이 사안에서 丙이 귀하를 추행한 행위는 귀하 및 丙이 같은 관리사무소 내에서 근무를 하던 중 발생한 점에 비추어 외형상, 객관적으로 乙회사 및 甲입주자대표회의의 사무집행에 관련된 행위라고 봄이 상당합니다.

따라서 乙회사와 甲입주자대표회의는 丙과 연대하여 귀하가 입은 손해를 배상할 책임이 있습니다(창원지방법원 2012. 11. 6. 선고 2012나1478 판결).

■ 근무시간 외에 직장 밖에서 만난서 성희롱을 한 경우에도 성희롱에 해당하나요?

Q. 근무시간 외에 직장 밖에서 만난서 성희롱을 한 경우에도 성희롱에 해당하나요?

A. 근무시간 외에 직장 밖에서 만난 경우에도 업무관련성이 인정될 수 있습니다.

연구위원으로 일하고 있는 A는 고문인 B에게 후원금을 받으러 직장 외의 장소에서 B가 원하는 시간에 만나는 경우가 많았습니다. 이 직장에서는 고문이 만나자고 하면 연구위원은 선배와 원로에 대한 예우상 이유를 묻지 않고 만나는 것이 조직 문화라고 여겨지고 있습니다. 어느 날 A는 선약이 있었지만 B의 연락을 받자 모임 약속을 포기하고 나갔는데 이 자리에서 B가 A를 성희롱하였습니다. 이 경우 근무시간이 아닌 시간에 직장 밖에서 만난 경우라 하더라도 A가 종사하고 있는 업무와의 관련성이 인정됩니다.

■ 퇴근길에 일어난 성희롱도 업무관련성이 인정되나요?

Q. 퇴근길에 일어난 성희롱도 업무관련성이 인정되나요?

A. 퇴근길에 일어난 성희롱도 업무관련성이 인정될 수 있습니다. 직장의 공식적인 회식이 끝난 후 귀가하는 길에 A, B, C가 동승하였는데, A가 B에게 2차에 같이 가자고 제안하였고, B가 이를 거절하자 A는 "그럼 테이블을 따로 잡고 맥주나 마시자."라고 다시 제안하였습니다. 그러자 당시 운전을 하며 듣고 있던 C는 "그럼 룸을 잡아 줄 테니 둘이 벗고 뒹굴고 비비면서 놀아라."고 말하였습니다.

C의 성적 발언은 공식적인 회식 직후에 귀가하는 과정에서 발생되었는데, 이처럼 퇴근길에 발생된 성희롱은 업무 관련성이 인정됩니다. 출장 중인 차안, 업무와 관련이 있는 회식장소, 야유회장소, 업무협의를 위해

불러내어 밖에서 만난 상황에서 발생한 성적 언동 등으로 피해자가 성적 굴욕감이나 혐오감을 느꼈다면 이는 직장 내 성희롱이 됩니다.

5. 성희롱 발생 시 사업주의 조치의무

① 사업주는 직장 내 성희롱과 관련하여 피해를 입은 근로자나 성희롱 피해를 주장하는 근로자에게 해고나 그 밖의 불리한 조치를 해서는 안 됩니다(남녀고용평등과 일·가정 양립 지원에 관한 법률 제14조제2항). 이를 위반한 자는 3년 이하의 징역 또는 2천만원 이하의 벌금에 처해집니다(동법 제37조제2항제2호).

② 사업주는 직장 내 성희롱 발생이 확인되면 지체 없이 행위자에 대하여 징계나 그 밖에 이에 준하는 조치를 해야 합니다(남녀고용평등과 일·가정 양립 지원에 관한 법률 제14조제1항). 이를 위반한 자에게는 400만원의 과태료가 부과됩니다(동법 제39조제2항제1호, 동법 시행령 제22조제1항 및 별표 제2호).

■ 성희롱 발생, 피해자에 대한 보호의무 소홀, 왕따 등에 대해 사업주의 책임은 어디까지 인정해야 하나요?

Q. 성희롱 발생, 피해자에 대한 보호의무 소홀, 왕따 등에 대해 사업주의 책임은 어디까지 인정해야 하나요?

A. 직원 A의 직속상사인 B는 평소 A의 목, 어깨, 머리카락, 브래지어끈 부위를 만졌고 출장 시 A의 엉덩이를 치면서 "상무님 잘 모셔"라고 말했습니다. A는 이러한 B의 행위에 대해 인사그룹장에게 신고하고 배치전환을 요청하였고 인사그룹장은 성희롱 사실을 조사하였으나 B가 부인하자 그대로 종결하면서 오히려 A에게 다른 부서 배치를 권유했습니다. 그러나 A가 그곳은 B와 마주칠 우려가 있다며 거절하자 그 이후 회사는 이와 관련한 어떤 조치도 하지 않았고 오히려 A는 이후 한동안 대

기발령 된 이후 새로 배치된 부서에서 중요한 업무를 전혀 맡지 못하고 일종의 왕따를 당하였습니다. 이에 A는 회사와 B를 상대로 손해배상을 청구하였는데, 수원지방법원은 회사가 행위자의 성희롱행위를 미리 예방하지 못함으로써 피용자 A에 대한 보호의무를 다하지 못하였으므로 회사는 행위자B의 사용자로서 A가 입은 정신적 손해를 배상할 책임이 있다고 판단했습니다. 따라서 회사는 B와 공동불법행위자로서 A에 대해 각자 200만원의 위자료를 지급할 의무가 있다고 하였습니다.

　또한 사업주는 직장 내 성희롱 발생이 확인된 경우 지체 없이 행위자에 대하여 부서전환, 징계 기타 이에 준하는 조치를 취하고(남녀고용평등법 제14조제1항), 그 피해 근로자에게 고용상 불이익한 조치를 하여서는 안 되는데(남녀고용평등법 제14조제3항), 사용자가 피용자의 문제제기에 따라 직장 내 성희롱 행위의 발생사실을 알았거나 알 수 있는 상황에서 위 성희롱 행위에 대하여 위 법령의 취지에 부합하는 신속하고도 적절한 개선책을 실시하지 아니한 채 이를 방치하고, 나아가 오히려 불이익한 조치를 하는 경우, 사용자는 그에 대하여 손해배상책임을 면할 수 없다고 하면서 사용자에 대해서는　따로 A에게 3천만원의 손해배상을 하도록 판결하였습니다(수원지방법원 성남지원 2010. 4. 15. 선고 2008가합5314 판결).

■ 고객 등에 의한 성희롱은 어떻게 보호받을 수 있나요?

Q : 회사에서 근무하고 있는데, 회사를 방문한 고객이 내게 성적인 농담을 하면서 내 가슴을 만져 심한 수치심을 느꼈습니다. 어떻게 보호받을 수 있나요?

A : 사업주는 고객 등 업무와 관련이 있는 자가 업무수행 과정에서 성적인 언동 등을 통하여 근로자에게 성적 굴욕감 또는 혐오감 등을 느끼게 하여 해당 근로자가 그로 인한 고충 해소를 요청할 경우 일정한 조치를

하도록 노력해야 합니다(남녀고용평등과 일·가정 양립 지원에 관한 법률 제14조의2제1항). 따라서 피해자는 사업주에게 근무 장소의 변경 등 일정한 조치를 해줄 것을 요구할 수 있습니다.

 사업주는 성희롱 피해를 주장하거나 고객 등으로부터의 성적 요구 등에 불응한 것을 이유로 해고나 그 밖의 불이익한 조치를 해서는 안 됩니다(남녀고용평등과 일·가정 양립 지원에 관한 법률 제14조의2제2항). 사업주가 이를 위반하여 해고 등 불이익한 조치를 하면 지방고용노동관서에 신고하거나 노동위원회에 구제신청을 할 수도 있습니다.

 가해자인 고객에 대해서는 불법행위를 이유로 손해배상을 청구할 수 있습니다(민법 제750조).

■ 컴퓨터 바탕 화면에 있는 여 직원의 단체 사진을 보면서 '못생긴 사람만 다 모였네' 라고 말했을 경우도 성희롱에 해당하나요?

Q : 직장에서 근무 중 지나가던 남자 직원이 컴퓨터 바탕 화면에 있는 여 직원의 단체 사진을 보면서 '못생긴 사람만 다 모아났네' 하고 말했는데 마침 그 바탕화면의 당사자가 옆에서 근무하고 있었는데 많이 창피했다고 합니다. 이런 경우도 성희롱에 해당하나요?

A : 1) 「남녀고용평등과 일,가정 양립 지원에 관한 법률」 제14조(직장 내 성희롱 발생 시 조치) 제1항은 사업주는 직장 내 성희롱 발생이 확인된 경우 지체 없이 행위자에 대하여 징계나 그 밖에 이에 준하는 조치를 하여야 한다. 제2항은 사업주는 직장 내 성희롱과 관련하여 피해를 입은 근로자 또는 성희롱 피해 발생을 주장하는 근로자에게 해고나 그 밖의 불리한 조치를 하여서는 아니된다. 라고 규정하고 있습니다.

2) 사업장에서 성희롱이 발생했을 경우 사업장에서 아무런 조치를 하지 않은 경우 사업주에 대하여 과태료를 부과할 수 있도록 규정하고 있으며, 피해 근로자에게 불리한 조치를 한 경우는 사업주에게 3천만원 이

하의 벌금을 처할 수 있다라고 규정하고 있습니다. 사업장에서 성희롱 가해자에게 처벌이나 징계 기준은 사업장에서 규정한 취업규칙이나 단체협약 등의 절차에 따라 이뤄집니다. 따라서, 근로자는 사업장에서 가해자에게 아무런 조치를 하지 않은 경우나, 피해자에게 불리한 조치를 한 경우에 사업장 소재지 관할 노동지청에 신고를 하면, 해당 노동지청에서 사실관계를 조사하여 사업주의 위반여부를 판단하여 처리하게 됩니다. 이때 성희롱 예방교육 실시여부도 함께 조사를 하게 됩니다.

3) 성희롱 가해자에 대한 처벌은 사업장 소재지 관할 경찰서에 신고하면 해당 경찰서에서 성희롱 여부를 판단하여 처벌여부를 결정하게 됩니다.

■ 고객에 의해 성희롱을 당한 경우 어떤 조치가 가능한가요?

Q : 외부 고객에 의해 성희롱을 당한 경우 어떤 조치가 가능한가요?

A : 사업주는 고객 등 업무와 밀접한 관련이 있는 자의 성희롱 행위로 인하여 근로자가 고충을 해소할 경우 근무장소 변경, 배치전환 등 가능한 조치를 취하도록 노력하여야 합니다. 또한, 사업주는 성희롱 피해를 주장하거나 고객 등으로부터 성적 요구 등에 불응한 것을 이유로 근로자를 해고하거나 그 밖의 불이익한 조치를 하지 못합니다.

■ 남자직원이 성희롱을 하여 고용주에게 이를 말했는데 오히려 제가 해고를 당했습니다. 이게 가능한가요?

Q : 음식점에서 서빙을 하던 중 다른 남자직원이 제 신체의 일정부위를 계속 쳐다보는 등으로 성희롱을 하여 사장에게 이를 말했습니다. 그런데 오히려 제가 해고를 당했습니다. 이게 가능한가요?

A : 사업주는 성희롱을 한 가해자를 징계하거나 그 밖의 조치를 해야 합니다. 또한, 사업주는 직장 내 성희롱과 관련하여 피해를 입은 근로자나

성희롱 피해를 주장하는 근로자를 해고해서는 안 되며, 그 밖의 불이익한 조치를 해서도 안 됩니다. 이를 위반하는 사업주는 과태료, 벌금 또는 징역형에 처해집니다.

◇ **사업주의 의무와 의무 불이행 시 벌칙**

① 사업주는 직장 내 성희롱과 관련하여 피해를 입은 근로자나 성희롱 피해를 주장하는 근로자에게 해고나 그 밖의 불리한 조치를 해서는 안 됩니다.

② 이를 위반하는 사업주는 3년 이하의 징역 또는 2천만원 이하의 벌금에 처해집니다.

③ 사업주는 직장 내 성희롱 발생이 확인되면 지체 없이 행위자에 대하여 징계나 그 밖에 이에 준하는 조치를 해야 합니다. 이를 위반하는 사업주에게는 400만원의 과태료가 부과됩니다.

■ **남자도 성희롱의 피해자가 될 수 있나요?**

Q : 직장에서 여자 상사가 자꾸 제 엉덩이를 만집니다. 이에 대해 불쾌감을 표시했지만 멈추질 않네요. 남자도 성희롱의 피해자가 될 수 있나요?

A : 남성도 성희롱의 피해자가 될 수 있고, 남성의 남성에 대한 성희롱 뿐만 아니라 여성의 여성에 대한 성희롱도 있을 수 있습니다.

◇ 성희롱 피해자의 범위

① 「남녀고용평등과 일·가정 양립지원에 관한 법률」과 「국가인권위원회법」에서는 성희롱 피해자를 여성이나 이성(異性)으로 제한하고 있지 않습니다.

② 따라서, 업무관련성이 있고 그와 같은 행위로 인해 성적 굴욕감이나 성적 수치심을 느꼈다면 남성도 성희롱 피해자가 될 수 있습니다. 또한, 남성의 남성에 대한 성희롱, 여성의 여성에 대한 성희롱도 있을 수 있습니다.

6. 성희롱 피해자의 대응

6-1. 고충신고와 상담

6-1-1. 즉각적인 대응방법

① 거부의사를 분명히 표시합니다.

상대방과의 관계가 불편해질 것을 걱정해서 거부의사를 명확히 하지 않으면 자칫 성희롱을 용인하거나 이에 동조하는 의사로 받아들여질 수 있습니다.

② 가해자에게 편지를 씁니다.

성희롱 거부의사를 직접 표시하기 어려운 경우에는 중단을 요구하는 편지를 씁니다. 나중에 증거자료가 될 수 있으므로 당시의 상황을 정확히 기록하고 내용증명우편으로 보내어 적법한 증거자료로 활용할 수 있도록 하는 것이 좋습니다.

③ 사과할 것과 손해를 배상을 요구합니다.

④ 증거자료를 남깁니다.

 - 성희롱을 거부했음에도 불구하고 거부의사가 받아들여지지 않을 경우에는 법적으로 해결할 필요가 생길 수 있습니다.

 - 성희롱을 당한 날짜, 시간, 장소, 구체적인 내용이나 목격자나 증인, 성적인 언어나 행동에 대한 느낌 등을 구체적으로 기록해야 합니다.

 - 상황을 기록한 자료를 집에 남깁니다.

⑤ 업무수행내용에 대한 사본을 보관합니다.

법적인 문제가 발생하면 상대방은 피해자의 직장에서 업무능력이나 실적 등을 문제 삼을 수 있으므로 미리 자신의 업무수행에 관한 기록이나 그 밖의 증거자료의 사본을 보관해 두는 것이 좋습니다.

6-1-2. 사업주에게 고충신고

① 근로자는 직장 내 성희롱의 금지 및 예방에 관해 사업주에게 고충신

고를 할 수 있습니다(남녀고용평등과 일·가정 양립 지원에 관한 법률 제25조).

② 일반적으로 회사의 고충처리절차에 따라 고충처리기구의 담당자나 인사부서, 노무 담당 부서에서 고충을 접수하게 됩니다.

③ 고충신고는 구두, 서면, 우편, 전화, 팩스 또는 인터넷 등의 방법으로 할 수 있습니다(남녀고용평등과 일·가정 양립 지원에 관한 법률 시행령 제18조제1항).

④ 사업주는 고충신고를 받은 경우 특별한 사유가 없으면 신고 접수일로부터 10일 이내에 신고된 고충을 직접 처리하거나 「근로자참여 및 협력증진에 관한 법률」에 따라 설치된 노사협의회에 위임하여 처리하게 하고, 사업주가 직접 처리한 경우에는 처리 결과를, 노사협의회에 위임하여 처리하게 한 경우에는 위임 사실을 해당 근로자에게 알려야 합니다(남녀고용평등과 일·가정 양립 지원에 관한 법률 제25조 및 동법 시행령 제18조제2항).

6-1-3. 고충처리위원에게 고충 신고

① 근로자는 직장 내 성희롱의 금지 및 예방에 관해 고충사항이 있는 경우에는 「근로자참여 및 협력증진에 관한 법률」 제26조에 따른 고충처리위원(이하 "고충처리위원"이라 함)에게 구두 또는 서면으로 신고할 수 있습니다. 이 경우 신고를 접수한 고충처리위원은 지체 없이 처리해야 합니다.

② 모든 사업 또는 사업장에는 근로자의 고충을 듣고 이를 처리하기 위해 고충처리위원을 두어야 합니다. 다만, 상시 30명 미만의 근로자를 사용하는 사업이나 사업장은 고충처리위원을 두지 않아도 됩니다(근로자참여 및 협력증진에 관한 법률 제26조).

③ 고충처리위원은 근로자로부터 고충사항을 들은 경우에는 10일 이내에 조치 사항과 그 밖의 처리결과를 해당 근로자에게 통보해야 합니다(근로자참여 및 협력증진에 관한 법률 제28조제1항).

④ 고충처리위원이 처리하기 곤란한 사항은 노사협의회의 회의에 부쳐 협의
처리하게 됩니다(근로자참여 및 협력증진에 관한 법률 제28조제2항).

※ 노사협의회

① 근로자와 사용자가 참여와 협력을 통하여 근로자의 복지증진과 기업의 건전한 발전을 도모하기 위해 구성하는 협의기구를 말합니다(근로자참여 및 협력증진에 관한 법률 제3조제1호). 근로조건에 대한 결정권이 있는 사업 또는 사업장 단위로 설치해야 하지만, 상시 근로자 30명 미만의 사업 또는 사업장에는 두지 않아도 됩니다(동법 제4조제1항).

② 근로자와 사용자를 대표하는 같은 수의 근로자위원과 사용자위원(각각 3 ~ 10명 이내)으로 구성합니다(동법 제6조).

③ 성희롱과 관련해 근로자의 고충처리, 인사·노무관리의 제도개선, 근로자의 복지증진, 여성근로자의 모성보호 및 일과 가정생활의 양립을 지원하기 위한 사항 등에 관한 사항 등을 협의합니다.

6-2. 상담

6-2-1. 명예고용평등감독관과의 상담

직장 내 성희롱으로 고충이 있는 근로자는 명예고용평등감독관과 상담할 수 있습니다(남녀고용평등과 일·가정 양립 지원에 관한 법률 제24조제2항제1호).

※ 명예고용평등감독관

지방 고용노동관서의 장은 사업장 소속 근로자 중 노사가 추천하는 자를 해당 사업장의 명예고용평등감독관으로 위촉(남녀고용평등과 일·가정 양립 지원에 관한 법률 제24조제1항, 제36조 및 동법 시행령 제21조제1항제7호)해 근로자에 대한 상담업무 및 노사 자율개선을 추진하도록 지원하고 있습니다.

6-2-2. 민간단체 고용평등상담실을 통한 상담

① 성희롱 피해자는 민간단체 고용평등상담실을 통해 상담을 받을 수 있습니다.

② 지방 고용노동관서의 장은 전국 주요지역에 민간단체를 선정하여 차별과 직장 내 성희롱, 모성보호 및 일·가정 양립 등에 관한 상담을 전담하는 고용평등상담실을 지원하고 있습니다(남녀고용평등과 일·가정 양립 지원에 관한 법률 제23조, 제36조 및 동법 시행규칙 제15조제2항).

6-2-3. 그 밖의 다양한 민간단체나 언론기관, 여성근로자단체 등을 통해 상담

성희롱 피해자는 그 밖의 다양한 민간단체나 언론기관, 여성근로자단체 등을 통해 상담하거나 피해구제에 관한 정보를 얻을 수 있습니다.

① 주요 상담소의 연락처와 상담 내용

상담소	홈페이지 및 전화번호	주요 상담 내용
한국성폭력 상담소	http://www.sisters.or.kr	온라인 상담과 사이버성폭력 상담도 가능
한국여성민우회 성폭력상담소	http://womenlink.or.kr/affiliates/sexual_violence_definitions	·성폭력(강간, 성희롱, 성추행, 스토킹 포함)에 대한 상담 ·성지식, 성적 의사소통 등에 대한 상담
한국 성폭력 위기센터	http://www.rape119.or.kr	·상담과 의료의 통합 지원 ·정신적, 신체적 피해에 대한 서비스 제공
한국여성 상담센터	http://www.iffeminist.or.kr	·성폭력 및 가정폭력에 대한 대처방안과 심리상담프로그램 소개 ·가해자상담프로그램 소개
방송통신위원회 사이버권리침해상담	http://www.kocsc.or.kr	정보통신망을 통한 명예훼손, 모욕, 성폭력, 스토킹 등의 문제와 관련 이용자의 정당한 권리 침해에 대한 상담활동 및 구제활동 지원

② 여성 근로자 단체의 홈페이지

| 전국여성노동조합 | http://blog.daum.net/kwunion99 |
| 한국여성노동자회협의회 | http://www.kwwnet.org |

③ 언론기관의 홈페이지

| 여성신문 | http://www.womennews.co.kr |
| 한국여성단체연합뉴스매거진 | http://www.women21.or.kr |

■ 성희롱을 당한 경우에는 어떻게 대응해야 하나요?

Q : 지인들에게 직장에서 성희롱을 당했다는 이야기를 많이 들어서 좀
불안하네요. 성희롱을 당한 경우에는 어떻게 대응해야 하나요?

A : 성희롱은 피해사실을 입증하기 어렵고 신속한 처리가 필요하기 때문에
거부의사를 분명히 표시하고, 증거자료를 남기는 등의 즉각적인 대응을
하는 것이 매우 중요합니다.

◇ 성희롱에 대한 즉각적인 대응 방법

① 거부의사를 분명히 표시합니다. 상대방과의 관계가 불편해질 것을 걱
정해서 거부의사를 명확히 하지 않으면 자칫 성희롱을 용인하거나 이
에 동조하는 의사로 받아들여질 수 있습니다.

② 성희롱 거부의사를 직접 표시하기 어려운 경우에는 중단을 요구하는
편지를 씁니다. 이는 나중에 증거자료가 될 수 있으므로 당시의 상황
을 정확히 기록하고 내용증명우편으로 보내어 적법한 증거자료로 활
용할 수 있도록 하는 것이 좋습니다.

③ 사과할 것과 손해배상을 요구합니다.

④ 성희롱을 거부했음에도 불구하고 거부의사가 받아들여지지 않을 경우
에는 법적으로 해결할 필요가 생길 수 있기 때문에 성희롱을 당한
날짜, 시간, 장소, 구체적인 내용이나 목격자나 증인, 성적인 언어나

행동에 대한 느낌 등을 구체적으로 기록해야 합니다.

⑤ 법적인 문제가 발생하면 상대방은 피해자의 직장에서 업무능력이나 실적 등을 문제 삼을 수 있으므로 미리 자신의 업무수행에 관한 기록이나 그 밖의 증거자료의 사본을 보관해 두는 것이 좋습니다.

(법령해석례)
■ 「남녀고용평등법」 제14조제1항에서 "지체 없이"의 의미
(질의) 「남녀고용평등법」 제14조제1항은 직장 내 성희롱이 확인된 경우 사업주는 지체 없이 행위자에 대하여 징계 등의 조치를 하도록 규정하고 있는데, 이때 "지체 없이"란 통상적으로 어느 정도의 시간을 의미하나요?
(회답) 「남녀고용평등법」 제14조제1항에서는 징계시한에 대해 구체적으로 정한 바는 없으나 취업규칙 및 단체 협약 등에서 정하고 있는 경우 이에 따라 성희롱 여부에 대한 구체적인 판단을 위한 사실관계 조사 및 징계위원회 소집, 가해자의 소명기회 부여 등 필요한 조치를 거쳐 사회통념상 합당한 기한 내에 조속히 징계 등의 조치를 함을 의미합니다.

■ 성희롱을 당한 후에는 어떻게 도움을 신청할 수 있나요?

① 성희롱 관련 구제신청 및 문의
- •국가인권위원회 진정 : 국가인권위원회 국번없이 1331, www.humanrights.go.kr
- •직장 내 성희롱(일반사업장) 및 불이익 조치에 대한 신고 : 고용노동부 지방노동청 – 고용노동부 대표번호 국번없이 1350, www.molab.go.kr

② 직장내에서 성희롱을 당했을 경우 구제절차로는 공공기관의 경우 직장내 지정된 성희롱 고충상담창구를 통해 상담 및 자체규정에 따른 자율적 분쟁처리를 할 수 있습니다.

③ 한편 국가인권위원회에 상담 및 진정하여 조사와 조정 및 심의를 통

해 구제를 받으실 수 있습니다.

④ 이 밖에도 민형사상 사법처리를 통한 구제방법이 있습니다. 경찰, 검찰, 형사법원의 성폭력범죄의 사건처리, 민사법원의 성희롱으로 인한 손해배상 소송사건 처리, 행정법원의 국가인권위원회의 결정에 대한 불복사건 처리 등이 있습니다.

⑤ 일반사업장일 경우 직장내 지정된 성희롱 고충상담창구를 통해 상담 및 사업장에서 마련한 자체규정에 따라 자율적으로 분쟁처리를 거치실 수 있습니다.

⑥ 또한 지방노동위원회에 성희롱으로 인한 직장 내 불이익 조치 등에 대해 구제신청을 할 수 있습니다.

⑦ 그 밖에 성추행, 성폭력 피해 상담 및 구제

 * 여성긴급전화 1366 : 24시간 피해상담 및 도움 받을 수 있는 기관 연계(유선전화 : 국번없이 1366, 휴대전화 : 지역번호 + 1366)

6-3. 지방고용노동관서에 대한 신고

6-3-1. 법 위반 사업주 신고

성희롱 피해를 입은 근로자나 성희롱 피해를 주장하는 근로자는 사업주가 「남녀고용평등과 일·가정 양립 지원에 관한 법률」에 따른 직장 내 성희롱 금지의무, 가해자 조치 의무 및 피해 주장 근로자에 대한 불이익 금지의무를 위반한 경우에는 사업장을 관할하는 지방고용노동관서에 신고할 수 있습니다.

[서식예] 성희롱 신고서

○ 기타 진정신고서(직장 내 성희롱)

▶ 등록인정보

· 성 명		· 생년월일	
· 주 소			
· 전화번호		· 핸드폰번호	
· 이메일			
수신여부확인	○ 예　　　○ 아니오 민원신청 처리상황을 문자메시지(SMS), E-mail 통해 정보를 제공받으실 수 있습니다.		

· 회사명			
· 회사주소 　(실근무장소)			
· 회사전화번호		근로자수	
1년에 1회 이상 직장 내 성희롱 예방교육 실시 여부	□ 미실시 □ 실시(최근 교육일시:　　　　)		

▶ 진정내용

· 입사일		퇴사일	
성희롱 발생일		성희롱 발생장소	
성희롱 행위자		성희롱 목격자	
· 제 목			
· 내 용 (별지 기재 가능)			
사업주의 성희롱 가해자에 대한 조치사항			
사업주의 성희롱 피해자에 대한 불이익 조치사항			

6-3-2. 사업주의 의무 위반

① 성희롱 금지 의무 위반

　사업주는 직장 내 성희롱을 해서는 안 됩니다(남녀고용평등과 일·가정 양립 지원에 관한 법률 제12조). 이를 위반한 사업주는 다음의 구분에 따라 과태료를 부과받습니다(동법 제39조제1항, 동법 시행령 제22조제1항 및 별표 제1호).

1. 직장 내 성희롱과 관련하여 최근 3년 이내에 과태료처분을 받은 사실이 있는 사람이 다시 직장 내 성희롱을 한 경우: 1천만원
2. 한 사람에게 여러 차례 직장 내 성희롱을 하거나 2명 이상에게 직장 내 성희롱을 한 경우: 500만원
3. 그 밖의 직장 내 성희롱을 한 경우: 300만원

② 가해 근로자에 대한 조치 의무 위반

　㉮ 사업주는 직장 내 성희롱 발생이 확인된 경우 지체 없이 행위자에 대해 징계나 그 밖에 이에 준하는 조치를 해야 합니다(남녀고용평등과 일·가정 양립 지원에 관한 법률 제14조제1항). 이를 위반한 사업주는 400만원의 과태료를 부과받습니다(동법 제39조제2항제1호,동법 시행령 제22조 및 별표 제2호).

　㉯ 사업주는 고객 등 업무와 밀접한 관련이 있는 자가 업무수행 과정에서 성적인 언동 등을 통해 근로자에게 성적 굴욕감 또는 혐오감 등을 느끼게 하여 해당 근로자가 그로 인한 고충 해소를 요청할 경우 근무 장소 변경, 배치전환 등 가능한 조치를 하도록 노력해야 합니다(남녀고용평등과 일·가정 양립 지원에 관한 법률 제14조의2제1항).

③ 불이익 조치 금지 의무의 위반

　㉮ 사업주는 직장 내 성희롱과 관련하여 피해를 입은 근로자나 성희롱 피해를 주장하는 근로자에게 해고나 그 밖의 불리한 조치를 해서는 안 됩니다(남녀고용평등과 일·가정 양립 지원에 관한 법률 제14조제2항).

㉯ 사업주는 근로자가 고객 등에 의한 성희롱 피해를 주장하거나 고객 등으로부터의 성적 요구 등에 불응한 것을 이유로 해고나 그 밖의 불이익한 조치를 해서는 안 됩니다(남녀고용평등과 일·가정 양립 지원에 관한 법률 제14조의2제2항).

㉰ 이를 위반한 사업주는 500만원의 과태료를 부과 받습니다(남녀고용평등과 일·가정 양립 지원에 관한 법률 제39조제2항제2호, 동법 시행령 제22조제1항 및 별표 제3호).

④ 지방고용노동관서에 대한 신고

㉮ 성희롱 피해 근로자는 지방고용노동관서에 진정하거나 고소·고발할 수 있습니다.

㉯ 형사처벌의 대상이 되는 불이익 조치 금지의무 위반에 대해서는 불이익 조치 후 5년이 지나지 않은 성희롱 사건에 대해서만 지방고용노동관서에 진정하거나 고소·고발할 수 있습니다.

㉰ 장기 5년 미만의 징역 또는 금고, 장기 10년 이상의 자격정지 또는 벌금에 해당하는 범죄의 공소시효(公訴時效)는 5년입니다(형사소송법 제249조제1항제5호).

※ 공소시효(公訴時效)

일정기간 공소를 제기하지 않고 사건을 방치하는 경우에 검사가 공소를 제기할 수 있는 권한을 소멸시키는 제도입니다. 범죄의 공소시효 기간에 대해서는 「형사소송법」 제249조제1항에 규정되어 있습니다.

㉱ 근로감독관은 「근로기준법」이나 그 밖의 노동관계 법령 위반의 죄에 관해 「사법경찰관리의 직무를 수행할 자와 그 직무범위에 관한 법률」에 따라 사법경찰관의 직무를 수행합니다.

직장 내 성희롱 피해 상담 및 신고절차 안내

□ 직장 내 성희롱 피해를 받은 근로자는 고용노동부 고객상담센터(대표전화 1350), 지방관서 고객지원실 또는 전국 고용평등상담실(15개소)을 통해 상담·지원을 하고 있습니다.

□ 직장 내 성희롱 피해를 신고를 원할 경우에는 고용노동부 홈페이지, 지방관서 고객지원실, 국민신문고 등을 통해 신고할 수 있습니다.

  * 국가인권위원회, 법원 등 민원제기를 통해 금전적 손해배상 청구 가능합니다.

□ 성희롱 피해 신고 민원은 사업장 관할 지방노동관서에서 조사하여 법위반이 확인 될 경우에는 시정지시 하고, 이에 불응할 경우에는 과태료 또는 사법처리를 하게 됩니다.

【직장 내 성희롱 상담 및 신고절차】

〈기초상담 단계〉	1350 (고용노동부 고객상담센터)	고용평등상담실 (전국 15개 민간단체)
〈신고단계〉	고용노동부 홈페이지, 지방관서 고객지원실, 국민신문고	
〈조치단계〉	· 사건조사 → 법위반 없을 경우 사건 종결 · 위법사항 확인시 시정지시 → 시정완료시 사건종결 · 시정지시 불응시 → 사법처리 또는 과태료	

* 고용평등상담실은 사전 상담과 더불어 필요시 노동관서에 신고할 수 있도록 지원

<table>
<tr><td colspan="2" align="center">【직장 내 성희롱 관련 법위반 벌칙】</td></tr>
<tr><td align="center">법위반 내용</td><td align="center">처벌규정</td></tr>
<tr><td>○ 사업주의 직장 내 성희롱 금지 위반</td><td align="center">과태료 1천만원</td></tr>
<tr><td>○ 직장 내 성희롱 예방교육 실시의무 위반</td><td align="center">과태료 500만원</td></tr>
<tr><td>○ 직장 내 성희롱 발생 확인시 즉시 행위자 징계
　등 조치의무 위반</td><td align="center">과태료 500만원</td></tr>
<tr><td>○ 직장 내 성희롱 피해자 또는 피해 주장하는
　자에게 해고나 불리한 조치금지 위반</td><td align="center">징역 3년 또는
3천만원 이하 벌금</td></tr>
<tr><td>○ 고객 등에 의한 성희롱 피해를 주장하거나 고객
　등의 성적 요구 등에 불응한 것을 이유로 해고나
　불이익 조치 금지</td><td align="center">과태료 500만원</td></tr>
</table>

6-3-3. 직장 내 성희롱 익명 신고

① 최근 일부 기업의 성폭력 발생과 미투("#ME, TOO") 캠페인 등으로 사회적 이슈가 되고 있는 직장 내 성희롱 관련하여, 피해 당사자 또는 피해 목격자가 안심하고 신고할 수 있는 고용노동부 홈페이지에 익명 신고창구를 마련하였습니다.

② 신고자의 개인정보와 신고내용은 비공개

다만, 남녀고용평등법의 직장 내 성희롱은 사업주와 근로자, 근로자와 근로자 사이의 고용관계에서 발생하는 것이므로 일반인간, 공무원간, 교사와 학생간의 행위는 해당하지 않습니다.

③ 신고내용은 해당 사업장에 대한 직장 내 성희롱 예방 및 조치 등 행정지도를 실시하기 위한 자료로 활용할 예정이오니 가능한 구체적으로 작성해야 합니다.

④ 또한, 직장 내 성희롱 관련 부당한 인사조치 등의 구제를 목적으로 하는 신고사건으로 처리를 희망하는 경우에는 신고인의 인적사항(성명, 연락처 등)을 기재해야 합니다.

⑤ 사건처리를 희망할 경우 지방관서에 출석하여 조사가 필요합니다.

6-3-4. 신고(진정, 고소·고발)

① 진정

㉮ 기간 제한 없이 언제든지 피해자 외에 성희롱 사실을 알고 있는 제
3자도 진정할 수 있습니다.

㉯ 지방고용노동관서의 장은 관련법령 위반 여부를 조사한 후 위법행
위에 대해서 즉시 시정지시를 하고, 「근로감독관 집무규정」의 위반
사항 조치 기준에 따라 사건을 처리합니다.

② 고소·고발

고소·고발은 형사처벌이 가능한 '고용에서의 불이익 조치 금지 의무
위반'에 대해서만 할 수 있습니다.

6-3-5. 전국 지방고용노동관서

① 고용노동부는 6개의 지방청 및 40개의 지청, 1개의 출장소, 16개의
위원회 및 고용노동부 지원 상담센터를 소속기관으로 두고 있습니다.
지방청과 지청을 합하여 지방고용노동관서라고 합니다.

② 전국 지방고용노동관서의 위치 및 관할 구역은 다음과 같습니다(고용
노동부와 그 소속기관 직제 시행규칙 별표 1).

지역	지방노동청	지청
서울· 강원지역	서울지방고용 노동청	서울강남, 서울서부, 서울동주, 서울남부, 서울북부, 서울관악, 강원, 강릉, 원주, 태백, 영월출장소
부산· 경남지역	부산지방고용 노동청	부산동부, 부산북부, 창원, 울산, 양산, 진주, 통영
대구· 경북지역	대구지방고용 노동청	대구서부, 포항, 구미, 영주, 안동
경기· 인천지역	중부지방고용 노동청	인천북부, 경기, 평택, 부천, 안양, 안산, 의정부, 고양, 성남
광주· 전라지역	광주지방고용 노동청	전주, 익산, 군산, 목표, 여수

<table>
<tr><td>대전·
충청지역</td><td>대전지방고용
노동청</td><td>청주, 천안, 충주, 보령</td></tr>
</table>

■ **직장상사가 수시로 문자를 보내고, 술자리로 불러내는데 어떤 처벌을 받게 할 수 있나요?**

Q. 저의 여자 친구는 서울 ○○회사에서 근무를 하고 있습니다. 그런데 직장상사로부터 자주 휴대폰 문자 연락이 오고 있습니다. 문자의 내용은 'xx하고 싶다', '사랑한다' 등등이며, 여자 친구가 일이 늦게 끝나면 다른 직원들도 있는데 자꾸 여자 친구만 술자리에 불러내서 피곤해서 가기는 싫은데도 직장상사이기 때문에 어쩔 수 없이 거절도 못하고 갑니다. 이런 일이 수시로 반복되고 있습니다. 직장상사가 이런 짓을 해도 되는 겁니까? 이런 경우 어떤 처벌이 가해지는지 알고 싶습니다.

A. 직장상사로부터 원하지 않는 문자 메시지와 술자리에 불러내어 이로 인한 피해에 대한 답변 드리겠습니다.

　먼저 상대방에게 공포심, 불안감을 유발하는 욕설, 협박성 문자를 반복적으로 전송하였을 경우, 정보통신망이용촉진 및 정보보호 등에 관한 법률로 처벌할 수 있으며, 또한 문자 메시지를 이용하여 성적수치심을 유발하는 내용의 문자를 보낸 경우에는 성폭력범죄의 처벌 및 피해자보호 등에 관한 법률로 처벌이 가능합니다.

　구체적인 적용 법률은 진술과 받은 문자메시지의 내용 등 사안에 따라 다를 수 있을 것으로 생각됩니다.

　직장상사의 술자리 거부는 현실적으로 상당히 어려울 것으로 생각이 됩니다만, 직장 내 친한 친구나 선배에게 이와 같은 피해에 대하여 도움을 요청하는 것도 좋은 방법이라고 생각이 됩니다.

　위에서 거론한 전자의 법률은 피해자의 의사에 반해서 벌할 수 없는 반의사불벌죄이며, 후자의 경우 친고죄로 고소가 있어야만 합니다.

 이와 같은 피해가 계속된다면 주소지 가까운 경찰서를 방문하시어 도움을 청하시면 됩니다. 상대방의 처벌을 원할 경우 휴대폰에 남아 있는 문자메시지 내용은 저장해 두셨다가 담당 조사관에게 제출하시면 됩니다.

6-4. 국가인권위원회에 대한 구제신청

6-4-1. 「국가인권위원회법」에 따른 구제대상인 성희롱

① '성희롱'이란 업무, 고용 그 밖의 관계에서 공공기관의 종사자, 사용자 또는 근로자가 그 직위를 이용하거나 업무 등과 관련해 성적 언동 등으로 성적 굴욕감 또는 혐오감을 느끼게 하거나 성적 언동 그 밖의 요구 등에 대한 불응을 이유로 고용상의 불이익을 주는 것을 말합니다(제2조제3호라목).

② 성희롱은 "평등권 침해의 차별행위"(이하 "차별행위"라 함)에 해당합니다(제2조제3호).

③ 위원회에 진정하기 위해서는 업무, 고용 그 밖의 관계에서 공공기관의 종사자, 사용자 또는 근로자가 그 직위를 이용하거나 업무 등과 관련해 성희롱을 한 것이어야 합니다.

6-4-2. 상담

① 성희롱 피해자나 이를 알고 있는 다른 사람은 위원회를 통해 성희롱 문제를 상담할 수 있습니다.

② 국가인권위원회의 인권상담센터를 직접 방문하거나, 전화상담[국번없이 ☎1331 (휴대폰의 경우 지역번호 입력)]을 이용하거나, 경우에 따라 인권순회상담을 이용할 수도 있습니다.

6-4-3. 진정

① 다음의 어느 하나에 해당하는 경우에 차별행위를 당한 사람 또는 그

사실을 알고 있는 사람이나 단체는 위원회에 그 내용을 진정할 수 있습니다(국가인권위원회법 제30조제1항).

1. 국가기관, 지방자치단체, 「초·중등교육법」 제2조, 「고등교육법」 제2조와 그 밖의 다른 법률에 따라 설치된 각 급 학교, 「공직자윤리법」 제3조의2제1항에 따른 공직유관단체 또는 구금·보호시설의 업무수행(국회의 입법 및 법원·헌법재판소의 재판은 제외)과 관련해 차별행위를 당한 경우

2. 법인, 단체 또는 사인에 의하여 차별행위를 당한 경우

② 전화, 방문, 우편, 팩스, 이메일을 이용하거나 홈페이지를 방문하여 진정할 수 있습니다.

■ 대기업 직장상사가 권력을 이용해서 계약직 여직원을 성희롱했을 경우 어떻게 대처해야 하나요?

Q. 대기업에서 계약직 근로자로 일한 지 6개월 되었습니다. 얼마 전 상사가 단둘이 밥을 먹자고 하여 식사를 하고 노래방에 갔다가 성희롱을 당했습니다. 상사가 노래방에서 바지를 벗고 성관계를 시도하려는 듯한 자세를 취하고 신체접촉도 시도했는데, 상사를 잘 타일러서 "옷을 입어라, 빨리 나가자"고 말한 후 그 자리에서 빠져나왔습니다. 당시 상황이 매우 불쾌했으나 일을 그만 둘 수 없어 참고 넘어갔는데 상사가 조금도 미안해하지 않고 오히려 저를 꽃뱀이라고 소문을 내고 다녀서 인사과에 성희롱으로 신고를 했습니다. 그런데 상사가 평소 평판 관리를 잘 하는 사람이라 회사에서는 입사한 지 얼마 안 된 저보다 상사의 말을 더 믿는 것 같아서 속상합니다. 어떻게 해야 하나요?

A. 직장상사의 직위를 이용한 성희롱 신고에 대해 회사 내에서 해결되지 않는다면 우리 위원회에 진정하실 수 있습니다 「국가인권위원회법」은 업무, 고용, 그 밖의 관계에서 사용자 또는 근로자가 그 직위를 이용하

여 또는 업무 등과 관련하여 성적 언동 등으로 성적굴욕감 또는 혐오감을 느끼게 하거나 성적 언동 또는 그 밖의 요구 등에 따르지 아니한다는 이유로 고용상 의 불이익을 주는 것을 성희롱으로 규정하고 있습니다. 우리 사회에서는 아직도 우월적 직위를 이용한 성희롱이 많은데, 학교에서 정교사의 기간제 교사에 대한 성희 롱, 아르바이트생에 대한 업주의 성희롱, 회사 지점장의 수습직원에 대한 성희롱, 의사의 환자에 대한 진료과정 중의 성희롱 등이 꾸준히 국가인권위원회에 상담 및 진정 이 접수되고 있습니다. 국가인권위원회에서는 성희롱 예방 관련 교육 및 홍보 강화, 성희롱 사례집 발간, 정책 검토 및 실태조사 등을 지속적으로 실시하고 있으며, 앞으로도 사회 각 분야에서 발생하는 성희롱에 대한 사회적 인식이 개선되도록 노력할 것입니다.

■ 성추행 사건 조사위원들이 가해자보다 더한 성적 수치심을 주고 있을 경우 어디에 호소해야 하나요?

Q. ○○대학교 박사과정에 재학 중인데 종강모임이 있는 자리에서 남학생으로부터 성 추행을 당했습니다. 이를 학교 양성평등센터에 신고했고 관련 조사회의에 참석하여 위원들의 질문에 답하게 되었습니다. 위원인 한 남자 교수가 "추행 장면을 시연해 보라"고 해서 설명을 하였더니 "자세하게 어떻게 만졌는지 해보라"고 하였습니다. 그래서 "아까 설명하지 않았느냐"고 반문하니, 옆에 있던 위원인 여자 교수가 "뭐하는 거냐, 사건을 알기 위해 묻는데 유두를 어떻게 만졌는지를 설명하라는 것이 아니냐?"라고 말하면서 화를 냈습니다. 또 다른 위원들은 "가슴이 너무 많이 드러난 옷을 입었으니까 그렇지, 소매 안으로 손을 넣지 않았냐?" 등의 발언을 한마디씩 하는데 가해자에게 당한 것 보다 더한 수치심과 모욕감이 들었습니다. 어디에 호소해야 하나요?

A. 성희롱 피해자에 대한 모욕적 발언으로 2차 피해를 준 것입니다. 대학교 학내 성추행 사건의 진상조사위원회에서 피해자에 대한 조사위원이 성적 모멸감을 주는 질문을 하였다면 일종의 2차 가해라고 볼 수 있습니다. 대학교수 신분 인 조사위원들은 성희롱 예방을 위한 지도 역할까지 해야 되는 직분임에도 오히려 피해 학생에게 이러한 질문을 하는 것은 심각한 후유증을 남길 수 있음을 유의해야 합니다. 조사위원들의 이러한 발언에 대해서도 국가인권위원회에 진정을 제기할 수 있습니다.

■ 동성인 구청 공무원에게 성희롱과 협박을 당했을 경우에는 어디에 진정하면 되나요?

Q. ○○구청에서 계약직 방역요원으로 일하고 있는 남성입니다. 그런데 동성의 담당 공무원이 1달 전부터 다른 사람의 이목과 상관없이 저의 가슴을 만지며서 "가슴이 크다", "가슴이 여자보다 큰데?", "가슴이 B컵은 되겠어"라고 성희롱을 했습니다. 어제는 처음으로 담당 공무원에게 화를 내고 항의를 하자 다른 곳으로 불러내더니 "그게 다른 사람들이 있는데서 큰소리로 떠들 일이냐"라고 하면서 앞으로 업무를 힘들게 만들겠다고 협박까지 했습니다. 처음에는 장난이겠거니 생각하고 계약직이기는 하나 힘들게 취업을 해서 속으로 고민만 했는데 지속적으로 당하니 수치심에 잠도 못 잘 정도로 힘듭니다. 어디에 진정하면 되나요?

A. 이성 간의 성희롱뿐만 아니라 동성 간의 성희롱도 조사대상이 됩니다. 대부분 성희롱은 남성이 가해자가 되지만, 여성이 남성을 성희롱한 사례와 동성 간 에 발생한 성희롱도 국가인권위원회에 진정을 접수하면 됩니다. 자칫 사소하게 생각할 수 있는 가벼운 신체접촉도 성적 굴욕감을 줄 수 있어 성희롱으로 판정을 받는 것이 요즘 추세이며, 직장 내 성희롱 방지를 위해 더 깊은 관심과 주의를 기울여야 하겠습니다.

[서식예] 진정서 양식

접수번호	날짜 200 년 월 일 시 분

진 정 서

1. 진정인 (단체의 경우 단체 및 대표자를 함께 써 주시기 바랍니다.)

① 이름	②주민등록번호*	③ 국적
④ 주소		
⑤ 전화	⑥ 팩스	⑦ 이메일

2-1. 피해자 (진정인과 피해자가 다른 경우에 써 주시기 바랍니다.)

① 이름	② 주민등록번호*	③ 국적
④ 주소		
⑤ 전화	⑥ 팩스	⑦ 이메일
⑧ 진정인과의 관계		⑨ 기타

2-2. 진정인과 피해자가 다른 경우, 피해자는 진정을 하는 사실을 알고 있습니까?

① 알고 있으며 조사를 원한다 (　) ② 알고 있지만 조사를 원하지 않는다 (　)

③ 모르고 있다 (　) ④ 알고는 있으나 조사를 원하는지 여부는 모르겠다 (　)

3. 피해자의 인권을 침해하거나 차별행위를 한 당사자는 누구입니까?

① 이름	② 소속
② 연락처	

4. 피해자가 당한 인권침해 또는 차별행위에 관하여

① 수사기관의 고소·고발·진정을 제기하신 일이 있습니까?

　□ 있음　　　　□ 없음

② 법원·헌법재판소 등 권리구제기관의 구제절차를 제기하신 일이 있습니까?

　□ 있음　　　　□ 없음

있다면 언제, 누구의 이름으로 하였습니까?

　□ 언제 (　　　　　　　) □ 기관 및 사건번호 (　　　　　　)

③ 국가인권위원회에 동일한 사안에 대하여 진정을 하신 일이 있습니까?

　□ 있음　　　　□ 없음

있다면 언제, 누구의 이름으로 하였습니까?

　　□ 언제 (　　　　　　　) 　　□ 누구 (　　　)

5. 피해자가 당한 인권침해 또는 차별행위를 보거나 잘 알고 있는 사람 또는 그 사실을 증명하는 데 도움이 되는 증거나 자료가 있으면 써 주시기 바랍니다.

* 외국인의 경우 여권번호 또는 외국인등록번호를 써 주시기 바랍니다.

6. 첨부서류:　　□ 있음　　　　　□ 없음
7. 피해자가 어떤 내용의 인권침해 또는 차별행위를 당하였습니까?
① 때　　　　　　　　　　② 장소
③ 내용(쓸 자리가 부족한 경우 별지에 계속 써주시기 바랍니다)

위 사건에 대해서　□ 상담 후 종결로 처리하기 원합니다.

　　　　　　　　　　□ 진정 접수를 원합니다.

　　　　　진정인 ____________________________(서명 또는 날인)

수사기관 등에 진정·고소하면 조사 종결된다는 사실을 안내하였음 □ 긴급구제조치　　□필요　　　□불필요 　　　　　　　　　200 년　월　일 　담당자:　직급　　　　　성명　　　(서명 또는 날인)

6-4-4. 진정의 각하(却下)

접수된 진정이 다음의 어느 하나에 해당하면 그 진정은 각하됩니다(제32조제1항).

- 진정의 내용이 위원회의 조사대상에 해당하지 않는 경우
- 진정의 내용이 명백히 거짓이거나 이유 없다고 인정되는 경우
- 피해자가 아닌 자가 한 진정에서 피해자가 조사를 원하지 않는 것이 명백한 경우
- 진정원인이 된 사실이 발생한 날부터 1년 이상 경과해 진정한 경우(다만, 진정원인이 된 사실에 관하여 공소시효 또는 민사상 시효가 완성되지 아니한 사건으로서 위원회가 조사하기로 결정한 경우에는 각하되지 않음)
- 진정이 제기될 당시 진정의 원인이 된 사실에 관해 법원 또는 헌법재판소의 재판, 수사기관의 수사 또는 그 밖의 법률에 따른 권리구제절차가 진행 중이거나 종결된 경우. 다만, 수사기관이 인지(認知)하여 수사 중인 직권남용죄(형법 제123조), 불법체포·감금죄(형법 제124조), 가혹행위죄(형법 제125조)에 해당하는 사건과 같은 사안에 대해 인권위원회에 진정이 접수된 경우에는 각하되지 않습니다.
- 진정이 익명 또는 가명으로 제출된 경우
- 진정이 위원회가 조사하는 것이 적절하지 않다고 인정되는 경우
- 진정인이 진정을 취하(取下)한 경우
- 위원회가 기각한 진정과 동일한 사실에 관해 다시 진정한 경우
- 진정의 취지가 해당 진정의 원인이 된 사실에 관한 법원의 확정판결이나 헌법재판소의 결정에 반하는 경우

6-4-5. 피해자를 위한 법률구조 요청

① 위원회는 진정에 관한 위원회의 조사, 증거의 확보 또는 피해자의 권리구제를 위해 필요하다고 인정하면 피해자를 위해 대한법률구조공단

또는 그 밖의 기관에 법률구조를 요청할 수 있습니다(제47조제1항).

② 피해자의 분명한 의사에 반해 법률구조를 요청할 수는 없습니다(제47조제2항).

6-4-6. 긴급구제조치의 권고

① 진정인이나 피해자는 성희롱 행위가 계속되는 경우에는 그 진정에 대한 결정 이전에 위원회에 대하여 피진정인, 그 소속기관·단체 또는 감독기관(이하 "소속기관 등의 장"이라 함)에게 다음 중 어느 하나의 조치를 하도록 권고해 줄 것을 신청할 수 있습니다(제48조제1항4호부터 6호까지).

- 성희롱의 중지
- 성희롱을 했다고 판단되는 공무원 등의 그 직무로부터의 배제
- 그 밖에 피해자의 생명, 신체의 안전을 위해 필요한 사항

② 위원회는 계속 성희롱을 하고 있다는 상당한 개연성이 있고, 이를 방치할 경우 회복하기 어려운 피해발생의 우려가 있는 경우에만 긴급구제조치를 권고할 수 있습니다.

③ 신청 외에 위원회의 직권으로도 긴급구제조치의 권고를 할 수 있습니다.

④ 위원회는 필요하다고 인정하는 때에는 당사자 또는 관계인 등의 생명 및 신체의 안전과 명예의 보호 또는 증거의 확보나 증거인멸의 방지를 위해 필요한 조치를 하거나 관계인 및 그 소속기관 등의 장에게 그 조치를 권고할 수 있습니다(제48조제2항).

⑤ 위원회의 긴급구제조치를 방해한 사람은 1년 이하의 징역 또는 500만원 이하의 벌금에 처해집니다(제60조).

6-4-7. 합의의 권고

위원회는 조사중이거나 조사가 끝난 진정에 대하여 사건의 공정한 해결을 위하여 필요한 구제조치를 당사자에게 제시하고 합의를 권고할 수 있습니다(제40조).

6-4-8. 구제조치 등의 권고

위원회가 진정을 조사한 결과 인권침해나 차별행위가 일어났다고 판단할 때에는 피진정인, 그 소속기관 등의 장에게 아래와 같은 사항을 권고할 수 있습니다(제44조제1항 및 제42조제4항).
- 조사대상 인권침해나 차별행위의 중지
- 원상회복·손해배상 그 밖의 필요한 구제조치
- 동일 또는 유사한 인권침해나 차별행위의 재발을 방지하기 위하여 필요한 조치
- 법령·제도·정책·관행의 시정 또는 개선

6-4-9. 고발 및 징계권고

위원회는 진정을 조사한 결과 진정의 내용이 범죄행위에 해당하고 이에 대하여 형사처벌이 필요하다고 인정할 때에는 검찰총장에게 그 내용을 고발할 수 있고, 위원회가 진정을 조사한 결과 인권침해 및 차별행위가 있다고 인정하면 피진정인 또는 인권침해에 책임이 있는 자에 대한 징계를 소속기관 등의 장에게 권고할 수 있습니다(제45조제1항 및 제2항).

6-4-10. 조정위원회의 조정

① 조정위원회는 인권침해나 차별행위와 관련해 당사자의 신청이나 위원회의 직권으로 조정위원회에 회부된 진정에 대해 조정절차를 시작할 수 있습니다(제42조제1항).
② 성립과 효력
㉮ 조정은 조정절차의 개시 이후 당사자가 합의한 사항을 조정서에 기재한 후 당사자가 기명날인하고 조정위원회가 이를 확인함으로써 성립합니다(제42조제2항).
㉯ 조정은 재판상 화해와 같은 효력이 있습니다(제43조, 제42조제2항).

> **※ 재판상 화해**
>
> 제소 전 화해(민사소송법 제385조제1항)와 소송상 화해 두 가지를
> 가리킵니다. 그 중 소송상 화해란 소송계속 중 양 당사자가 권리
> 관계에 대한 주장을 서로 양보하여 소송을 종료시키는 것을 말하
> 며, 제소 전 화해란 소제기 전에 지방법원 단독 판사 앞에서 화해
> 신청을 하여 해결하는 절차를 말합니다.

㉲ 재판상 화해에 따라 작성된 화해조서는 확정판결과 효력이 같습니
다(민사소송법 제220조). 따라서 조서 내용에 따라 집행할 수도 있
습니다.

③ 합의가 이루어지지 않는 경우

㉮ 조정위원회는 조정절차 중에 당사자 사이에 합의가 이루어지지 않
는 경우 사건의 공정한 해결을 위하여 조정에 갈음하는 결정을 할
수 있습니다(제42조제3항).

㉯ 결정에는 다음의 어느 하나를 포함시킬 수 있습니다(제42조제4항).

- 조사대상 인권침해나 차별행위의 중지

- 원상회복·손해배상 그 밖의 필요한 구제조치

- 동일 또는 유사한 인권침해나 차별행위의 재발을 방지하기 위해 필
요한 조치

㉰ 당사자가 결정서를 송달받은 날부터 14일 이내에 이의를 신청하지
않으면 조정을 수락한 것으로 봅니다(제42조제6항).

㉱ 이의를 신청하지 않는 경우의 조정에 갈음하는 결정도 재판상 화해
와 같은 효력이 있습니다(제43조 및 제42조제6항).

[서식 예] 조정신청서

<table>
<tr><td colspan="3" align="center">조 정 신 청 서</td></tr>
<tr><td>진정접수번호(사건번호)</td><td colspan="2"></td></tr>
<tr><td colspan="3">1. 신청인(단체의 경우 단체 및 대표자를 함께 써 주시기 바랍니다.)</td></tr>
<tr><td>①이름 :</td><td>②생년월일 :</td><td>③국적 :</td></tr>
<tr><td colspan="3">④주소 :</td></tr>
<tr><td>⑤전화 :</td><td>⑥팩스 :</td><td>⑦이메일 :</td></tr>
<tr><td colspan="3">2. 피신청인</td></tr>
<tr><td>①이름 :</td><td>②생년월일 :</td><td>③국적 :</td></tr>
<tr><td colspan="3">④주소 :</td></tr>
<tr><td>⑤전화 :</td><td>⑥팩스 :</td><td>⑦이메일 :</td></tr>
<tr><td colspan="3" align="center">신 청 취 지</td></tr>
<tr><td colspan="3">피신청인은 신청인에게 00하라는 조정을 구합니다.</td></tr>
<tr><td colspan="3" align="center">신 청 내 용</td></tr>
<tr><td colspan="3">1. 기 제출한 진정서로 조정신청서를 갈음하고자 합니다.
　　□ 그러함　　　□ 그러하지 않음
2. 첨부서류 : □ 있음　　　□ 없음</td></tr>
<tr><td colspan="3" align="center">20 년　　월　　일

위 신청인　　　　　　　　(인)</td></tr>
</table>

6-5. 수사기관에 대한 신고

6-5-1. 가해자에 대한 고소·고발

① 성희롱이 그 정도를 넘어서 성범죄에 해당하거나 그 밖에 형사처벌의
대상이 되는 경우에는 검찰이나 경찰에 고소하거나 고발할 수 있습
니다.

② 「형법」 위반

㉮ 가해자의 행위가 「형법」에서의 성범죄에 해당하면 가해자를 검찰이
나 경찰에 신고할 수 있습니다.

㉯ 업무, 고용 그 밖의 관계로 인해 자기의 보호 또는 감독을 받는 사
람에게 위계(僞計) 또는 위력(威力)으로 간음(姦淫)한 자는 5년 이하
의 징역 또는 1천500만원 이하의 벌금에 처해집니다(제303조제1항).

㉰ 그 밖에 명예훼손죄(제307조제1항), 출판물 등에 의한 명예훼손죄
(제309조), 모욕죄(제311조) 및 강요죄(제324조) 등에 해당하면 검
찰이나 경찰에 신고할 수 있습니다.

③ 「성폭력범죄의 처벌 등에 관한 특례법」 위반

㉮ 업무·고용 그 밖의 관계로 인해 자기의 보호 또는 감독을 받는 사
람에게 위계 또는 위력으로써 추행한 자는 2년 이하의 징역 또는
500만원 이하의 벌금에 처해집니다(제10조제1항).

㉯ 자기 또는 다른 사람의 성적 욕망을 유발하거나 만족시킬 목적으로
전화·우편·컴퓨터 그 밖의 통신매체를 통해 성적 수치심이나 혐오감
을 일으키는 말이나 음향, 글이나 도화, 영상 또는 물건을 상대방
에게 도달하게 한 자는 2년 이하의 징역 또는 500만원 이하의 벌
금에 처해집니다(제13조).

④ 직장 내 성희롱 피해자가 성희롱 가해자를 고소·고발하는 경우에는
그에 관한 법령의 내용이나 절차 등에 대해 대한법률구조공단에서
상담을 받을 수 있습니다(법률구조법 제1조 및 제21조).

6-5-2. 사업주에 대한 고소·고발

① 「남녀고용평등과 일·가정 양립 지원에 관한 법률」 위반

㉮ 사업주가 「남녀고용평등과 일·가정 양립 지원에 관한 법률」 제14조 제2항을 위반하여 직장 내 성희롱 피해를 주장한 근로자 또는 피해를 입은 근로자에게 해고 그 밖의 불이익한 조치를 한 경우에는 지방고용노동관서 외에 검찰이나 경찰에도 고소·고발할 수 있습니다.

㉯ 과태료 부과처분의 대상이 되는 성희롱금지의무 위반에 대해서는 고소·고발할 수 없습니다.

② 노동 관계 법령 위반에 대해서는 경찰이나 검찰에 고소·고발하더라도 경찰서의 이첩(移牒) 또는 검사의 수사지휘로 근로감독관이 직접 1차 조사를 한 후 검찰에 송치하게 됩니다.

6-5-3. 고소·고발의 방법

① 피해자는 검찰 또는 경찰에 고소할 수 있습니다(형사소송법 제223조).

② 피해자가 아니라도 범죄 사실을 알고 있는 사람은 고발할 수 있습니다(형사소송법 제234조).

③ 방식과 기간

㉮ 고소 또는 고발은 서면 또는 구술로써 검사 또는 사법경찰관에게 해야 합니다(형사소송법 제237조제1항).

㉯ 고소는 대리인이 할 수 있으나 고발은 대리인이 하지 못합니다.

㉰ 친고죄에 대하여는 범인을 알게 된 날로부터 6개월을 경과하면 고소하지 못합니다. 단, 고소할 수 없는 불가항력의 사유가 있는 때에는 그 사유가 없어진 날로부터 기산합니다(형사소송법 제230조제1항). 그러나 친고죄가 아닌 범죄에 대해 고소할 때에는 기간 제한이 없습니다. 피해자 아닌 자가 고발을 하는 때에도 기간 제한이 없습니다.

고　소　장

고 소 인 : ○ ○ ○ (주민등록번호 :　　　　　-　　　　)

　　　　　주소 :　○○시 ○○구 ○○길 ○○

　　　　　직업 :　　　　사무실 주소 :

　　　　　전화번호 : (휴대폰:　　) (자택:　　) (사무실:　　)

　　　　　이메일 :

피고소인 : △ △ △ (주민등록번호 :　　　　　-　　　　)

　　　　　주소 :　○○시 ○○구 ○○길 ○○

　　　　　직업 :　　　　사무실 주소 :

　　　　　전화번호 : (휴대폰:　　) (자택:　　) (사무실:　　)

　　　　　이메일 :

고　소　취　지

고소인은 피고소인을 강제추행혐의로 고소하오니 철저히 조사하여 엄벌하여 주시기를 바랍니다.

고　소　사　실

고소인은 20○○. ○. ○. ○○:○○경 ○○도 ○○군 ○○면 ○○길 ○○ 소재 피고소인 경영의 '○○당구장'에서 피고소인 및 고소외 ㅁㅁㅁ과 같이 술을 마시던 중 고소인이 그 곳 당구장내에 있는 화장실에 갔다가 나오자 피고소인이 갑자기 위 당구장의 전등을 소등하고 고소인에게 다가와 손으로 고소인의 가슴부위를 만지고 이에 놀라 뒤따라오던 고소외 ㅁㅁㅁ에게 안기자 재차 양손으로 고소인의 가슴을 만진 후 고소인을 밀어 당구대위로 넘어뜨리고 가슴 및 음부를 수회 만져고소인은 이를 뿌리치고 나가려고 하자 피고소인은 앞을 가로막고 나가지 못하게 하였으나 고소인이 구토증세를 보이자 어쩔 수 없이 비켜주어 위 당구장을 나오게 되었는 바 위 사고로 고소인은 인간적으로 심한 수치심과 모멸감을 느꼈고 피고소인의 이러한 행위를 법에 따라 엄벌하고자 이건 고소에 이른 것입니다.

소 명 방 법

1. 진단서   1 통
1. 목격자진술서   1 통

　　　　　　20○○년　　　○월　　　○일
　　　　　　위 고소인　　　○　○　○　　(인)

○○경찰서장(또는 ○○지방검찰청 검사장) 귀중

[서식 예] 유사강간죄

고　소　장

고 소 인 : ○ ○ ○ (주민등록번호 :　　　-　　　)
　　　　　주소 : ○○시 ○○구 ○○길 ○○
　　　　　직업 :　　　　사무실 주소 :
　　　　　전화번호 : (휴대폰:　) (자택:　) (사무실:　)
　　　　　이메일 :
피고소인 : △ △ △ (주민등록번호 :　　　-　　　)
　　　　　주소 : ○○시 ○○구 ○○길 ○○
　　　　　직업 :　　　　사무실 주소 :
　　　　　전화번호 : (휴대폰:　) (자택:　) (사무실:　)
　　　　　이메일 :

고　소　취　지

피고소인은 고소인을 유사강간한 사실이 있습니다.

고　소　사　실

1. 피고소인은 ○○시 ○○구 ○○길 ○○번지에 사는 자인데 고소인의 친구인 ○○○의 소개 몇 번 만난 사이인데 ○○시 ○○구 ○○길 ○○건물 주차장 앞에 세워둔 피고소인 소유의 그랜져XG ○○○ 차 안에서 강제로 고소인의 구강에 피고소인의 성기를 넣는 행위를 하였습니다.
2. 당시 피고소인은 일상적인 대화를 하던 중 고소인의 손목을 잡고 피고소인의 중요부위에 손을 갖다 대어 고소인이 당황한 나머지 뿌리쳤더니 피고소인이 갑자기 돌변하면서 내가 하라는 대로 하지 않으면 죽여 버리겠다고 협박하고 주먹으로 고소인의 얼굴을 ○회 가격하며 폭행하면서 반항을 현저히 곤란하게 한 후 성기를 꺼내어 고소인의 구강에 억지로 삽입하여 고소인을 유사강간한 것입니다.

3. 위와 같은 사실을 들어 고소하오니 조사하여 엄벌하여 주시기 바랍
   니다.

소 명 방 법

   1. 진단서
   2. 세부적인 자료는 추후 제출하겠음.

20○○년   ○월   ○일
위   고 소 인   ○   ○   ○ (인)

○○경찰서장(또는 ○○지방검찰청 검사장) 귀중

고 소 장

고 소 인 : ○ ○ ○ (주민등록번호 :   -   )
　　　주소 : ○○시 ○○구 ○○길 ○○
　　　직업 :　　　사무실 주소 :
　　　전화번호 : (휴대폰:) (자택:) (사무실:)
　　　이메일 :
피고소인 : △ △ △ (주민등록번호 :   -   )
　　　주소 : ○○시 ○○구 ○○길 ○○
　　　직업 :　　　사무실 주소 :
　　　전화번호 : (휴대폰:) (자택:) (사무실:)
　　　이메일 :

고소인은 다음과 같이 피고소인을 고소하오니, 법에 따라 조사하여 처벌하여 주시기 바랍니다.

고 소 사 실

피고소인은 20○○. ○. ○. ○○:○○경 ○○시 ○○구 ○○길 소재 고소인이 경영하는 술집에서 고소인이 피고소인의 억지로 권하는 술에 취하여 쓰러져 잠이 들어 항거할 수 없게 되자 피고소인은 고소인이 술에 취해 인사불성이 되어 항거불능상태에 있던 사실을 이용하여 고소인의 의사에 반하여 유방을 만지고 손가락을 질내에 삽입하는 등 추행한 사실이 있습니다.

20○○년　○월　○일
위 고소인　○　○　○ (인)

○○경찰서장(또는 ○○지방검찰청 검사장) 귀중

6-6. 손해배상청구

6-6-1. 성희롱 가해자에 대한 손해배상청구

① 성희롱은 위법한 행위이므로 성희롱 피해자는 가해자에게 불법행위를 이유로 한 손해배상을 청구할 수 있습니다.

② 고의 또는 과실로 인한 위법행위로 타인에게 손해를 가한 경우 그 손해(적극적 손해, 소극적 손해 및 위자료)를 배상할 책임을 집니다(민법 제750조).

③ 불법행위의 성립을 주장하는 피해자가 가해자의 고의 또는 과실에 대해 입증해야 합니다.

④ 손해배상청구

㉮ 불법행위 성립이 인정되는 경우 성희롱 피해자는 가해자에게 손해배상을 청구할 수 있습니다.

㉯ 성희롱으로 신체, 자유 또는 명예에 피해를 입었거나 정신적 고통을 받은 경우에는 재산 이외의 손해에 대해서도 배상을 청구할 수 있습니다(민법 제751조제1항).

㉰ 손해배상청구는 피해자나 그 법정대리인이 손해 및 가해자를 안 날로부터 3년 내에, 성희롱이 있은 날로부터 10년 내에 청구해야 합니다(민법 제766조).

소   장

원 고   ○○○ (주민등록번호)
          ○○시 ○○구 ○○길 ○○(우편번호)
          전화·휴대폰번호:
          팩스번호, 전자우편(e-mail)주소:

피 고   ◇◇◇ (주민등록번호)
          ○○시 ○○구 ○○길 ○○(우편번호)
          전화·휴대폰번호:
          팩스번호, 전자우편(e-mail)주소:

손해배상(기)청구의 소

청 구 취 지

1. 피고는 원고에게 금 ○○○○원 및 이에 대한 20○○. ○. ○.부터 이 사건 소장부본 송달일까지는 연 5%의, 그 다음날부터 다 갚는 날까지는 연 15%의 각 비율에 의한 돈을 지급하라.
2. 소송비용은 피고의 부담으로 한다.
3. 위 제1항은 가집행 할 수 있다.
라는 판결을 원합니다.

청 구 원 인

1. 당사자들의 지위
   원고는 피고로부터 강제추행을 당한 피해자이고 피고는 원고를 강제추행한 가해자입니다.
2. 손해배상책임의 발생

원고는 20○○. ○. ○. 23:00경 직장일을 마치고 원고의 집으로 귀가를 하던 중 원고의 집 근처 골목길에 이르렀을 때 갑자기 피고로부터 폭행을 당하고 저항할 수 없는 상태에서 강제추행을 당한 사실이 있고 이로 인하여 원고는 처녀막이 파열되고, 소음부 등에 6주간의 치료를 요하는 상해를 입은 사실이 있는바, 따라서 피고는 피고 자신의 위와 같은 불법행위로 인하여 원고가 입은 모든 손해에 대하여 배상할 책임이 있다 할 것입니다.

3. 손해배상의 범위

 가. 치료비

  원고는 피고의 폭행 및 강제추행으로 인하여 ○○시 ○○구 ○○길 소재 ○○산부인과의원 및 같은 동 ○○○신경정신과의원, 같은 동 ○○○정형외과의원에서 통원치료를 받으면서 치료비로 금 ○○○원을 지출한 사실이 있습니다.

 나. 위자료

  원고는 위와 같은 피고의 폭행 및 강제추행으로 인하여 정신과적 치료에도 불구 심한 정신적인 우울증과 불면증에 시달리고 있으며, 이로 인하여 다니던 직장도 그만두고 현재 집에서 요양중이나 사고가 발생한 날로부터 지금까지도 마찬가지지만 앞으로도 오랫동안 이 사건 사고의 후유증에서 벗어나기 어려운 정신적인 고통을 겪을 것임은 경험칙상 명백하다 할 것이므로, 피고는 원고의 위와 같은 고통에 대하여 금전으로나마 위자하여야 할 것이며, 그 금액은 이 사건 사고의 원인과 결과, 상해정도, 치료기간, 원고의 나이 등을 고려할 때 적어도 금 ○○○○원은 되어야 할 것입니다.

4. 결론

  따라서 원고는 피고로부터 금 ○○○○원(치료비 금 ○○○원＋위자료 금 ○○○○원) 및 이에 대하여 불법행위일인 20○○. ○. ○. 부터 이 사건 소장부본 송달일까지는 민법에서 정한 연 5%의, 그 다음날부터 다 갚는 날까지는 소송촉진등에관한특례법에서 정한 연 15%의 각 비율에 의한 지연손해금을 지급 받기 위하여 이 사건 청구에 이른 것입니다.

입 증 방 법

1. 갑 제1호증   고소장
1. 갑 제2호증   고소장접수증명원
1. 갑 제3호증의 1 내지 3   각 진단서
1. 갑 제4호증   통원치료확인서
1. 갑 제5호증의 1 내지 3   각 치료비영수증

첨 부 서 류

1. 위 입증방법   각 1통
1. 소장부본   1통
1. 송달료납부서   1통

20○○.   ○.   ○.
위 원고   ○○○ (서명 또는 날인)

○○지방법원 귀중

(관련판례 1)

불법행위로 입은 정신적 고통에 대한 위자료 액수에 관하여는 사실심 법원이 제반 사정을 참작하여 그 직권에 속하는 재량에 의하여 이를 확정할 수 있음(대법원 2002. 11. 26. 선고 2002다43165 판결, 1999. 4. 23. 선고 98다41377 판결).

(관련판례 2)

[1] 성적 표현행위의 위법성 여부는 쌍방 당사자의 연령이나 관계, 행위가 행해진 장소 및 상황, 성적 동기나 의도의 유무, 행위에 대한 상대방의 명시적 또는 추정적인 반응의 내용, 행위의 내용 및 정도, 행위

가 일회적 또는 단기간의 것인지 아니면 계속적인 것인지 여부 등의 구체적 사정을 종합하여, 그것이 사회공동체의 건전한 상식과 관행에 비추어 볼 때 용인될 수 있는 정도의 것인지, 즉 선량한 풍속 또는 사회질서에 위반되는 것인지 여부에 따라 결정되어야 하고, 상대방의 성적 표현행위로 인하여 인격권의 침해를 당한 자가 정신적 고통을 입는다는 것은 경험칙(經驗則)에 비추어 명백하다.

[2] 그러한 성적인 언동은 비록 일정 기간 동안에 한하는 것이지만 그 기간 동안만큼은 집요하고 계속적인 까닭에 사회통념상 일상생활에서 허용되는 단순한 농담 또는 호의적이고 권유적인 언동으로 볼 수 없고, 오히려 피해자로 하여금 성적 굴욕감이나 혐오감을 느끼게 하는 것으로서 피해자의 인격권을 침해한 것이며, 이러한 침해행위는 선량한 풍속 또는 사회질서에 위반하는 위법한 행위이고, 이로써 피해자가 정신적으로 고통을 입었음은 경험칙에 비추어 상당하다.

[3] 피해자가 가해자의 성희롱을 거부하였다는 이유로 보복적으로 해고를 당하였든지 아니면 근로환경에 부당한 간섭을 당했다든지 하는 사정은 위자료를 산정하는 데에 참작사유가 되는 것에 불과할 뿐 불법행위의 성립 여부를 좌우하는 요소는 아니다(대법원 1998. 2. 10. 선고 95다39533 판결)

6-6-2. 사용자에 대한 손해배상청구

① 사용자의 불법행위책임

다른 사람을 사용해 어느 사무에 종사하게 한 사람은 피용자가 그 사무집행에 관해 제3자에게 가한 손해를 배상할 책임이 있습니다(민법 제756조제1항 본문).

② 사용자에 갈음해 그 사무를 감독하는 자도 이와 같은 책임을 집니다(민법 제756조제2항).

(관련판례) '사무집행에 관하여'의 의미

[1] 피용자의 불법행위가 외형상 객관적으로 사용자의 사업활동 내지 사무집행행위 또는 그와 관련된 것이라고 보여질 때에는 행위자의 주관적

■ 경찰관이 피해자의 인적사항 등을 공개 또는 누설함으로써 피해자가 손해를 입은 경우, 국가의 배상책임이 성립하는지요?

Q. 경찰관 甲이 과실로 경찰서 출입기자들에게 피해자 A의 구체적 피해사실 및 인적사항이 기재된 서류를 유출하여 언론에 위 A의 성(姓)과 거주지역, 학년, 나이 등이 보도되도록 하였고, 성폭력범죄의 담당 경찰관이 노래방에서 다른 사람이 동석한 가운데 위 A의 신원 및 피해사실을 누설하였다면 국가배상책임이 인정될 수 있을까요?

A. 공무원에게 부과된 직무상 의무의 내용이 단순히 공공 일반의 추상적 이익을 위한 것이거나 행정기관 내부의 질서를 규율하기 위한 것이 아니고 전적으로 또는 부수적으로 사회구성원 개인의 구체적 안전과 이익을 보호하기 위하여 설정된 것이라면, 공무원이 그와 같은 직무상 의무를 위반함으로써 개인이 입게 된 손해는 상당인과관계가 인정되는 범위 안에서 국가가 그에 대한 배상책임을 부담하여야 하는바(대법원 1998.9.22. 선고 98다2631 판결, 대법원 2007.12. 27. 선고 2005다62747 판결 등 참조), 성폭력범죄의 처벌 및 피해자보호 등에 관한 법률 제21조는 성폭력범죄의 수사 또는 재판을 담당하거나 이에 관여하는 공무원에 대하여 피해자의 인적사항과 사생활의 비밀을 엄수할 직무상 의무를 부과하고 있고, 이는 주로 성폭력범죄 피해자의 명예와 사생활의 평온을 보호하기 위한 것이므로, 성폭력범죄의 수사를 담당하거나 수사에 관여하는 경찰관이 위와 같은 직무상 의무에 반하여 피해자의 인적사항 등을 공개 또는는 누설하였다면 국가는 그로 인하여 피해자가 입은 손해를 배상하여

야 한다는 것이 판례의 입장입니다(대법원 2008. 6. 12. 선고 2007다
64365 판결 참조).

■ **상급자에게 성희롱을 당했을 경우에 정신적으로 심하게 충격 받았는데
손해배상을 청구할 수 있나요?**

Q. 저는 직장에서 상급자에게 성희롱을 당했습니다. 정신적으로 심하
게 충격 받았는데 이에 대해 손해배상을 청구할 수 있나요?

A. 성희롱으로 피해를 입은 경우 피해자는 가해자에 대해 불법행위를 이유
로 손해배상을 청구할 수 있습니다.

◇ 성희롱 가해자에게 손해배상 청구

① 성희롱으로 신체, 자유 또는 명예에 피해를 입었거나 정신적 고통을
받은 경우에는 그 손해에 대해서 배상(위자료 포함)을 청구할 수 있
습니다.

② 손해배상청구는 피해자나 그 법정대리인이 손해 및 가해자를 안 날로
부터 3년 내에, 성희롱이 있은 날로부터 10년 내에 청구해야 합니다.

(관련판례)

성적 표현행위의 위법성 여부는, 쌍방 당사자의 연령이나 관계, 행위가
행해진 장소 및 상황, 성적 동기나 의도의 유무, 행위에 대한 상대방의
명시적 또는 추정적인 반응의 내용, 행위의 내용 및 정도, 행위가 일회
적 또는 단기간의 것인지 아니면 계속적인 것인지 여부 등의 구체적 사
정을 종합하여, 그것이 사회공동체의 건전한 상식과 관행에 비추어 볼
때 용인될 수 있는 정도의 것인지 여부 즉 선량한 풍속 또는 사회질서
에 위반되는 것인지 여부에 따라 결정되어야 하고, 상대방의 성적 표현
행위로 인하여 인격권의 침해를 당한 자가 정신적 고통을 입는다는 것
은 경험칙상 명백하다(대법원 1998. 2. 10. 선고 95다39533 판결).

■ 성폭행범이 아님에도 무고하여 강간치상죄로 처벌받게 한 경우 국가에
   대해 손해배상을 청구할 수 있는지요?

Q. 甲이 A를 무고하여 강간치상죄로 처벌받게 하였는데, 당시 A의 혐
   의를 수사하던 경찰공무원이 사안의 진상을 제대로 파악하지 않은
   채 피해자 진술조서를 작성하였고, 진단서의 진위나 상해부위 및
   정도·원인등도 제대로 확인하지 않았으며, 증거조작행위에도 유의
   하지 않았던 경우 대한민국의 국가배상책임이 성립하는지요?

A. 법원은, 경찰공무원이 ① 사안의 진상을 제대로 파악하지 않고, 강간치
   상의 사실을 전제한 채 'A가 甲의 목을 조르거나 허벅지 등을 구타한
   후 강간에 이르렀으며, 그로 인해 상해를 입혔다'는 취지의 甲에 대한
   피해자 진술조서를 작성하였고,
   ② 甲이 제출한 진단서의 진위나 상해부위 및 정도, 원인등도 제대로
   확인하지 않았으며,
   ③ 甲 등이 연필심을 종이에 문지른 후 이를 피부에 바르는 방법으로 甲
   의 허벅지 부위에 멍처럼 보이게 만든 후 사진을 찍어 제출하였음에도 이
   러한 증거조작행위에 유의하지 않았던 사안에서, "수사를 담당하는 경찰공
   무원으로서 그 직무를 집행함에 있어 제반 법령을 준수하고 사건을 처리
   함에 있어 예단이나 선입견을 배제하고 합리적이고 공정한 수사를 하여야
   할 것임에도 강간치상 증거 확보 등 수사에 있어서의 기본적 조치도 제대
   로 취하지 아니하고, 甲 등 진술의 진실성여부 및 관련 증거 유무, 특히
   나 조사 장소에서 이루어진 증거조작 등에 대한 확인도 제대로 하지 않은
   채 방치함으로써 경험칙과 논리칙에 비추어 현저히 합리성을 결하여 직무
   집행상의 과실을 범하였다"라고 판단하며, 경찰공무원의 위와 같은 위법한
   직무집행 행위에 대하여 대한민국의 손해배상 책임을 인정하였습니다(서
   울남부지방법원 2007.4.12.선고 2006가합1054 판결).

7. 사업주의 의무

7-1. 성희롱 피해자에 대한 불이익 조치 금지

7-1-1. 불리한 조치의 금지

① 사업주는 직장 내 성희롱과 관련하여 피해를 입은 근로자나 성희롱 피해를 주장하는 근로자에게 해고나 그 밖의 불리한 조치를 해서는 안 됩니다(남녀고용평등과 일·가정 양립 지원에 관한 법률 제14조제2항).

② 이를 위반한 자는 3년 이하의 징역 또는 2천만원 이하의 벌금에 처해집니다(동법 제37조제2항제2호).

(관련판례)

고용관계 또는 근로관계는 이른바 계속적 채권관계로서 인적 신뢰관계를 기초로 하는 것이므로, 고용계약에 있어 피용자가 신의칙상 성실하게 노무를 제공할 의무를 부담함에 대하여, 사용자로서는 피용자에 대한 보수지급의무 외에도 피용자의 인격을 존중하고 보호하며 피용자가 그 의무를 이행하는 데 있어서 손해를 받지 아니하도록 필요한 조치를 강구하고 피용자의 생명, 건강, 풍기 등에 관한 보호시설을 하는 등 쾌적한 근로환경을 제공함으로써 피용자를 보호하고 부조할 의무를 부담하는 것은 당연한 것이지만, 어느 피용자의 다른 피용자에 대한 성희롱 행위가 그의 사무집행과는 아무런 관련이 없을 뿐만 아니라, 가해자의 성희롱 행위가 은밀하고 개인적으로 이루어지고 피해자로서도 이를 공개하지 아니하여 사용자로서는 이를 알거나 알 수 있었다고 보여지지도 아니하다면, 이러한 경우에서까지 사용자가 피해자에 대하여 고용계약상의 보호의무를 다하지 아니하였다고 할 수는 없다(대법원 1998. 2. 10. 선고 95다39533 판결).

7-1-2. 고객 등에 의한 성희롱 발생 시 불리한 조치의 금지

① 사업주는 고객 등 업무와 밀접한 관련이 있는 자가 업무수행 과정에서 성적인 언동 등을 통해 근로자에게 성적 굴욕감 또는 혐오감 등

을 느끼게 하여 해당 근로자가 그로 인한 고충 해소를 요청할 경우 근무 장소 변경, 배치전환 등 가능한 조치를 하도록 노력해야 합니다(남녀고용평등과 일·가정 양립 지원에 관한 법률 제14조의2제1항).

② 사업주는 근로자가 위에 따른 피해를 주장하거나 고객 등으로부터의 성적 요구 등에 불응한 것을 이유로 해고나 그 밖의 불이익한 조치를 해서는 안 됩니다(동법 제14조의2제2항).

③ 이를 위반한 자는 500만원의 과태료를 부과받습니다(동법제39조제2항제2호, 동법 시행령 제22조제1항 및 별표 제3호).

7-1-3. 지방고용노동관서에 신고

① 불이익 조치를 받은 성희롱 피해자는 지방고용노동관서에 진정하거나, 고소·고발할 수 있습니다.

② 불이익 조치 후 5년이 지나지 않은 성희롱 사건에 대해서만 지방고용노동관서에 진정하거나 고소·고발 등을 제기할 수 있습니다.

③ 장기 5년 미만의 징역 또는 금고, 장기 10년 이상의 자격정지 또는 벌금에 해당하는 범죄의 공소시효(公訴時效)는 5년입니다(형사소송법 제249조제1항제5호).

※ 공소시효(公訴時效)
일정기간 공소를 제기하지 않고 사건을 방치하는 경우에 검사가 공소를 제기할 수 있는 권한을 소멸시키는 제도입니다. 범죄의 공소시효 기간에 대해서는 「형사소송법」 제249조제1항에 규정되어 있습니다.

---

④ 근로감독관은 「근로기준법」 그 밖의 노동관계 법령 위반의 죄에 관해 「사법경찰관리의 직무를 수행할 자와 그 직무범위에 관한 법률」에 따라 사법경찰관의 직무를 수행합니다.

7-2. 부당해고 등의 금지

7-2-1. 부당해고 등의 금지

① 사용자는 근로자에게 정당한 이유 없이 해고, 휴직, 정직, 전직(轉職), 감봉, 그 밖의 징벌(이하 '부당해고 등'이라 함)을 하지 못합니다(근로기준법 제23조제1항).

② 사용자는 근로자가 성희롱 피해 사실을 주장하는 것을 이유로 부당해고 등을 해서는 안 됩니다.

7-2-2. 부당해고 등에 관한 구제신청

① 사용자가 근로자에게 부당해고 등을 하면 근로자는 노동위원회에 구제를 신청할 수 있습니다(근로기준법 제28조제1항).

② 구제신청은 부당해고 등이 있었던 날부터 3개월 이내에 해야 합니다(동법 제28조제2항).

③ 부당해고 등에 대한 구제명령을 이행하지 않은 사용자는 다음의 구분에 따라 이행강제금을 부과받습니다(동법 제33조제4항, 동법 시행령 제13조 및 별표 3).

 - 정당한 이유 없는 해고에 대한 구제명령을 이행하지 않은 자: 500만원 이상 2,000만원 이하

 - 정당한 이유 없는 휴직, 정직에 대한 구제명령을 이행하지 않은 자: 250만원 이상 1,000만원 이하

 - 정당한 이유 없는 전직(轉職), 감봉에 대한 구제명령을 이행하지 않은 자: 200만원 이상 500만원 이하

 - 정당한 이유 없는 그 밖의 징벌에 대한 구제명령을 이행하지 않은 자: 100만원 이상 500만원 이하

④ 근로자의 구제신청에 따라 확정된 구제명령 또는 행정소송을 제기하여 확정된 구제명령 또는 구제명령을 내용으로 하는 재심판정을 이행하지 않은 자는 1년 이하의 징역 또는 1천만원 이하의 벌금에 처해집니다(동법 제111조).

7-3. 국가인권위원회 진정에 대한 불이익 금지

누구든지 「국가인권위원회법」에 따라 국가인권위원회에 진정, 진술, 증언, 자료 등의 제출 또는 답변을 했다는 이유만으로 해고, 전보, 징계, 부당한 대우 그 밖에 신분이나 처우와 관련해 불이익을 받지 않습니다(제55조제1항).

■ 성희롱 피해자에 대한 인사에서 불이익한 조치를 했을 경우는 어떻게 되나요?

Q. 성희롱 피해자에 대한 인사에서 불이익한 조치를 했을 경우에는 어떻게 되나요?

A. 「남녀고용평등과 일·가정 양립 지원에 관한 법률」 제14조에서 사업주는 '직장 내 성희롱 발생이 확인된 경우 지체 없이 행위자에게 징계, 그 밖에 이에 준하는 조치를 해야 하고, 그 피해 근로자에게 해고 그 밖의 불이익한 조치를 해는 안 된다'고 규정하고 있습니다. 그러므로 만약 사업주가 이를 위반하여 성희롱 피해자에게 인사에 서의 불이익한 조치를 했을 경우에는 사업장 관할 지방노동관서 노사지원과에 민원을 제기하여 권리구제를 받을 수 있습니다.

(관련판례)

[1] 구 남녀고용평등법(2005. 5. 31. 법률 제7564호로 개정되기 전의 것) 제2조 제2항에서 규정한 '직장 내 성희롱'의 전제요건인 '성적인 언동 등'이란 남녀 간의 육체적 관계나 남성 또는 여성의 신체적 특징과 관련된 육체적, 언어적, 시각적 행위로서 사회공동체의 건전한 상식과 관행에 비추어 볼 때 객관적으로 상대방과 같은 처지에 있는 일반적이고도 평균적인 사람에게 성적 굴욕감이나 혐오감을 느끼게 할 수 있는 행위를 의미한다. 나아가 위 규정상의 성희롱이 성립하기 위해서는 행위자에게 반드시 성적 동기나 의도가 있어야 하는 것은 아니지만, 당사자의 관계, 행위가 행해진 장소 및 상황, 행위에 대한 상대

방의 명시적 또는 추정적인 반응의 내용, 행위의 내용 및 정도, 행위가 일회적 또는 단기간의 것인지 아니면 계속적인 것인지 여부 등의 구체적 사정을 참작하여 볼 때, 객관적으로 상대방과 같은 처지에 있는 일반적이고도 평균적인 사람에게 성적 굴욕감이나 혐오감을 느낄 수 있게 하는 행위가 있고, 그로 인하여 행위의 상대방이 성적 굴욕감이나 혐오감을 느꼈음이 인정되어야 한다.

[2] 객관적으로 상대방과 같은 처지에 있는 일반적이고도 평균적인 사람의 입장에서 보아 어떠한 성희롱 행위가 고용환경을 악화시킬 정도로 매우 심하거나 또는 반복적으로 행해지는 경우, 사업주가 사용자책임으로 피해 근로자에 대해 손해배상책임을 지게 될 수도 있을 뿐 아니라 성희롱 행위자가 징계해고되지 않고 같은 직장에서 계속 근무하는 것이 성희롱 피해 근로자들의 고용환경을 감내할 수 없을 정도로 악화시키는 결과를 가져 올 수도 있으므로, 근로관계를 계속할 수 없을 정도로 근로자에게 책임이 있다고 보아 내린 징계해고처분은 객관적으로 명백히 부당하다고 인정되는 경우가 아닌 한 쉽게 징계권을 남용하였다고 보아서는 안 된다.

[3] 카드회사의 지점장이 우월한 지위를 이용하여 자신의 지휘·감독을 받는 8명의 여직원을 상대로 일정 기간 동안 14회에 걸쳐 반복적으로 성희롱 행위를 한 사안에서, 그 성희롱 행위가 왜곡된 사회적 인습이나 직장문화 등에 의하여 형성된 평소의 생활태도에서 비롯된 것으로서 특별한 문제의식 없이 이루어진 것이라 하여 이를 가볍게 평가할 수는 없으므로, 그에 대한 징계해고처분은 정당하다(대법원 2008. 7. 10. 선고 2007두22498 판결).

■ 고객에 의한 성희롱과 관련해 사업주의 조치 노력이란 무엇인가요?

Q. 고객에 의한 성희롱과 관련해 사업주의 조치노력이란 무엇인가요?

A. 사업주는 근로자가 고객에 의한 성희롱으로 피해를 입었다고 주장하며 고충 해소를 요청할 경우 사실 여부를 조사하여 고객에 의한 성희롱이

인정되면 근로자가 원하는 근무 장소로의 변경이나 배치전환 등 가능한 조치를 하고 다른 근무 장소가 없거나 배치전환이 불가능한 사업장의 경우 재발방지 대책을 수립하는 등 근로자 보호에 만전을 기하도록 노력해야 합니다.

증거 불충분 등으로 고객에 의한 성희롱이 있었다고 보기 어렵지만 근로자의 고충 해소 요청에 참작할 만한 사정이 있는 경우에는 사업주는 근무 장소 변경 등 가능한 조치를 하는 것이 바람직할 것입니다.

■ '업무와 밀접한 관련이 있는 자'의 범위는 어떻게 되나요?

Q. 고객에 의한 성희롱 관련해 '업무와 밀접한 관련이 있는 자'의 범위는 어떻게 되나요?

A. "고객 등 업무와 밀접한 관련이 있는 자"란 일반적으로 해당 사업장과 납품, 구매, 용역 등 어떠한 명칭으로든지 업무나 영업과 관련하여 지속적 또는 일시적으로 거래 관계에 있는 자나 해당 사업장에서 제공하는 서비스를 지속적 또는 일시적으로 이용하는 자를 말합니다.

■ 성희롱 피해자가 인사상 불이익한 조치를 받은 경우에 구제받을 수 있는 방법은 없나요?

Q. 성희롱 피해자가 인사상 불이익한 조치를 받은 경우에 구제받을 수 있는 방법은 없나요?

A. 남녀고용평등과 일, 가정양립 지원에 관한 법률 제14조에서 사업주는 직장내 성희롱 발생이 확인된 경우 지체없이 행위자에게 대하여 징계, 그밖에 이에 준하는 조치를 취하여야 하고, 그 피해 근로자에게 해고 그 밖의 불이익한 조치를 취하여서는 아니 된다고 규정하고 있으므로

만약, 사업주가 이를 위반하여 성희롱 피해자에게 인사상 불이익한 조치를 하였을 경우에는 사업장 관할 지방노동관서 노사지원과(청 고용평등과)에 민원을 제기하여 권리구제를 받을 수 있습니다.

(관련판례)

사업주인 피고인이 직장 내 성희롱과 관련하여 피해를 입은 근로자 갑에게 불리한 조치를 하였다고 하여 남녀고용평등과 일·가정 양립 지원에 관한 법률 위반으로 기소된 사안에서, 같은 법 제37조 제2항 제2호, 제14조 제2항에서 규정한 '사업주'에는 파견근로자에 대한 사용사업주도 포함되고, 사용사업주인 피고인이 파견근로자 갑에게 파견근로계약 해제를 통보하면서 파견업체에 갑의 교체를 요구한 것은 위 규정에서 정한 '그 밖의 불리한 조치'에 해당한다는 이유로 유죄를 인정한 원심판단을 수긍한 사례(대법원 2017. 3. 9. 선고 2016도18138 판결).

7-4. 사업주의 성희롱 예방교육의무

① 사업주는 「남녀고용평등과 일·가정 양립 지원에 관한 법률」에 따른 직장 내 성희롱 예방을 위한 교육(이하 "성희롱 예방교육"이라 함)을 연 1회 이상 해야 합니다(제13조제1항 및 동법 시행령 제3조제1항).

② 이를 위반한 자는 200만원의 과태료를 부과받습니다.

③ 사업주 및 근로자는 성희롱 예방교육을 받아야 합니다.

④ 성희롱 예방교육에는 다음의 내용이 포함되어야 합니다.

 - 직장 내 성희롱에 관한 법령

 - 해당 사업장의 직장 내 성희롱 발생 시 처리 절차와 조치기준

 - 해당 사업장의 직장 내 성희롱 피해 근로자의 고충상담 및 구제 절차

 - 그 밖에 직장 내 성희롱 예방에 필요한 사항

⑤ 성희롱 예방교육은 사업의 규모나 특성 등을 고려하여 직원연수·조회·회의, 인터넷 등 정보통신망을 이용한 사이버 교육 등을 통해 할 수 있습니다. 다만, 단순히 교육자료 등을 배포·게시하거나 전자우편을 보내거나 게시판에 공지하는 데 그치는 등 근로자에게 교육 내용이

제대로 전달되었는지 확인하기 곤란한 경우에는 예방교육을 한 것으로 보지 않습니다.

⑥ 다음의 어느 하나에 해당하는 사업의 사업주는 성희롱 예방교육의 내용을 근로자가 알 수 있도록 교육자료 또는 홍보물을 게시하거나 배포하는 방법으로 직장 내 성희롱 예방교육을 할 수 있습니다(동법 시행령 제3조제4항).

  - 상시 10명 미만의 근로자를 고용하는 사업
  - 사업주 및 근로자 모두가 남성 또는 여성 중 어느 한 성(性)으로 구성된 사업

⑦ 사업주가 소속 근로자에게 「근로자직업능력 개발법」 제24조에 따라 인정받은 훈련과정 중 성희롱 예방 교육 내용이 포함되어 있는 훈련과정을 수료하게 한 경우에는 그 훈련과정을 마친 근로자에게는 성희롱 예방교육을 한 것으로 봅니다.

[서식 예] 직장 내 성희롱 예방 교육기관 지정 신청서

<table>
<tr><td colspan="3" align="center">직장 내 성희롱 예방 교육기관 지정 신청서</td></tr>
<tr><td colspan="3">※ 색상이 어두운 란은 신청인이 적지 않습니다.</td></tr>
<tr><td>접수번호</td><td>접수일</td><td>처리기간: 14일</td></tr>
<tr><td rowspan="3">신청기관</td><td>명칭(법인명)</td><td>법인등록번호</td></tr>
<tr><td>주사무소
(소재지)</td><td>전화번호
(팩스번호)</td></tr>
<tr><td>대표자 성명</td><td>생년월일</td></tr>
<tr><td colspan="3">

「남녀고용평등과 일·가정 양립 지원에 관한 법률」 제13조의2 및 같은 법 시행규칙 제7조제1항에 따라 위와 같이 직장 내 성희롱 예방 교육기관 지정을 신청합니다.

년　　　　월　　　　일

신청인(대표자) 성명　　　　(서명 또는 인)

○○지방고용노동청(지청)장　　　귀하

</td></tr>
</table>

* 신청인 제출서류
1. 예방교육 강사 보유현황 1부
2. 예방교육 시 사용할 교재 등의 자료 1부
3. 그 밖에 예방교육 자료의 개발 등 관련 사업을 한 경험을 증명할 수 있는 서류

<table>
<tr><td colspan="4">직장 내 성희롱 예방 교육기관 변경 신청서</td></tr>
<tr><td colspan="4">※ 색상이 어두운 란은 신청인이 적지 않습니다.</td></tr>
<tr><td colspan="2">접수번호</td><td>접수일</td><td>처리기간: 5일</td></tr>
<tr><td rowspan="3">신청인</td><td>명칭
(법인명)</td><td colspan="2">법인등록번호</td></tr>
<tr><td>주사무소
(소재지)</td><td colspan="2">전화번호
(팩스번호)</td></tr>
<tr><td>대표자 성명</td><td colspan="2">생년월일</td></tr>
<tr><td rowspan="3">변경
사항</td><td>구분</td><td colspan="2">(명칭, 소재지, 대표자명)</td></tr>
<tr><td>변경 전</td><td colspan="2"></td></tr>
<tr><td>변경 후</td><td colspan="2"></td></tr>
<tr><td>변경
사유</td><td colspan="3"></td></tr>
<tr><td colspan="4">「남녀고용평등과 일ㆍ가정 양립 지원에 관한 법률」 제13조의2 및 같은 법 시행규칙 제7조제4항에 따라 위와 같이 신청합니다.

년   월   일

신청인(대표자) 성명   (서명 또는 인)

○○지방고용노동청(지청)장   귀하</td></tr>
</table>

* 신청인 제출서류

1. 변경 사실을 증명할 수 있는 서류
2. 직장 내 성희롱 예방 교육기관 지정서

■ 파견근로자의 성희롱 예방교육 대상에 포함되는지요?

Q. 우리 회사에 파견근로자가 있습니다. 성희롱 교육대상에 파견근로자도 포함되는지요?

A. 남녀고용평등과 일·가정 양립 지원에 관한 법률 제34조에 따라 사용사업주를 사업주로 보므로 파견근로자에 대한 직장내 성희롱 예방교육은 사용사업주가 실시하여야 합니다. 또한, 직장내 성희롱 행위자가 소속된 파견사업주 또는 사용 사업주는 파견근로자가 성희롱 피해를 입은 경우 직장내 성희롱 행위자에 대하여 부서전환, 징계 등의 조치를 하여야 함을 알려드립니다.

■ 직장 내 성희롱 예방교육에 관하여 문의합니다.

Q. 1) 사업주는 법에 따라 직장 내 성희롱 예방을 위한 교육을 연 1회 이상 하여야 한다라는 규정이 있는데 연 1회라는 횟수 이외에 "법정 의무교육시간"도 있는지요? (예:1회 60분이상)

　2) 사업장 내의 파견직원, 도급직원에게도 저희 사업장에서 의무적으로 교육을 해야 하는지요? 아니면 파견회사나 도급회사에서 직접 진행해야 하는지요? 의무인지 자율결정 사항인지 파견직원과 도급직원 모두 각각 답변 요청드립니다. 만약 해야 한다면 각 직원들의 주민번호도(사원번호가 없음) 서면으로 받아야 하는지요?

　3) 여성가족부에서 제공하는 교육영상을 보면 각 회사의 고충처리위원이 참가하여 직장 내 성희롱 예방교육 관련 전문적인 교육을 받는 장면이 있습니다. 공공기관 뿐 아니라 일반 사업장에도 이러한 교육을 무료로 받을 수 있는 곳이 따로 있는지, 아니면 사업장 부담으로 참석해야 하는지, 있다면 그 교육기관의 이름 및 신청절차도 알고 싶습니다.

A. 질문1)에 대하여 남녀고용평등과 일 가정 양립지원에 관한 법률 제13

조에 따라 사용자는 연 1회이상 하도록 규정하고 있으나, 법정 의무교육시간을 정하고 있지는 않습니다.

질문2)에 대하여 파견근로자보호등에 관한 법률 제34조에 따라 파견근로자에 대한 직장내 성희롱 예방교육은 사용사업주가 실시하여야 합니다. 다만, 도급회사 소속 직원은 도급사업주가 직장내성희롱예방교육을 실시하면 될 것입니다. 아울러, 직장내성희롱예방교육을 실시할 때 교육참석자 명단 등을 통해 교육실시 및 교육 참석여부 등이 확인이 되면 되므로 파견근로자 등의 주민등록번호 등을 반드시 서면으로 받아야 하는 것은 아닙니다.

질문3)에 대하여 저희 고용노동부에서 직장내성희롱예방 위탁교육기관을 지정하고는 있으나 별도로 무료 교육기관을 지정하고 있지는 않습니다. 또한, 직장내 성희롱예방교육은 반드시 교육기관에 가서 교육을 받아야 하는 것은 아니며, 성희롱예방교육은 사업장내에서 소속 근로자 등 자체 강사에 의해 실시하셔도 무방하며 교육시에는 아래 교육내용이 포함되어야 할 것입니다.

〈성희롱예방시 포함되어야 할 교육내용〉
① 성희롱에 관한 법령
② 직장내 성희롱 발생시의 처리절차 및 조치기준
③ 직장내 성희롱 피해근로자의 고충상담 및 구제절차
④ 그 밖에 직장 내 성희롱 예방에 필요한 사항(시행령 제4조제2항)

제3절 공공기관 내 성희롱

1. 공공기관 및 구금·보호시설 내 성희롱 금지

① 공공기관의 종사자나 구금·보호시설에서 업무수행을 하는 자는 다른 종사자나 구금·보호시설 이용자 등 다른 사람을 성희롱을 해서는 안 됩니다.

② '공공기관'이란 다음의 기관을 말합니다(국가인권위원회법 제2조제3호 라목).

- 국가기관
- 지방자치단체
- 「초·중등교육법」 및 「고등교육법」 그 밖의 다른 법률에 따라 설치된 각급 학교
- 「공직자윤리법」 제3조제1항제12호에 따른 공직유관단체

> ※ **공직유관단체**
>
> 정부 공직자윤리위원회는 다음에 해당하는 기관·단체를 공직유관단체로 지정할 수 있습니다(공직자윤리법 제3조의2제1항).
> - 한국은행
> - 공기업
> - 정부의 출자·출연·보조를 받는 기관·단체(재출자·재출연 포함), 그 밖에 정부 업무를 위탁받아 수행하거나 대행하는 기관·단체
> - 「지방공기업법」에 따른 지방공사·지방공단 및 지방자치단체의 출자·출연·보조를 받는 기관·단체(재출자·재출연 포함), 그 밖에 지방자치단체의 업무를 위탁받아 수행하거나 대행하는 기관·단체
> - 임원 선임 시 중앙행정기관의 장 또는 지방자치단체의 장의 승인·동의·추천·제청 등이 필요한 기관·단체나 중앙행정기관의 장 또는 지방자치단체의 장이 임원을 선임·임명·위촉하는 기관·단체

③ '구금·보호시설'이란 다음의 시설을 말합니다(국가인권위원회법 제2조 제2호).

  - 교도소·소년교도소·구치소 및 그 지소, 보호감호소, 치료감호시설, 소년원 및 소년분류심사원
  - 경찰서 유치장 및 사법경찰관리가 그 직무수행을 위해 사람을 조사·유치 또는 수용하는 데 사용하는 시설
  - 군교도소(지소·미결수용실 및 헌병대영창 포함)
  - 외국인보호소
  - 다수인보호시설

※ 다수인보호시설의 종류(국가인권위원회법 제2조제2호마목 및 동법 시행령 제2조)

아동 복지시설	「아동복지법」 제52조제1항제1호부터 제5호에 따른 아동양육시설·아동일시보호시설·아동보호치료시설·공동생활가정 및 자립지원시설
장애인 복지시설	「장애인복지법」 제58조제1항제1호에 따른 장애인거주시설
정신건강 증진시설	「정신건강증진 및 정신질환자 복지서비스 지원에 관한 법률」 제3조제5호부터 제7호까지에 따른 정신의료기관(수용시설을 갖추고 있는 것에 한함), 정신요양시설 및 정신재활시설
노숙인복지시설	「노숙인 등의 복지 및 자립지원에 관한 법률」 제16조제1항제1호부터 제4호까지에 따른 노숙인일시보호시설·노숙인자활시설·노숙인재활시설 및 노숙인요양시설
노인복지 시설	노인주거복지시설: 「노인복지법」 제32조제1항제1호 및 제2호에 따른 양로시설 및 노인공동생활가정
	노인의료복지시설: 「노인복지법」 제34조제1항제1호 및 제2호에 따른 노인요양시설 및 노인요양공동생활가정
성매매 피해자 등 지원시설	「성매매방지 및 피해자보호 등에 관한 법률」 제5조제1항제1호부터 제3호까지에 따른 일반 지원시설, 청소년 지원시설 및 외국인여성 지원시설

갱생보호 시설	「보호관찰 등에 관한 법률」 제67조에 따른 갱생보호사업의 허가를 받은 자가 갱생보호사업을 위해 설치한 시설(수용시설을 갖추고 있는 것에 한함)
한부모가 족복 지시설	「한부모가족지원법」 제19조제1항제1호부터 제3호까지에 따른 모자가족복지시설·부자가족복지시설·미혼모가족복지시설 중 기본생활지원을 제공하는 시설과 「한부모가족지원법」 제19조제1항제4호에 따른 일시지원복지시설

2. 성희롱피해자의 대응

2-1. 공공기관 및 구금·보호시설에서의 성희롱 금지

공공기관의 종사자나 구금·보호시설에서 업무수행을 하는 자는 다른 종사자나 구금·보호시설 이용자 등 다른 사람을 성희롱을 해서는 안 됩니다.

2-2. 국가인권위원회에 대한 구제신청

2-2-1. 진정

① 국가기관, 지방자치단체, 「초·중등교육법」 제2조, 「고등교육법」 제2조와 그 밖의 다른 법률에 따라 설치된 각급 학교, 「공직자윤리법」 제3조의2제1항에 따른 공직유관단체 또는 구금·보호시설의 업무수행(국회의 입법 및 법원·헌법재판소의 재판은 제외)과 관련하여 성희롱을 당한 사람 또는 그 사실을 알고 있는 사람이나 단체는 국가인권위원회(이하 "위원회"라 함)에 진정할 수 있습니다(국가인권위원회법 제30조제1항제1호).

② 진정을 접수한 위원회는 사건을 조사하고 합의권고, 구제조치 등의 권고 또는 고발 및 징계권고를 하거나 조정 절차 또는 조정에 갈음하는 결정을 합니다.

국가인권위원회법의 관련 규정에 의하면 제2조 제4호 (라)목의 '성희롱 행위'는 제2조 제5호의 요건을 충족하면 성립하고 당해 행위가 성희롱 대상자를 우대·배제·구별하거나 불리하게 대우하는 행위이어야 할 필요는 없으므로 , 원심이 이와 달리 평등권을 침해하는 차별행위일 것까지 그 요건으로 보아 원고의 이 사건 언행이 성별에 의하여 소외인을 차별하는 행위라고 볼 증거가 없다는 이유로 이 사건 인사조치권고처분이 위법하다고 판단한 것은 잘못이라고 하겠다.

그러나 한편, 원심이 인정한 사실과 기록에 나타난 여러 사정에 비추어 보면 원고의 이 사건 언행이 국가인권위원회법 제2조 제4호 (라)목이 정한 성희롱 행위에 해당한다고 보기는 어려우므로, 위 언행이 성희롱 행위임을 전제로 한 피고의 이 사건 인사조치권고처분이 위법하다고 본 원심의 판단은 결론에 있어서 정당하고, 위에서 본 원심판결의 잘못은 판결 결과에 영향을 미친 바 없다. 결국 상고이유는 받아들일 수 없다(대법원 2008.10.9.선고 2008두7854판결).

2-2-2. 구금·보호시설 수용자의 진정

① 구금·보호시설의 수용자(이하 "시설수용자"라 함)가 위원회에 진정하려고 하면 그 시설에 소속된 공무원 또는 직원(이하 '소속 공무원 등'이라 함)은 그 사람에게 즉시 진정서를 작성하는데 필요한 시간과 장소 및 편의를 제공해야 합니다(국가인권위원회법 제31조제1항).

② 시설수용자가 위원 또는 위원회 소속 직원 앞에서 진정하기를 원하는 경우 소속 공무원 등은 즉시 그 뜻을 위원회에 통지해야 합니다(동법 제31조제2항).

③ 소속 공무원 등으로부터 시설수용자가 진정하기를 원한다는 뜻의 통지를 받거나 시설수용자가 진정을 원한다고 믿을 만한 상당한 근거가 있는 경우 위원회는 위원 또는 소속직원으로 하여금 구금·보호시설을 방문하여 진정을 원하는 시설수용자로부터 구술 또는 서면으로 진정을 접수하게 해야 합니다. 이때 진정을 접수한 위원 또는 소속직

원은 즉시 접수증명원을 작성하여 진정인에게 교부해야 합니다(동법 제31조제4항).

④ 방문조사를 하는 위원 또는 소속직원은 시설수용자와 면담할 수 있고 시설수용자에게 구술 또는 서면으로 사실 또는 의견을 진술하도록 할 수 있습니다(동법 제31조제5항, 제24조제4항).

⑤ 시설에 수용되어 있는 진정인(진정을 하려는 자 포함)과 위원 또는 위원회 소속 직원의 면담에는 구금·보호시설의 직원이 참여하거나 그 내용을 청취 또는 녹취하지 못합니다. 다만, 보이는 거리에서 시설수용자를 감시할 수 있습니다(동법 제31조제6항).

⑥ 조정이 성립하거나 조정에 갈음하는 결정을 하게 되면 성희롱 가해자는 그 내용에 따라야 합니다.

2-2-3. 학교 내 성희롱 피해자의 진정

① 「국가인권위원회법」에서의 성희롱에 해당하는 경우에 피해 학생은 위원회에 구제신청을 할 수 있습니다(제30조제1항).

② 「초·중등교육법」 및 「고등교육법」 그 밖의 다른 법률에 따라 설치된 각급 학교는 공공기관에 포함되므로 공공기관 종사자가 자신의 지위를 이용하거나 업무와 관련해 성희롱을 했다면 성희롱 피해자는 위원회에 진정하여 구제받을 수 있습니다(동법 제2조제3호라목).

③ 각 대학의 경우 성희롱 발생시 가해자의 처벌에 관한 학칙을 두는 경우가 많으며, 이 경우 징계절차 등에 대해서는 학칙에 따르게 되며, 대부분의 대학에서는 성희롱·성폭력상담소를 운영하고 있으므로 학교 내 성희롱 피해자는 해당 대학의 성희롱·성폭력상담소를 통해 성희롱 피해 상담을 하거나 성희롱 관련 학칙에 관한 정보를 얻을 수 있습니다.

◎ 진정요지

진정인의 자녀인 피해자(대학생)가 수업 관련 문의로 저녁을 같이 먹고 술자리를 함께 하게 되었는데, 대학 강사인 피진정인이 피해자에게 키스를 하고 여관에 데려 갔음.

◎ 조사과정 및 합의내용

진정인과 피해자, 피해자의 아버지는 피진정인과 위원회에서 만나서 다음과 같이 합의함.

1) 피진정인이 피해자와 그 가족에게 공개사과를 했고,

2) 피진정인은 2006. 9. 1.부터 향후 10년 동안 일체의 교직에 근무하지 않으며,

3) 합의를 위반할 때에는 위약벌(違約罰)을 피해자에게 지급하고 사실을 공표해도 이의를 제기하지 않고, 진정인과 그 가족은 합의 이후 민·형사상 소를 제기하거나 진정을 하지 않는다.

* 대학은 「국가인권위원회법」 제2조제3호라목 및 「고등교육법」 제2조에 따라 공공기관에 포함되므로 공공기관 종사자인 대학 강사로부터 성희롱을 당했다면 국가인권위원회에 진정할 수 있습니다.

2-3. 손해배상청구

2-3-1. 국가 등에 대한 손해배상청구

국가나 지방자치단체에서 직무를 집행 중인 공무원 또는 공무를 위탁받은 사인(이하 '공무원')으로부터 성희롱을 당하여 손해를 입은 경우에는 피해자인 타인은 국가나 지방자치단체에 대하여 국가배상을 청구할 수 있습니다(국가배상법 제2조).

■ 성폭력범죄의 담당 경찰관이 범죄수사를 하면서 법규상 또는 조리상의 한계를 위반한 경우에 국가배상법에 따른 손해배상 청구가 가능할까요?

Q. 성폭력범죄의 담당 경찰관 甲은 그 경찰서에 설치되어 있는 범인식별실을 사용하지 않은 채 공개된 장소인 형사과 사무실에서 피의자 41명을 한꺼번에 세워 놓고 피해자인 乙로 하여금 범행일시와 장소 별로 범인을 지목하게 하였습니다. 이러한 경우 국가배상법에 따른 손해배상 청구가 가능할까요?

A. 국가배상책임에 있어 공무원의 가해행위는 법령을 위반한 것이어야 하고, 법령을 위반하였다 함은 엄격한 의미의 법령 위반뿐 아니라 인권존중, 권력남용금지, 신의성실과 같이 공무원으로서 마땅히 지켜야 할 준칙이나 규범을 지키지 아니하고 위반한 경우를 포함하여 널리 그 행위가 객관적인 정당성을 결여하고 있음을 뜻하는 것이므로, 경찰관이 범죄수사를 함에 있어 경찰관으로서 의당 지켜야 할 법규상 또는 조리상의 한계를 위반하였다면 이는 법령을 위반한 경우에 해당합니다(대법원 2002.5.17.선고 2000다22607 판결, 대법원 2005. 6. 9. 선고 2005다8774 판결 등 참조).

경찰관은 그 직무를 수행함에 있어 헌법과 법률에 따라 국민의 자유와 권리를 존중하고 범죄피해자의 명예와 사생활의 평온을 보호할 법규상 또는 조리상의 의무가 있고, 특히 이 사건과 같이 성폭력범죄의 피해자가 나이 어린 학생인 경우에는 수사과정에서 또 다른 심리적·신체적 고통으로 인한 가중된 피해를 입지 않도록 더욱 세심하게 배려할 직무상 의무가 있다고 할 수 있습니다.

이 사건 성폭력범죄의 담당 경찰관은 그 경찰서에 설치되어 있는 범인식별실을 사용하지 않은 채 공개된 장소인 형사과 사무실에서 피의자 41명을 한꺼번에 세워 놓고 피해자인 乙로 하여금 범행일시와 장소 별로 범인을 지목하게 하였다는 것인바, 경찰관의 이와 같은 행위는 위에서 본 직무상 의무를 소홀히 하여 위 원고들에게 불필요한 수치심과 심리적 고통을 느끼도록 하는 행위로서 법규상 또는 조리상의 한계를 위반한 것임이 분명하고, 수사상의 편의라는 동기나 목적에 의해 정당화될 수 없다고 사료됩니다.

따라서 경찰관의 위와 같은 행위가 국가배상법이 정하는 법령 위반 행위에 해당한다고 판단될 가능성이 높다고 사료됩니다.(대법원 2008. 6. 12. 선고 2007다64365 판결 참조)

2-3-2. 성희롱 가해자인 공무원의 범위

① 행정부, 지방자치단체 소속 공무원뿐만 아니라 널리 입법부 및 사법부 소속의 공무원도 포함합니다. 국회의원이나 검사, 판사, 헌법재판관도 포함합니다.

② 사인(私人)이라도 공무를 위탁받아 공무를 수행하는 한, 일시적인 사무일지라도 여기에서의 공무원에 해당합니다.

2-3-3. 공무원이 직무를 집행하는 과정에서 성희롱을 했을 것

① 직무집행행위 자체뿐만 아니라 외형상 직무와 관련 있는 행위를 포함합니다.

② 성희롱 자체는 직무집행행위가 아니라도 직무집행 과정에 수반하여 일어난 경우라면 직무관련성을 인정할 수 있습니다.

(관련판례) - '직무를 집행하면서'의 의미
「국가배상법」 제2조제1항의 '직무를 집행함에 당하여'라 함은 직접 공무원의 직무집행행위이거나 그와 밀접한 관계에 있는 행위를 포함하고, 이를 판단함에 있어서는 행위 자체의 외관을 객관적으로 관찰해 공무원의 직무행위로 보일 때에는 비록 그것이 실질적으로 직무행위에 속하지 않는다 해도 그 행위는 공무원이 '직무를 집행함에 당하여' 한 것으로 보아야 한다(대법원 2001. 1. 5. 선고 98다39060 판결).

2-3-4. 성희롱 피해자인 '타인'의 범위

① 타인이란 성희롱 행위를 한 자나 그 행위에 가담한 자를 제외한 모든 피해자를 말합니다. 국가나 지방자치단체를 이용하거나 직무집행 중인 공무원과 접촉하고 있던 일반인도 포함합니다.

② 다른 공무원이라도 성희롱 피해를 입은 이상 여기에서의 타인에 해당합니다.

2-3-5. 손해가 발생했을 것

① 성희롱을 당했다고 해서 언제나 국가배상을 청구할 수 있는 것은 아니고, 손해(정신적 손해 포함)가 발생해야 합니다.

② 손해가 발생했는지는 성희롱 사실을 주장하는 피해자가 입증해야 합니다.

③ 이와 같은 요건이 갖추어진 경우에는 국가나 지방자치단체를 상대로 배상을 청구할 수 있습니다.

2-3-6. 사용자에 대한 손해배상청구

① 공공기관의 불법행위책임

피용자가 그 사무집행에 관해 다른 사람에게 성희롱을 하여 손해를 가한 경우 사용자는 손해를 배상할 책임이 있습니다(민법 제756조제1항 본문).

② 사용자가 피용자의 선임 및 그 사무 감독에 상당한 주의를 기울였거나 상당한 주의를 하여도 손해가 있을 경우에는 사용자는 손해배상책임이 없습니다(민법 제756조제1항 단서).

2-3-7. 성희롱 가해자에 대한 손해배상청구

① 성희롱 피해자는 국가 등에 대한 손해배상청구 외에도 성희롱 가해자인 공무원을 상대로 손해배상을 청구할 수 있습니다(민법 제750조).

② 가해 공무원에게 고의 또는 중과실이 있는 때에만 공무원 개인도 손해배상책임을 집니다(판례).

③ 사용자에게 손해배상을 청구하는 경우에는 성희롱 가해자에게 손해배상을 청구할 수 있습니다(민법 제750조).

(관련판례)
[1] 국가배상법 제2조 소정의 ´공무원´이라 함은 국가공무원법이나 지방공무원법에 의하여 공무원으로서의 신분을 가진 자에 국한하지 않고, 널리 공무를 위탁받아 실질적으로 공무에 종사하고 있는 일체의 자를 가리키는 것으로서, 공무의 위탁이 일시적이고 한정적인 사항에 관한 활동을 위한 것이어도 달리 볼 것은 아니다.
[2] 국가배상청구의 요건인 ´공무원의 직무´에는 권력적 작용만이 아니라 비권력적 작용도 포함되며 단지 행정주체가 사경제주체로서 하는 활동만 제외된다.
[3] 국가배상법 제2조 제1항 소정의 ´직무를 집행함에 당하여´라 함은 직접 공무원의 직무집행행위이거나 그와 밀접한 관계에 있는 행위를 포함하고, 이를 판단함에 있어서는 행위 자체의 외관을 객관적으로 관찰하여 공무원의 직무행위로 보여질 때에는 비록 그것이 실질적으로 직무행위에 속하지 않는다 하더라도 그 행위는 공무원이 ´직무를 집행함에 당하여´ 한 것으로 보아야 한다(대법원 2001. 1. 5. 선고 98다39060 판결).

2-4. 수사기관에 대한 신고

피해자에 대한 행위가 성범죄 등 형사처벌의 대상이 되는 경우에는 수사기관에 신고할 수 있습니다.

2-5. 구금·보호시설 수용자에 대한 추행 등의 죄

① 법률에 따라 구금(拘禁)된 사람을 감호(監護)하는 자가 그 사람을 간음(姦淫)한 때에는 7년 이하의 징역에 처해집니다(형법 제303조제2항).

② 간음이란 결혼 아닌 성교(性交)행위로서 남자의 성기를 여자의 성기

에 삽입하는 것을 말합니다.

③ 업무·고용 기타 관계로 인해 자기의 보호 또는 감독을 받는 사람에 대하여 위계(僞計) 또는 위력(威力)으로 추행한 자는 2년 이하의 징역 또는 500만원 이하의 벌금에 처해집니다(성폭력범죄의 처벌 등에 관한 특례법 제10조제1항).

④ 법률에 따라 구금(拘禁)된 사람을 감호(監護)하는 자가 그 사람을 추행한 때에는 3년 이하의 징역 또는 1천500만원 이하의 벌금에 처해집니다(성폭력범죄의 처벌 등에 관한 특례법 제10조제2항).

⑤ 추행(醜行)이란 주관적인 목적이나 경향을 불문하고 객관적으로 일반인에게 성적(性的) 수치심(羞恥心)이나 혐오감(嫌惡感)을 느끼게 하는 일체의 행위를 말합니다. 객관적으로 성적인 수치심이나 도덕감을 현저히 해할 수 있을 정도의 중요한 행위에 제한됩니다.

3. 예방요령과 예방교육

3-1. 성희롱 예방 요령

① 거부감을 표시합니다.

평소에 사무실에서 공공연히 성적(性的)인 언동을 하는 분위기라면 거부감을 표시해서 가해자가 문제의식을 갖도록 하는 것이 좋습니다.

② 음란한 사진 등을 붙이는 행위에 대해 이의를 제기합니다.

음란한 사진이나 그림을 붙이는 행위도 성희롱에 해당합니다. 성적 수치심을 느끼지 않았다 하더라도 이의를 제기하여 더 큰 문제가 생기지 않도록 방지해야 합니다.

③ 음담패설에 참여하지 않습니다.

④ 원하지 않는 만남을 피합니다.

⑤ 성희롱 예방과 구제에 관한 규정을 살펴봅니다.

성희롱 예방 및 구제에 관한 법령과 공공기관 내 예방지침 및 학교의 학칙 등 기관 내 처리 규정을 미리 알아두면 예방대책을 마련하는데 도움이 됩니다.

3-2. 성희롱 방지 의무

① 국가기관 등의 장은 성희롱 방지를 위해 다음의 조치를 해야 하고, 그 조치 결과를 여성가족부장관에게 제출해야 합니다(양성평등기본법 제31조제1항 및 동법 시행령 제20조제1항).

㉮ 국가기관 등에 소속된 사람을 대상으로 연 1회 이상, 1시간 이상의 성희롱 예방교육 실시(신규임용된 사람에 대해서는 임용된 날부터 2개월 이내에 교육을 실시해야 함)해야 하며, 성희롱 예방교육에는 다음의 사항이 포함되어야 합니다(동법 시행령 제19조제1항).

- 성희롱 예방에 관한 법령
- 성희롱 발생 시 처리 절차와 조치 기준
- 성희롱 피해자에 대한 고충상담 및 구제 절차
- 성희롱을 한 사람에 대한 징계 등 제재조치
- 그 밖에 성희롱 예방에 필요한 사항

㉯ 성희롱 예방교육 등 성희롱 방지조치 연간 추진계획 수립

㉰ 성희롱 관련 상담 및 고충 처리를 위한 공식 창구의 마련

㉱ 성희롱 고충담당자 지정

㉲ 자체 성희롱 예방지침의 마련

- 성희롱 관련 상담 및 고충 처리 창구의 운영에 관한 사항
- 성희롱 고충 처리 절차 및 매뉴얼에 관한 사항
- 성희롱 행위자에 대한 징계 등 제재조치에 관한 사항
- 성희롱과 관련된 피해자에 대한 불이익조치 금지에 관한 사항
- 성희롱 관련 상담 및 고충 처리와 관련된 비밀보장에 관한 사항
- 성희롱 사건 발생 시 피해자 치료 지원, 가해자에 대한 인사 조치 등을 통한 피해자의 근로권·학습권 등을 보호하기 위한 조치에 관한 사항
- 성희롱 관련 상담 및 고충 처리 업무 종사자에 대한 교육훈련 지원에

관한 사항

- 그 밖에 성희롱 예방 및 재발방지를 위하여 필요한 사항

㉑ 성희롱 사건 발생 시 재발방지대책의 수립·시행

㉒ 그 밖에 자체 성희롱 방지를 위한 조치

② '국가기관 등'이란 다음을 말합니다.

- 국가기관

- 지방자치단체

- 「초·중등교육법」 제2조 및 「고등교육법」 제2조의 규정에 의한 학교 및 그 밖에 다른 법률에 따라 설치된 각급학교(동법 시행령 제2조제1호)

- 「공직자윤리법 시행령」 제3조의2제2항에 따라 인사혁신처장이 관보에 고시한 공직유관단체(공직자윤리법 시행령 제3조의2제3항에 따라 공직유관단체에서 제외된 단체는 제외함)(양성평등기본법 시행령 제2조제2호)

③ 성희롱 예방교육을 실시하는 경우, 연 1회는 1시간 이상의 교육시간을 확보해야 합니다.

④ 성희롱 예방교육의 방법은 전문가 강의, 시청각 교육, 사이버 교육 등 다양한 교육방법을 활용하되, 연 1회는 가능한 한 집합교육 등 대면교육을 실시하며, 시청각 자료를 활용할 때에는 해설이 가능한 자가 진행하여야 한다.

⑤ 신규 채용 직원(임시직, 계약직 포함)의 부서배치에 앞서 당해 직원에 대하여 기관 내 성희롱 고충처리절차를 포함한 성희롱 예방지침 등을 교육해야 한다.

■ **근로자에게 성희롱 예방교육을 해야 한다고 하는데 어떻게 하는 것인가요?**

Q. 근로자가 20명인 사업장을 운영하는 사업자입니다. 근로자에게 성희롱 예방교육을 해야 한다고 하는데 어떻게 하는 것인가요?

A. **사업주는 연 1회 이상 성희롱 관련 법령, 발생시 조치, 예방에 필요한 사항 등 직장 내 성희롱 예방을 위한 교육을 실시해야 합니다.**

◇ 성희롱 예방교육

① 사업주는 직장 내 성희롱 예방을 위한 교육을 연 1회 이상 해야 하며, 사업주 및 근로자는 성희롱 예방교육을 받아야 합니다.

② 성희롱 예방교육에는 다음의 내용이 포함되어야 합니다.

- 직장 내 성희롱에 관한 법령
- 해당 사업장의 직장 내 성희롱 발생 시 처리절차와 조치 기준
- 해당 사업장의 직장 내 성희롱 피해자의 고충상담 및 구제절차
- 그 밖에 직장 내 성희롱 예방에 필요한 사항

제4절 공공장소에서의 성희롱의 금지

1. 공공장소에서의 성희롱

1-1. 발생 유형

① 대중교통수단이나 공연·집회장소 그 밖에 공중이 밀집하는 장소에서 다른 사람에게 성적(性的) 언동을 하여 수치심을 느끼게 하거나 불쾌감을 느끼게 하는 경우도 성희롱에 해당합니다.

② 가슴, 다리와 같이 성적 욕망이나 수치심을 일으킬 수 있는 신체를 상대방의 뜻에 반(反)해 촬영하는 것도 성희롱에 해당합니다.

1-2. 공중밀집장소에서의 추행

대중교통수단이나 공연·집회장소 그 밖에 공중(公衆)이 밀집하는 장소에서 사람을 추행한 자는 1년 이하의 징역 또는 300만원 이하의 벌금에 처해집니다(성폭력범죄의 처벌 등에 관한 특례법 제11조).

1-3. 카메라 등을 이용한 촬영

카메라 그 밖에 이와 비슷한 기능을 갖춘 기계장치를 이용하여 성적 욕망 또는 수치심을 일으킬 수 있는 다른 사람의 신체를 그 의사에 반해 촬영하거나 그 촬영물을 반포·판매·임대·제공 또는 공연히 전시·상영한 자는 5년 이하의 징역 또는 1천만원 이하의 벌금에 처해집니다(성폭력범죄의 처벌 등에 관한 특례법 제14조제1항).

■ **성폭력범죄의 처벌 등에 관한 특례법상 카메라 등을 이용한 촬영에 해당하는지요?**

Q. 甲은 피해자와 인터넷 화상채팅을 하였는데, 피해자가 화상채팅을 하며 신체 부위를 노출하자 자신의 휴대전화를 이용해 컴퓨터 화면

을 동영상 촬영하였습니다. 甲의 위 행위가 성폭력범죄의 처벌 등
에 관한 특례법상 카메라 등을 이용한 촬영에 해당하는지요?

A. 성폭력범죄의 처벌 등에 관한 특례법 제14조 제1항은 "카메라나 그 밖
에 이와 유사한 기능을 갖춘 기계장치를 이용하여 성적 욕망 또는 수치
심을 유발할 수 있는 다른 사람의 신체를 그 의사에 반하여 촬영하거나
그 촬영물을 반포·판매·임대·제공 또는 공공연하게 전시·상영한 자는 5
년 이하의 징역 또는 1천만원 이하의 벌금에 처한다."라고 규정하고 있
습니다.

위 사안의 경우 甲은 피해자와 화상채팅을 하던 중 피해자의 신체 부
위가 컴퓨터 화면에 나타나자 이를 자신의 휴대전화 카메라로 동영상
촬영한 것입니다. 이러한 행위를 위 조항에서 처벌하는 카메라 등을 이
용한 촬영행위로 볼 수 있는지가 문제됩니다.

이에 관하여 대법원은 위 사안과 같은 경우 위 규정에 따라 처벌할 수
없다는 원심 판결을 정당하다고 보면서, 원심이 "카메라나 그 밖에 이와
유사한 기능을 갖춘 기계장치를 이용하여 성적 욕망 또는 수치심을 유발
할 수 있는 다른 사람의 신체를 그 의사에 반하여 촬영"하는 행위를 처
벌 대상으로 삼고 있는데, "촬영"의 사전적·통상적 의미는 "사람, 사물,
풍경 따위를 사진이나 영화로 찍음"이라고 할 것이고, 위 촬영의 대상은
"성적 욕망 또는 수치심을 유발할 수 있는 다른 사람의 신체"라고 보아
야 함이 문언상 명백하므로 위 규정의 처벌 대상은 '다른 사람의 신체
그 자체'를 카메라 등 기계장치를 이용해서 '직접' 촬영하는 경우에 한정
된다고 해석함이 타당하다고 전제한 다음, 이 사건의 경우 피해자는 스
스로 자신의 신체 부위를 화상카메라에 비추었고 카메라 렌즈를 통과한
상의 정보가 디지털화되어 피고인의 컴퓨터에 전송되었으며, 피고인은 수
신된 정보가 영상으로 변환된 것을 휴대전화 내장 카메라를 통해 동영상
파일로 저장하였으므로 피고인이 촬영한 대상은 피해자의 신체 이미지가
담긴 영상일 뿐 피해자의 신체 그 자체는 아니라고 할 것이어서 법 제

13조 제1항의 구성요건에 해당하지 않으며, 검사가 주장하는 형벌법규의 목적론적 해석도 해당 법률문언의 통상적인 의미 내에서만 가능한 것으로, 다른 사람의 신체 이미지가 담긴 영상도 위 규정의 "다른 사람의 신체"에 포함된다고 해석하는 것은 법률문언의 통상적인 의미를 벗어나는 것이므로 죄형법정주의 원칙상 허용될 수 없다는 이유로 이 부분 공소사실에 대하여 범죄가 되지 않는 경우에 해당한다"라고 본 것은 정당하다고 판시하였습니다(대법원 2013.6.27.선고2013도4279판결).

따라서 위 대법원 판결의 취지에 따르면, 사안과 같은 경우 甲의 행위는 성폭력범죄의 처벌 등에 관한 특례법 제14조 제1항에 의해서는 처벌되기 어려울 것으로 보입니다.

■ 카메라 등 이용 촬영죄의 기수시기는 어떻게 판단합니까?

Q. 甲은 지하철 역사 에스컬레이터 내에서 乙의 뒤에 서서, 카메라 기능이 탑재된 휴대폰으로 乙의 치마 속을 촬영하던 도중 경찰관에게 발각되어 저장버튼을 누르지 않고 촬영을 종료하였습니다. 이러한 경우 甲에게는 성폭력범죄의 처벌 등에 관한 특례법 위반(카메라등 이용촬영)죄의 미수의 죄책이 인정되는 것인지요?

A. 「성폭력범죄의 처벌 등에 관한 특례법」 제14조 제1항은 "카메라나 그 밖에 이와 유사한 기능을 갖춘 기계장치를 이용하여 성적 욕망 또는 수치심을 유발할 수 있는 다른 사람의 신체를 그 의사에 반하여 촬영하거나 …한 자는 5년 이하의 징역 또는 1천만원 이하의 벌금에 처한다."라고 규정하고 있고, 같은 법 제15조는 "제3조부터 제9조까지 및 제14조의 미수범은 처벌한다."라고 규정하고 있습니다. 따라서 카메라 기능이 탑재된 휴대폰으로 타인의 신체를 촬영하는 행위의 기수시기를 언제로 볼 것인지에 따라 甲의 죄책이 달라질 것입니다.

이에 관하여 판례는 "성폭력범죄의 처벌 및 피해자보호 등에 관한 법률 제14조의2 제1항(현행 성폭력범죄의 처벌 등에 관한 특례법 제14

조 제1항)은 '카메라 기타 이와 유사한 기능을 갖춘 기계장치를 이용하여 성적 욕망 또는 수치심을 유발할 수 있는 타인의 신체를 그 의사에 반하여 촬영하거나 그 촬영물을 반포·판매·임대 또는 공연히 전시·상영한 자는 5년 이하의 징역 또는 1천만 원 이하의 벌금에 처한다.'고 규정하고 있는바, 그 중 위 '카메라 등 이용 촬영죄'는 카메라 기타 이와 유사한 기능을 갖춘 기계장치 속에 들어 있는 필름이나 저장장치에 피사체에 대한 영상정보가 입력된 상태에 도달하면 이로써 그 범행은 기수에 이른다고 보아야 할 것이다.

그런데 최근 기술문명의 발달로 등장한 디지털카메라나 동영상 기능이 탑재된 휴대전화 등의 기계장치는, 촬영된 영상정보가 사용자 등에 의해 전자파일 등의 형태로 저장되기 전이라고 하더라도 일단 촬영이 시작되면 곧바로 그 촬영된 피사체의 영상정보가 기계장치 내의 RAM(Random Access Memory) 등 주기억장치에 입력되어 임시저장되었다가 이후 저장명령이 내려지면 기계장치 내의 보조기억장치 등에 저장되는 방식을 취하는 경우가 많고, 이러한 저장방식을 취하고 있는 카메라 등 기계장치를 이용하여 동영상 촬영이 이루어졌다면 그 범행은 촬영 후 일정한 시간이 경과하여 그 영상정보가 그 기계장치 내의 주기억장치 등에 입력됨으로써 이미 기수에 이르는 것이지, 그 촬영된 영상정보가 전자파일 등의 형태로 영구저장되지 않은 채 사용자에 의해 강제종료되었다는 이유만으로 미수에 그쳤다고 볼 수는 없다."라고 하였습니다(대법원 2010. 6. 9. 선고 2010도10677판결).

결국 甲이 지하철 역사 에스컬레이터 내에서 乙이 성적 수치심을 느낄 수 있는 乙의 치마 속 신체 부위를 카메라 기능이 탑재된 휴대폰으로 촬영을 한 것은 성폭력범죄의 처벌 등에 관한 특례법 제14조 제1항의 구성요건을 충족하는 행위이고, 나아가 甲이 휴대폰을 이용하여 동영상 촬영을 시작하여 일정한 시간이 경과하였다면 설령 촬영 중 경찰관에게 발각되어 저장버튼을 누르지 않고 촬영을 종료하였더라도 위 범행은 이미 기수에 이르렀다고 보는 것이 타당합니다. 그렇다면 甲에게는 성폭

력범죄의 처벌 등에 관한 특례법 위반(카메라등 이용촬영)죄의 기수의
죄책이 인정된다고 할 것입니다.

■ **도촬사진의 유통업자도 성폭력범죄의 처벌 등에 관한 특례법위반(카메라등 이용촬영)죄로 처벌받게 되는지요?**

Q. 甲은 공공장소에서 타인의 신체를 촬영한 사진을 타인으로부터 받아 판매목적으로 인터넷에 게시하고 유통하였습니다. 甲은 위와 같은 사진을 실제로 촬영한 것은 아니고 이미 촬영된 사진을 유통하였을 뿐인데, 甲의 경우에도 '타인의 신체를 그 의사에 반하여 촬영한 촬영물을 반포·판매·임대 또는 공연히 전시·상영한 경우'로 보아 성폭력범죄의 처벌 등에 관한 특례법위반(카메라등 이용촬영)죄로 처벌받게 되나요?

A. 성폭력범죄의 처벌 등에 관한 특례법위반(카메라등 이용촬영)죄는 타인의 신체를 그 의사에 반하여 촬영한 촬영물을 반포·판매·임대 또는 공연히 전시·상영한 경우' 처벌한다고 되어 있습니다. 그 문언에 의할 때 반드시 소외 '도촬사진'을 촬영한 자가 반포, 판매, 임대한 경우를 전제로 하지 않고 있음을 알 수 있습니다. 또한 도촬된 사진의 경우 단순히 촬영된 경우보다 인터넷 등에 유포된 경우 더 큰 피해가 발생합니다. 따라서 갑의 경우 직접 도촬사진을 촬영하지 않았더라도 성폭력범죄의 처벌 등에 관한 특례법위반(카메라등 이용촬영)죄로 처벌받게 될 것으로 보입니다.

판례도 "성폭력범죄의 처벌 등에 관한 특례법 제14조 제1항 후단 의 문언 자체가 '촬영하거나 그 촬영물을 반포·판매·임대 또는 공연히 전시·상영한 자"라고 함으로써 촬영행위 또는 반포 등 유통행위를 선택적으로 규정하고 있을 뿐 아니라, 위 조항의 입법 취지는, 개정 전에는 카메라 등을 이용하여 성적 욕망 또는 수치심을 유발할 수 있는 타인의 신체를 그 의사에 반하여 촬영한 자만을 처벌하였으나, '타인의

신체를 그 의사에 반하여 촬영한 촬영물'(이하 '촬영물'이라 한다)이 인터넷 등 정보통신망을 통하여 급속도로 광범위하게 유포됨으로써 피해자에게 엄청난 피해와 고통을 초래하는 사회적 문제를 감안하여, 죄책이나 비난 가능성이 촬영행위 못지않게 크다고 할 수 있는 촬영물의 시중 유포 행위를 한 자에 대해서도 촬영자와 동일하게 처벌하기 위한 것인 점을 고려하면, 위 조항에서 촬영물을 반포·판매·임대 또는 공연히 전시·상영한 자는 반드시 촬영물을 촬영한 자와 동일인이어야 하는 것은 아니고, 행위의 대상이 되는 촬영물은 누가 촬영한 것인지를 묻지 아니한다(대법원 2016. 10. 13. 선고 2016도6172 판결)."라고 판시하여 도촬 사진을 유통한자도 처벌된다는 점을 명확히 하였습니다.

2. 성희롱 피해자의 대응

2-1. 수사기관에 대한 신고

① 대중교통수단, 공연·집회장소 그 밖에 공중이 밀집하는 장소에서 다른 사람으로부터 추행을 당한 사람은 가해자를 수사기관에 신고할 수 있습니다.

② 카메라 등을 이용해 욕망 또는 수치심을 유발할 수 있는 신체를 의사에 반하여 촬영당한 사람은 수사기관에 신고할 수 있습니다.

2-2. 손해배상청구

① 공공장소에서의 성희롱으로 인해 피해를 입은 경우 행위자에 대하여 손해배상을 청구할 수 있습니다(민법 제750조).

② 공공장소 등에서 성희롱을 당했더라도 가해자가 자신의 지위를 이용하거나 업무와 관련해 성희롱을 한 것이 아니라면 「국가인권위원회법」이나 「남녀고용평등과 일·가정 양립 지원에 관한 법률」에 따른 구제를 받을 수는 없습니다.

제5절 사회적 약자에 대한 성희롱

1. 장애인에 대한 성희롱의 금지

1-1. 장애인에 대한 성희롱의 금지

① 누구든지 장애인의 성적 자기결정권을 침해하거나 수치심을 자극하는 언어표현, 희롱, 장애 상태를 이용한 추행 및 강간 등을 해서는 안 됩니다(장애인차별금지 및 권리구제 등에 관한 법률 제32조제5항).

② 악의적으로 「장애인차별금지 및 권리구제 등에 관한 법률」에서 금지한 차별행위를 한 자는 3년 이하의 징역 또는 3천만원 이하의 벌금에 처해집니다(동법 제49조제1항).

③ '악의적'인지는 다음의 사항을 모두 고려해 판단해야 합니다(동법 제49조제2항).

- 차별의 고의성
- 차별의 지속성 및 반복성
- 차별 피해자에 대한 보복성
- 차별 피해의 내용 및 규모

■ 별다른 강제력을 행사하지 아니하고 장애여성을 간음한 경우 특례법 위반죄가 성립할 수 있는지요?

Q. 甲은 별다른 강제력을 행사하지 아니하고 정신지체 장애여성인 乙을 간음하였는데 乙도 이에 대하여 별다른 저항행위를 하지 아니하였습니다. 이 경우 甲에게 성폭력범죄의 처벌 등에 관한 특례법 위반(장애인에 대한 준강간)죄가 성립할 수 있는지요?

A. 「성폭력범죄의 처벌 등에 관한 특례법」 제6조 제1항은 "신체적인 또는 정신적인 장애가 있는 사람에 대하여 「형법」 제297조(강간)의 죄를 범한 사람은 무기징역 또는 7년 이상의 징역에 처한다."라고 정하고 있

고, 같은 조 제4항은 "신체적인 또는 정신적인 장애로 항거불능 또는 항거곤란 상태에 있음을 이용하여 사람을 간음하거나 추행한 사람은 제 1항부터 제3항까지의 예에 따라 처벌한다."라고 규정하고 있습니다. 따라서 甲이 별다른 강제력을 행사하지 아니하였더라도 '乙이 항거불능 또는 항거곤란 상태에 있음'을 이용하여 乙을 간음하였다면 甲에게 성폭력범죄의 처벌 등에 관한 특례법 위반(장애인에 대한 준강간)죄가 성립할 수 있는바, 어떠한 경우에 甲이 '乙이 항거불능 또는 항거곤란 상태에 있음'을 이용하였다고 볼 것인지가 문제됩니다.

이에 관하여 판례는 "성폭력범죄의 처벌 및 피해자보호 등에 관한 법률 제8조(현행 성폭력범죄의 처벌 등에 관한 특례법 제6조 제4항)는 … 장애인의 성적 자기결정권을 보호법익으로 하는 것으로서, 원래 … 제정될 당시에는 단순히 "신체장애로 항거불능인 상태에 있음을 이용하여…"라고 규정하고 있던 것을 … 개정하여 위와 같이 규정하기에 이른 것인데, 위와 같은 법률 개정은 장애인복지법에 명시된 신체장애 내지 정신장애 등을 가진 장애인을 망라함으로써 장애인의 범위를 확대하는 데에 개정 취지가 있다. 이러한 점을 고려할 때, 위 규정의 '신체장애 또는 정신상의 장애로 항거불능인 상태에 있음'이라 함은, 신체장애 또는 정신상의 장애 그 자체로 항거불능의 상태에 있는 경우뿐 아니라 신체장애 또는 정신상의 장애가 주된 원인이 되어 심리적 또는 물리적으로 반항이 불가능하거나 현저히 곤란한 상태에 이른 경우를 포함하는 것으로 보아야 하고, 그 중 정신상의 장애가 주된 원인이 되어 항거불능인 상태에 있었는지 여부를 판단함에 있어서는 피해자의 정신상 장애의 정도뿐 아니라 피해자와 가해자의 신분을 비롯한 관계, 주변의 상황 내지 환경, 가해자의 행위 내용과 방법, 피해자의 인식과 반응의 내용 등을 종합적으로 검토해야 한다."라고 하였습니다(대법원 2007. 7. 27. 선고 2005도2994 판결).

따라서 ① 乙의 정신상 장애의 정도, ② 乙과 甲의 신분을 비롯한 관계, ③ 주변의 상황 내지 환경, ④ 甲의 행위 내용과 방법, ⑤ 乙의 인식과 반응의 내용 등을 종합적으로 검토하여 乙의 정신상의 장애가 주된 원인이 되어 甲에 대하여 그 거부 또는 저항의사를 실행하는 것이 불가능하거나 현저하게 곤란한 상태에 있었다고 볼 수 있다면, 甲에게 성폭력범죄의 처벌 등에 관한 특례법 위반(장애인에 대한 준강간)죄가 성립할 수 있습니다.

참고로 위 판례의 경우 ㉠ 피해자의 지적 능력이 4~8세에 불과하고 비일상적인 문제 상황에서 자신의 의사를 분명하게 표현하고 이를 해결하는 능력이 뚜렷하게 낮았던 사실, ㉡ 피해자와 같은 정신지체를 가진 사람들은 자기보다 힘이나 능력이 우월한 사람에게는 위압감을 느끼고 누가 시키지 않아도 이에 절대적으로 복종하는 경향을 보이는 사실, ㉢ 피고인은 평소 피해자의 모에게 심한 폭력을 행사하였고 피해자의 작은 오빠에게도 부처럼 행동하면서 폭력을 행사하곤 한 사실, ㉣ 피해자는 피고인이 평소 자신의 모나 작은오빠에게 폭력을 행사는 것을 보았기에 피고인의 성행위 요구를 거부하면 자신에게도 그와 같이 폭력을 행사할 것으로 생각되어 겁을 먹고 거부하지 못하였다고 진술하고 있는 사실 등에 근거하여 '피해자가 항거불능인 상태에 있었음'을 인정하였습니다.

1-2. 성희롱 피해자의 대응

1-2-1. 상담

① 괴롭힘 등의 피해를 입은 장애인은 상담 및 치료, 법률구조 및 그 밖에 적절한 조치를 받을 수 있습니다(장애인차별금지 및 권리구제 등에 관한 법률 제32조제2항).

② 장애인은 괴롭힘 등의 피해를 신고했다는 이유로 불이익한 처우를 받아서는 안 됩니다(동법 제32조제2항).

1-2-2. 국가인권위원회에 대한 구제신청

장애인에 대한 괴롭힘 등으로 피해를 입은 사람(이하 '피해자'라 함) 또는 그 사실을 알고 있는 사람이나 단체는 국가인권위원회에 그 내용을 진정할 수 있습니다(장애인차별금지 및 권리구제 등에 관한 법률 제38조).

■ 국가인권위원회 상담·진정사례 — 목욕봉사 중 생긴 장애인의 성적 수치심

◎ 상담요지

장애인총연합회에서 집으로 이동목욕봉사를 나왔습니다. 받침대 때문에 이동식 욕조가 매우 높자 남자 봉사자들이 속옷만 입은 나를 들어 올린다고 했습니다. 받침대를 빼고 여자들이 목욕을 시키면 안 되는지 물어보니 "다른 장애인들은 다 그렇게 하는데, 왜 못하느냐"고 하며, 덜 답답해서 그렇다는 투로 얘기했습니다. 계속 거부하니 봉사자들은 그냥 돌아갔습니다.

◎ 답변요지

자원봉사자들이 한 언행들이 성희롱에 해당하는지는 진정하여 판단을 받아 볼 필요가 있음을 설명함. 내담자는 장애인 이동목욕봉사는 의미 있는 활동이므로 먼저 단체(○○시 장애인총연합회)에 건의하여 재발방지 대책을 강구할 것을 요구하고, 자원봉사자들에 대한 교육을 철저히 하도록 요구하겠다고 함. 그 결과를 보고 진정여부를 판단하기로 함.

* 「장애인차별금지 및 권리구제 등에 관한 법률」 제38조에 따라 성희롱 피해를 입은 장애인이 인권위원회에 진정을 하면 인권위원회는「국가인권위원회법」제2조제3호라목에서의 성희롱 개념에 따라 지위를 이용하거나 업무와 관련한 성적 언동인지, 성적 수치심을 느꼈는지 등을 판단하게 됩니다.

1-2-3. 시정명령 신청

① 장애인에 대한 차별행위로 인권위원회의 권고를 받은 자가 정당한 사유 없이 권고를 이행하지 않고 다음의 어느 하나에 해당하는 경우 피해자는 법무부장관에게 시정명령을 신청할 수 있습니다(장애인차별

금지 및 권리구제 등에 관한 법률 제43조제1항).
- 피해자가 다수인인 차별행위에 대한 권고 불이행
- 반복적 차별행위에 대한 권고 불이행
- 피해자에게 불이익을 주기 위한 고의적 불이행
- 그 밖에 시정명령이 필요한 경우
② 법무부장관은 시정명령으로 차별행위자에게 다음의 조치를 명할 수 있습니다(동법 제43조제1항 및 제2항).
- 차별행위의 중지
- 피해의 원상회복
- 차별행위의 재발방지를 위한 조치
- 그 밖에 차별시정을 위해 필요한 조치
③ 법무부장관의 시정명령에 대하여 불복하는 관계 당사자는 그 명령서를 송달받은 날부터 30일 이내에 행정소송을 제기할 수 있으며(동법 제44조제1항), 그 기간 이내에 행정소송을 제기하지 않은 때에는 그 시정명령은 확정됩니다(동법 제44조제2항).
④ 이에 따라 확정된 시정명령을 정당한 사유 없이 이행하지 않은 자는 3천만원 이하의 과태료를 부과 받습니다(동법 제50조제1항).

1-2-4. 수사기관에 대한 신고

① 장애인에 대한 성희롱이 그 정도를 넘어 성폭력 또는 성범죄에 해당하는 경우에는 검찰이나 경찰에 신고할 수 있습니다.
② 「형법」과 「성폭력범죄의 처벌 등에 관한 특례법」에서는 정신장애 상태 등을 이용한 성범죄를 처벌하는 규정을 두거나 장애인을 상대로 한 성범죄를 처벌하는 별도의 규정을 두고 있습니다.
③ 장애인에 대한 추행 등의 죄
  ㉮ 사람의 심신상실 또는 항거불능의 상태를 이용해 간음 또는 추행을 한 사람은 강간, 유사강간, 강제추행죄의 예에 따라 처벌됩니다(형법 제299조).

    ㉯ 신체장애 또는 정신상의 장애로 항거불능인 상태를 이용해 사람을 간음하거나 추행한 자는 「성폭력범죄의 처벌 등에 관한 특례법」 제6조제1항부터 제3항까지의 예에 따라 처벌됩니다(제6조제4항).

    ㉱ 장애인의 보호·교육 등을 목적으로 하는 시설의 장 또는 종사자가 보호·감독의 대상이 되는 장애인에 대해 위계 또는 위력으로 간음하거나 추행한 경우 그 죄에 정한 형의 1/2까지 가중합니다(동 제6조제7항).

1-3. 손해배상청구

① 누구든지 「장애인차별금지 및 권리구제 등에 관한 법률」을 위반하여 타인에게 손해를 입힌 자는 그로 인해 손해를 입은 자에 대해 손해배상책임을 집니다. 다만, 차별행위를 한 자가 고의 또는 과실이 없음을 증명한 경우에는 손해배상책임을 지지 않습니다(제46조제1항).

② 차별행위가 있었다는 사실은 차별행위를 당했다고 주장하는 자가 입증해야 합니다(동법 제47조제1항).

③ 차별행위가 장애를 이유로 한 차별이 아니라거나 정당한 사유가 있었다는 점은 차별행위를 당했다고 주장하는 자의 상대방이 입증해야 합니다(동법 제47조제2항).

④ 손해가 발생한 것은 인정되지만 차별행위의 피해자가 재산상 손해를 입증할 수 없을 경우에는 차별행위를 한 자가 그로 인해 얻은 재산상 이익을 피해자가 입은 재산상 손해로 추정합니다(동법 제46조제2항).

⑤ 피해자가 입은 재산상 손해액을 입증하기 위해 필요한 사실을 입증하는 것이 성질상 곤란한 경우에는 법원은 변론 전체의 취지와 증거

조사의 결과를 고려하여 상당한 손해액을 인정할 수 있습니다(동법 제46조제3항).

1-4. 임시조치명령 신청

피해자는 이 법에 따라 금지된 차별행위에 관한 소송 제기 전 또는 소송 제기 중이라도 피해자에 대한 차별을 소명하여 본안 판결 전까지 차별행위의 중지 등 그 밖의 적절한 임시조치를 명할 것을 법원에 신청할 수 있습니다(장애인차별금지 및 권리구제 등에 관한 법률 제48조제1항).

1-5. 장애인 근로자에 대한 성희롱

① 직장 내 성희롱을 당한 장애인 근로자는 고용평등상담실 등을 통해 상담하거나 사업주 또는 고충처리위원에게 성희롱에 관한 고충을 신고할 수 있으며 인권위원회에 진정할 수 있습니다.

② 사업주가 직장 내 성희롱에 관한 의무를 위반하면 지방고용노동관서에 신고할 수 있습니다.

③ 가해자나 사업주를 상대로 손해배상을 청구하거나 수사기관에 가해자나 불이익 조치의무를 위반한 사업주를 신고할 수 있습니다.

④ 성희롱 피해를 입은 장애인 근로자가 부당해고 등 불이익을 받으면 노동위원회에 구제신청을 하거나 지방고용노동관서에 신고할 수 있습니다.

2. 아동에 대한 성희롱의 금지

2-1. 아동에 대한 성희롱의 금지

① 누구든지 아동(18세 미만의 자)에게 성적 수치심을 주는 성희롱 등의 성적 학대행위을 하거나 아동의 정신건강 및 발달에 해를 끼치는 정서적 학대행위를 해서는 안 됩니다(아동복지법 제3조제1호, 제17조제2호

및 제5호).

② 아동에게 성적 수치심을 주는 성희롱 등의 성적 학대행위를 한 경우 10년 이하의 징역 또는 5천만원 이하의 벌금에, 아동의 정신건강 및 발달에 해를 끼치는 정서적 학대행위를 한 경우 5년 이하의 징역 또는 3천만원 벌금에 처해집니다(아동복지법 제71조제1항제1호의2 및 제2호).

③ 상습적으로 이를 위반한 자는 형의 2분의 1까지 가중하여 처벌받게 됩니다(동법 제72조).

④ '아동학대'란 보호자를 포함한 성인이 아동의 건강·복지를 해치거나 정상적 발달을 저해할 수 있는 신체적·정신적·성적 폭력 또는 가혹행위를 하거나 보호자가 아동을 유기(遺棄)하거나 방임(放任)하는 것을 말합니다(동법 제3조제7호).

(관련판례 1)

아동복지법의 입법목적과 기본이념, '아동에게 음란한 행위를 시키는 행위'와 '성적 학대행위'를 금지하는 규정의 개정 경과 등을 종합하면, 아동복지법상 금지되는 '성적 학대행위'는 아동에게 성적 수치심을 주는 성희롱 등의 행위로서 아동의 건강·복지를 해치거나 정상적 발달을 저해할 수 있는 성적 폭력 또는 가혹행위를 의미하고, 이는 '음란한 행위를 시키는 행위'와는 별개의 행위로서, 성폭행의 정도에 이르지 아니한 성적 행위도 그것이 성적 도의관념에 어긋나고 아동의 건전한 성적 가치관의 형성 등 완전하고 조화로운 인격발달을 현저하게 저해할 우려가 있는 행위이면 이에 포함된다.(대법원 2017. 6. 15. 선고 2017도3448 판결)

(관련판례 2)

피해 아동이 성적 가치관과 판단능력이 충분히 형성되지 아니하여 성적 자기결정권을 행사하거나 자신을 보호할 능력이 상당히 부족한 경우라면 자신의 성적 행위에 관한 자기결정권을 자발적이고 진지하게 행사할 것이라 기대하기는 어려우므로, 행위자의 요구에 피해 아동이 명시적인 반대 의사를 표시하지 아니하였거나 행위자의 행위로 인해 피해

2-2. 성희롱 피해자의 대응

2-2-1. 상담

성희롱 피해 아동은 한국청소년상담복지개발원과 같은 상담소 등을 통해 상담을 받을 수 있습니다.

2-2-2. 국가인권위원회에 대한 구제신청

「국가인권위원회법」의 성희롱에 해당할 경우 국가인권위원회에 진정할 수 있습니다.

2-2-3. 수사기관에 대한 신고

① 성희롱 피해를 입은 아동은 검찰이나 경찰에 신고할 수 있습니다.

② 피해 아동의 부모 등은 법정 대리인으로서 고소할 수 있습니다(형사소송법 제225조제1항).

③ 아동에게 성적 수치심을 주는 성희롱 등의 성적 학대행위를 한 경우 10년 이하의 징역 또는 5천만원 이하의 벌금에, 아동의 정신건강 및 발달에 해를 끼치는 정서적 학대행위를 한 경우 5년 이하의 징역 또는 3천만원 벌금에 처해집니다(아동복지법 제71조제1항제1호의2 및 제2호).

④ 상습으로 성희롱을 한 자는 형의 2분의 1까지 가중 처벌됩니다(아동복지법 제72조).

2-2-4. 손해배상청구

① 성희롱 피해 아동은 가해자에 대해 손해배상을 청구할 수 있습니다

(민법 제750조).

② 근로청소년의 경우 사용자에 대해 손해배상을 청구할 수도 있습니다.

2-3. 근로청소년에 대한 성희롱

① 18세 미만의 근로청소년이 직장 내 성희롱 피해를 입은 경우에는 고용평등상담실 등을 통해 상담하거나 사업주 또는 고충처리위원에게 성희롱에 관한 고충을 신고할 수 있으며 국가인권위원회에 진정할 수도 있습니다.

② 사업주가 직장 내 성희롱에 관한 의무를 위반하면 지방고용노동관서에 신고할 수 있습니다.

③ 가해자나 사업주를 상대로 손해배상을 청구하거나 수사기관에 가해자나 불이익 조치의무를 위반한 사업주를 신고할 수 있습니다.

④ 성희롱 피해를 입은 근로청소년이 부당해고 등 불이익을 받으면 노동위원회에 구제신청을 하거나 지방고용노동관서에 신고할 수 있습니다.

3. 노인에 대한 성희롱의 금지

3-1. 노인에 대한 성희롱 등의 금지

① 누구든지 노인에게 성적 수치심을 주는 성희롱을 해서는 안 됩니다(노인복지법 제39조의9제2호).

② 이를 위반한 자는 5년 이하의 징역 또는 3천만원 이하의 벌금에 처해집니다(동법 제55조의3제1항).

3-2. 성희롱 피해자의 대응

3-2-1. 상담

성희롱 피해 노인은 노인복지센터나 성폭력상담소 등을 통해 상담받을 수 있습니다.

3-2-2. 국가인권위원회에 대한 구제신청

공공기관 등에서 지위를 이용하거나 업무와 관련하여 노인을 성희롱한 경우 피해 노인은 국가인권위원회에 진정하여 구제받을 수 있습니다(국가인권위원회법 제30조제1항).

3-2-3. 수사기관에 대한 신고

노인에 대한 행위가 성희롱에 해당하거나 그 밖에 형사처벌의 대상이 되는 경우에는 검찰이나 경찰에 신고할 수 있습니다.

3-2-4. 손해배상청구

① 행위자에 대하여 불법행위를 이유로 손해배상을 청구할 수 있습니다(민법 제750조).

② 행위자가 직무와 관련하여 노인에게 성희롱을 한 경우 사용자에 대하여 손해배상을 청구할 수도 있습니다(민법756조).

3-3. 근로자인 노인에 대한 성희롱

① 근로자인 노인이 직장 내 성희롱 피해를 입은 경우에는 고용평등상담실 등을 통해 상담하거나 사업주 또는 고충처리위원에게 성희롱에 관한 고충을 신고할 수 있으며 국가인권위원회에 진정할 수 있습니다.

② 사업주가 직장 내 성희롱에 관한 의무를 위반하면 지방고용노동관서에 신고할 수 있습니다.

③ 가해자나 사업주를 상대로 손해배상을 청구하거나 수사기관에 가해자나 불이익 조치의무를 위반한 사업주를 신고할 수 있습니다.

④ 성희롱 피해를 입은 노인이 부당해고 등 불이익을 받으면 노동위원회에 구제신청을 하거나 지방고용노동관서에 신고할 수 있습니다.

성폭력을 당한 경우에는 어떻게 해야 하나요?

제2장 성폭력을 당한 경우에는 어떻게 해야 하나요?

1. 성폭력의 범위

① "성폭력"이란 성(性)적인 행위로 남에게 육체적·정신적 손상을 주는 물리적 강제력을 말합니다.

② 강간이나 강제추행뿐만 아니라 언어적 성희롱, 음란성 메시지 및 몰래카메라 등 상대방의 의사에 반해서 가해지는 모든 신체적·정신적 폭력을 포함합니다.

③ 강간(强姦): 폭행 또는 협박으로 사람을 강제로 간음하는 것을 말합니다.

④ 추행(醜行): 성욕의 흥분 또는 만족을 얻을 동기로 행하여진 정상의 성적인 수치감정을 심히 해치는 성질을 가진 행위를 말합니다. 이 행위는 남녀·연령 여하를 불문하고 그 행위가 범인의 성욕을 자극·흥분시키거나 만족시킨다는 성적 의도 하에 행해짐을 필요로 합니다.

⑤ 성희롱: 업무, 고용 그 밖의 관계에서 공공기관의 종사자, 사용자 또는 근로자가 그 직위를 이용하여 또는 업무 등과 관련해 성적 언동 등으로 성적 굴욕감 또는 혐오감을 느끼게 하거나 성적 언동 또는 그 밖의 요구 등에 대한 불응을 이유로 고용상의 불이익을 주는 행위를 말합니다.

2. 「형법」상의 성폭력

2-1. 성풍속에 관한 죄

① 음행매개죄(제242조)

영리의 목적으로 사람을 매개하여 간음하게 한 죄

② 음화반포 등의 죄(제243조)

음란한 문서, 도화, 필름, 그 밖의 물건을 반포, 판매 또는 임대하거
나 공연히 전시 또는 상영한 죄
③ 음화제조 등의 죄(제244조)
형법 제243조의 음화반포 등 행위에 공할 목적으로 음란한 물건을
제조, 소지, 수입 또는 수출한 죄
④ 공연음란죄(제245조)
공연히 음란한 행위를 한 죄

■ 음란물 제조죄에서의 음란한 물건의 의미는 무엇입니까?

Q. 甲은 남성 성기확대기구인 해면체비대기를 제조하는 경우 음란물
제조죄로 처벌될 수 있나요?

A. 형법 제244조(음화제조 등)는 "제243조의 행위에 공할 목적으로 음란
한 물건을 제조, 소지, 수입 또는 수출한 자는 1년 이하의 징역 또는
500만원 이하의 벌금에 처한다."고 규정하고 있습니다.
이와 관련하여 대법원 판례는 "남성 성기확대기구인 해면체비대기는
그 기구자체가 성욕을 자극, 흥분 혹은 만족시키게 하는 음란물건이라
고 할 수 없다."(대법원 1978. 11. 14. 선고 78도2327 판결)고 판단
하였습니다.
따라서, 해면체비대기의 경우 그 자체로는 성욕을 자극, 흥분, 만족시
키게 하는 물건이 아니고, 그러한 목적으로 사용하는 경우가 있을 수도
있으나, 이러한 점만으로 음란물 제조죄로 처벌되지는 않습니다.

■ 공연음란죄에서의 행위의 음란성의 의미는 무엇입니까?

Q. 甲은 인적이 드문 골목길에서 지나가는 여성에게 자신의 성기를 꺼
내어 들고 자위행위를 한 경우 공연음란죄로 처벌이 되는가요?

A. 형법 제245조(공연음란)는 "공연히 음란한 행위를 한 자는 1년 이하의
징역, 500만원 이하의 벌금, 구류 또는 과료에 처한다"고 규정하고 있

습니다.

 이와 관련하여 대법원 판례는 "형법 제245조 소정의 '음란한 행위'라 함은 일반 보통인의 성욕을 자극하여 성적 흥분을 유발하고 정상적인 성적 수치심을 해하여 성적 도의관념에 반하는 것을 가리킨다고 할 것이고, 위 죄는 주관적으로 성욕의 흥분 또는 만족 등의 성적인 목적이 있어야 성립하는 것은 아니지만 그 행위의 음란성에 대한 의미의 인식이 있으면 족하다 ."(대법원 2000. 12. 22. 선고 2000도4372 판결)고 판단하였습니다.

 따라서, 甲의 행위는 성욕의 흥분 또는 만족 등의 성적인 목적이 있을 뿐만 아니라, 그 행위의 음란성에 대한 의미의 인식이 있으므로 공연음란죄로 처벌될 수 있습니다.

■ 음화 등 공연전시죄에서의 '공연성'의 의미는 무엇입니까?

Q. 甲은 자기의 집에서 자신의 친구인 乙, 丙에게 음란한 영상(속칭 야한 동영상)을 빔 프로젝터를 이용하여 보여준 경우, 甲이 음란한 영상을 공연히 전시한 것으로 인정할 수 있는가요?

A. 형법 제243조는 음란한 문서, 도화, 필름 기타 물건을 반포, 판매 또는 임대하거나 공연히 전시 또는 상영한 자를 음화 등 반포·판매·임대·공연전시죄로 처벌하고 있습니다. 위 사례의 경우, 갑이 자신의 친구들에게 음란한 영상을 보여 준 것을 '공연히' 전시 또는 상영한 것으로 볼 수 있는지가 문제됩니다.

 이와 관련하여 대법원은 "형법 제243조에서 음화 등을 공연히 전시한다는 것은 음화 등을 불특정 또는 다수인이 관람할 수 있는 상태 하에 현출시키는 것을 뜻하는 것으로서, 특정된 소수인만이 볼 수 있는 상태에 두는 것은 이에 해당되지 않는다고 할 것이다."라고 판단한바 있습니다(대법원 1973.08.21. 선고 73도409 판결 참조).

 위 사례의 경우, 갑이 자신의 친구들인 을, 병에게 음란한 영상을 빔

프로젝터를 이용해 보여준 행위는 불특정 또는 다수인가 아닌 자신의 친구들인 특정된 소수에게 음란한 영상을 전시 또는 상영한 것에 불과하므로 형법 제243조에서 말하는 '공연히' 전시 또는 상영하였다고 할 수 없다고 할 것(즉, 형법 제243조에서 말하는 공연성이라는 요건을 충족하지 못하였다고 할 것)입니다.

■ 음화반포죄에서의 음화의 의미는 무엇입니까?

Q. 甲은 영상물등급위원회로부터 청소년관람불가등급을 받아 현재 상영중인 영화를 홍보하기 위하여 영화장면의 일부를 포스터로 제작하여 배포한 경우 처벌될 수 있나요?

A. 형법 제243조(음화반포등)는 "음란한 문서, 도화, 필름 기타 물건을 반포, 판매 또는 임대하거나 공연히 전시 또는 상영한 자는 1년 이하의 징역 또는 500만원 이하의 벌금에 처한다."고 규정하고 있습니다.

이와 관련하여 대법원 판례는 "공연윤리위원회의 심의를 마친 영화작품이라 하더라도 이것을 영화관에서 상영하는 것이 아니고 관람객을 유치하기 위하여 영화장면의 일부를 포스타나 스틸사진 등으로 제작하였고, 제작된 포스타 등 도화가 그 영화의 예술적 측면이 아닌 선정적 측면을 특히 강조하여 그 표현이 과도하게 성감을 자극시키고 일반인의 정상적인 성적 정서를 해치는 것이어서 건전한 성풍속이나 성도덕 관념에 반하는 것이라면 그 포스타 등 광고물은 음화에 해당한다."(대법원 1990. 10. 16. 선고 90도1485 판결)고 판단하였습니다.

따라서, 영화 홍보를 위한 포스터라도 과도하게 성감을 자극시키고 성적 정서를 해치는 것이라면 이러한 광고물도 음화에 해당하므로 음화반포죄로 처벌될 수 있습니다.

■ 술을 먹고 시비 중 알몸상태로 도로를 활보한 경우 공연음란죄가 성립하는지요?

Q. 甲은 술을 먹고 乙과 시비 중 화가 나서 옷을 모두 벗고 나체상태로 인근 도로를 여러 사람들이 지켜보고 있었음에도 활보하였는바 이러한 경우 공연음란죄가 성립하는지요?

A. 형법 제245조(공연음란) "공연히 음란한 행위를 한 자는 1년 이하의 징역, 500만원 이하의 벌금, 구류 또는 과료에 처한다."고 규정하고 있습니다.

관련 대법원 판례에 의하면 "형법 제245조 소정의 '음란한 행위'라 함은 일반 보통인의 성욕을 자극하여 성적 흥분을 유발하고 정상적인 성적 수치심을 해하여 성적 도의관념에 반하는 것을 가리킨다고 할 것이고, 위 죄는 주관적으로 성욕의 흥분 또는 만족 등의 성적인 목적이 있어야 성립하는 것은 아니지만 그 행위의 음란성에 대한 의미의 인식이 있으면 족하다고 할 것인바, 원심이 인정한 바와 같이 피고인이 불특정 또는 다수인이 알 수 있는 상태에서 옷을 모두 벗고 알몸이 되어 성기를 노출하였다면, 그 행위는 일반적으로 보통인의 정상적인 성적 수치심을 해하여 성적 도의관념에 반하는 음란한 행위라고 할 것"(대법원 2000. 12. 22. 선고 2000도4372 판결)이라고 하였습니다.

따라서, 甲의 행위는 단순히 시위조로 한 행동이 아니라 알몸이 되어 성기를 드러내어 보이는 것이 타인의 정상적인 성적 수치심을 해하는 음란한 행위라는 인식도 있었다고 볼 수 있으므로 공연음란죄로 처벌될 수 있을 것입니다.

2-2. 강간과 추행의 죄

① 강간죄와 그 미수(제297조 및 제300조)

  폭행 또는 협박으로 사람을 강간한 죄와 그 미수

② 유사강간죄와 그 미수(제297조의2 및 제300조)

폭행 또는 협박으로 사람에 대하여 구강, 항문 등 신체(성기는 제외함)의 내부에 성기를 넣거나 성기, 항문에 손가락 등 신체(성기는 제외함)의 일부 또는 도구를 넣는 행위를 한 죄와 그 미수

③ 강제추행죄와 그 미수(제298조 및 제300조)
폭행 또는 협박으로 사람에 대하여 추행을 한 죄와 그 미수

④ 준강간, 준강제추행죄와 그 미수(제299조 및 제300조)
사람의 심신상실 또는 항거불능의 상태를 이용하여 간음 또는 추행을 한 죄와 그 미수

⑤ 강간 등 상해·치상죄(제301조)
강간, 유사강간, 강제추행, 준강간, 준강제추행죄 및 그 미수죄를 범한 사람이 사람을 상해하거나 상해에 이르게 한 죄

⑥ 강간 등 살인·치사죄(제301조의2)
강간, 유사강간, 강제추행, 준강간, 준강제추행죄 및 그 미수죄를 범한 사람이 사람을 살해하거나 사망에 이르게 한 죄

⑦ 미성년자 등에 대한 간음죄(제302조)
미성년자 또는 심신미약자에 대하여 위계 또는 위력으로써 간음 또는 추행을 한 죄

⑧ 업무상 위력 등에 의한 간음죄(제303조)
업무, 고용, 그 밖의 관계로 인하여 자기의 보호 또는 감독을 받는 사람에 대하여 위계 또는 위력으로써 간음한 죄
법률에 의하여 구금된 사람을 감호하는 사람이 그 사람을 간음한 죄

⑨ 미성년자에 대한 간음, 추행죄(제305조)
13세 미만의 사람에 대하여 간음 또는 추행을 한 죄

2-3. 강도강간죄(제339조)

강도가 사람을 강간한 죄

3. 「성폭력범죄의 처벌 등에 관한 특례법」상의 성폭력

3-1. 특수강도강간 등의 죄와 그 미수(제3조, 제15조)

① 사람의 주거, 관리하는 건조물, 선박이나 항공기 또는 점유하는 방실에 침입한 죄(주거침입죄)를 범한 사람이 강간죄, 유사강간죄, 강제추행죄 및 준강간, 준강제추행죄를 범한 죄와 그 미수

② 야간에 사람의 주거, 간수하는 저택, 건조물이나 선박 또는 점유하는 방실에 침입하여 타인의 재물을 절취한 죄(야간주거침입절도죄) 및 그 미수죄를 범한 사람이 강간죄, 유사강간죄, 강제추행죄 및 준강간, 준강제추행죄를 범한 죄와 그 미수

③ 야간에 문호 또는 장벽, 그 밖의 건조물의 일부를 손괴하고 위의 야간주거침입절도죄의 장소에 침입하여 타인의 재물을 절취하거나 흉기를 휴대하거나 2인 이상이 합동하여 타인의 재물을 절취한 죄(특수절도죄)와 그 미수죄를 범한 사람이 강간죄, 유사강간죄, 강제추행죄 및 준강간, 준강제추행죄를 범한 죄와 그 미수

④ 야간에 사람의 주거, 관리하는 건조물, 선박이나 항공기 또는 점유하는 방실에 침입하여 강도죄를 범하거나 흉기를 휴대하거나 2인 이상이 합동하여 강도죄(특수강도죄)와 그 미수를 범한 사람이 강간죄, 유사강간죄, 강제추행죄 및 준강간, 준강제추행죄를 범한 죄와 그 미수

3-2. 특수강간 등의 죄와 그 미수(제4조, 제15조)

① 흉기나 그 밖의 위험한 물건을 지닌 채 또는 2명 이상이 합동하여 강간죄를 범한 죄와 그 미수

② 흉기나 그 밖의 위험한 물건을 지닌 채 또는 2명 이상이 합동하여 강제추행죄를 범한 죄와 그 미수

③ 흉기나 그 밖의 위험한 물건을 지닌 채 또는 2명 이상이 합동하여 준강간, 준강제추행죄를 범한 죄와 그 미수

■ 강간 후 스트레스장애가 성폭력범죄처벌법상의 상해인지요?

Q. 甲女는 乙과 丙으로부터 강간을 당하였고 외부적인 상처는 없으나 그들의 강간행위로 인하여 불안, 불면, 악몽, 자책감, 우울감정, 대인관계 회피, 일상생활에 대한 무관심, 흥미상실 등의 증상을 보여 2일간 치료약을 복용하였으며, 수개월간 치료를 요하는 진단을 받았습니다. 이 경우 乙과 丙을 「성폭력범죄의 처벌 등에 관한 특례법」 제8조 제1항의 강간 등 상해·치상죄로 처벌할 수 있는지요?

A. 「성폭력범죄의 처벌 등에 관한 특례법」 제4조 제1항은 "흉기나 그 밖의 위험한 물건을 지닌 채 또는 2명 이상이 합동하여 「형법」 제297조(강간)의 죄를 범한 사람은 무기징역 또는 5년 이상의 징역에 처한다."라고 규정하고 있고, 같은 법 제8조 제1항은 "제3조제1항, 제4조, 제7조 또는 제14조(제3조제1항, 제4조 또는 제7조의 미수범으로 한정한다)의 죄를 범한 사람이 다른 사람을 상해하거나 상해에 이르게 한 때에는 무기징역 또는 10년 이상의 징역에 처한다."라고 규정하고 있습니다.

　그런데 정신과적 증상인 외상 후 스트레스 장애가 같은 법 제9조 제1항 소정의 상해에 해당하는지에 관하여 판례는 "성폭력범죄의처벌및피해자보호등에관한법률(현행 성폭력범죄의 처벌 등에 관한 특례법) 제9조 제1항의 상해는 피해자의 신체의 완전성을 훼손하거나 생리적 기능에 장애를 초래하는 것으로, 반드시 외부적인 상처가 있어야만 하는 것

이 아니고, 여기서의 생리적 기능에는 육체적 기능뿐만 아니라 정신적 기능도 포함된다."라고 하면서, "정신과적 증상인 외상 후 스트레스 장애가 성폭력범죄의처벌및피해자보호등에관한법률 제9조 제1항 소정의 상해에 해당한다."라고 본 사례가 있습니다(대법원 1999. 1. 26. 선고 98도3732 판결).

 따라서 위 사안에 있어서도 甲의 정신과적 증상인 외상 후 스트레스 장애가 강간을 당한 모든 피해자가 필연적으로 겪는 증상이라고 할 수 없는 정도라면, 그러한 증상도 「성폭력범죄의 처벌 등에 관한 특례법」 제8조 제1항 소정의 상해에 해당한다고 볼 수 있을 것입니다.

(관련판례)

 강간죄가 성립하기 위한 가해자의 폭행·협박이 있었는지 여부는 그 폭행·협박의 내용과 정도는 물론 유형력을 행사하게 된 경위, 피해자와의 관계, 성교 당시와 그 후의 정황 등 모든 사정을 종합하여 피해자가 성교 당시 처하였던 구체적인 상황을 기준으로 판단하여야 하며, 사후적으로 보아 피해자가 성교 전에 범행 현장을 벗어날 수 있었다거나 피해자가 사력을 다하여 반항하지 않았다는 사정만으로 가해자의 폭행·협박이 피해자의 항거를 현저히 곤란하게 할 정도에 이르지 않았다고 섣불리 단정하여서는 안 된다(대법원 2005. 7. 28. 선고 2005도3071 판결 참조). (대법원 2012. 7. 12. 선고 2012도4031 판결)

■ 특수강간범이 강간행위 종료 전에 강도의 행위를 한 경우 특례법 위반 (특수강도강간)죄가 성립할 수 있는지요?

Q. 甲은 야간에 乙의 집에 침입한 다음 그 곳에 있던 丙을 협박하여 丙의 반항을 억압하고 丙을 강간하였습니다. 이어서 甲은 그 곳에 있던 乙 소유의 재물을 가지고 나가면서 다시 丙을 강간하였습니다. 이 경우 甲에게 성폭력범죄의 처벌 등에 관한 특례법 위반(특수강도강간)죄가 성립할 수 있는지요?

A. 「형법」 제344조 제1항(특수강도)은 "야간에 사람의 주거, 관리하는 건
   조물, 선박이나 항공기 또는 점유하는 방실에 침입하여 제333조의 죄
   를 범한 자는 무기 또는 5년 이상의 징역에 처한다."라고 규정하고 있
   습니다. 그리고 「성폭력범죄의 처벌 등에 관한 특례법」 제3조 제2항
   (특수강도강간)은 "「형법」 제334조(특수강도) …의 죄를 범한 사람이
   같은 법 제297조(강간), …의 죄를 범한 경우에는 사형, 무기징역 또는
   10년 이상의 징역에 처한다."라고 규정하고 있습니다. 따라서 강간의
   실행행위를 먼저 하고 그 다음 특수강도의 행위를 한 경우에도 성폭력
   범죄의 처벌 등에 관한 특례법 위반(특수강도강간)죄가 성립할 수 있는
   지가 문제됩니다.

   이에 관하여 판례는 "강간범이 강간행위 후에 강도의 범의를 일으켜 그
   부녀의 재물을 강취하는 경우에는 강도강간죄가 아니라 강간죄와 강도죄
   의 경합범이 성립될 수 있을 뿐이지만, 강간행위의 종료 전 즉 그 실행
   행위의 계속 중에 강도의 행위를 할 경우에는 이때에 바로 강도의 신분
   을 취득하는 것이므로 이후에 그 자리에서 강간행위를 계속하는 때에는
   강도가 부녀를 강간한 때에 해당하여 형법 제339조에 정한 강도강간죄
   를 구성하고, 구 성폭력범죄의 처벌 및 피해자보호 등에 관한 법률 제5
   조 제2항(현행 성폭력범죄의 처벌 등에 관한 특례법 제3조 제2항)은 형
   법 제334조(특수강도) 등의 죄를 범한 자가 형법 제297조(강간) 등의
   죄를 범한 경우에 이를 특수강도강간 등의 죄로 가중하여 처벌하는 것이
   므로, 다른 특별한 사정이 없는 한 특수강간범이 강간행위 종료 전에 특
   수강도의 행위를 한 이후에 그 자리에서 강간행위를 계속하는 때에도 특
   수강도가 부녀를 강간한 때에 해당하여 구 성폭력범죄의 처벌 및 피해자
   보호 등에 관한 법률 제5조 제2항에 정한 특수강도강간죄로 의율할 수
   있다."라고 하였습니다(2010.7.15.선고 2010도3594 판결).

   아울러 판례는 "강도죄는 재물탈취의 방법으로 폭행, 협박을 사용하는
   행위를 처벌하는 것이므로 폭행, 협박으로 타인의 재물을 탈취한 이상
   피해자가 우연히 재물탈취 사실을 알지 못하였다고 하더라도 강도죄는

성립하고, 폭행, 협박당한 자가 탈취당한 재물의 소유자 또는 점유자일 것을 요하지도 아니하며, 강간범인이 부녀를 강간할 목적으로 폭행, 협박에 의하여 반항을 억압한 후 반항억압 상태가 계속 중임을 이용하여 재물을 탈취하는 경우에는 재물탈취를 위한 새로운 폭행, 협박이 없더라도 강도죄가 성립한다."라고 하였으므로(2010. 12. 9. 선고 2010도9630 판결), 甲의 경우에는 성폭력범죄의 처벌 등에 관한 특례법 위반(특수강도강간)죄가 성립할 것으로 보입니다.

3-3. 친족관계에 의한 강간 등의 죄와 그 미수(제5조, 제15조)

① 친족관계인 사람(4촌 이내의 혈족·인척과 동거하는 친족을 말함. 사실상의 관계에 의한 친족을 포함함. 이하 같음)이 폭행 또는 협박으로 사람을 강간한 죄와 그 미수

② 친족관계인 사람이 폭행 또는 협박으로 사람을 강제추행한 죄와 그 미수

③ 친족관계인 사람이 사람을 준강간, 준강제추행한 죄와 그 미수

■ 사실혼관계 인척이 성폭력범죄처벌법상의 사실상의 친족인지요?

Q. 甲女는 그녀의 어머니 乙과 혼인신고는 하지 않았지만 혼인식을 거행하고 실질적인 혼인생활을 하고 있는 丙으로부터 乙이 집에 없는 동안 강간을 당하였습니다. 이 경우 丙을 「성폭력범죄의 처벌 등에 관한 특례법」 위반으로 처벌할 수 있는지요?

A. 「형법」 제297조는 "폭행 또는 협박으로 부녀를 강간한 자는 3년 이상의 유기징역에 처한다."라고 규정하고 있고, 같은 법 제306조는 강간죄는 고소가 있어야 공소를 제기할 수 있다고 규정하고 있습니다.

그리고 「성폭력범죄의 처벌 등에 관한 특례법」 제5조 제1항은 "친족관계인 사람이 폭행 또는 협박으로 사람을 강간한 경우에는 7년 이상의 유기징역에 처한다."라고 규정하고 있고, 같은 법 제5조 제4항에 의

하면 "제1항 부터 제3항까지의 친족의 범위는 4촌 이내의 혈족·인척과 동거하는 친족으로 한다."라고 규정하고 있으며, 같은 법 제5조 제5항은 "제1항 부터 제3항까지의 친족은 사실상의 관계에 의한 친족을 포함한다."라고 규정하고 있습니다.

그런데 위 사안에서 이른바 사실혼으로 인하여 형성되는 인척이 같은 법 제5조 제5항 소정의 '사실상의 관계에 의한 친족'에 해당하는지에 관하여 판례는 "성폭력범죄의처벌및피해자보호등에관한법률(현행 성폭력범죄의 처벌 등에 관한 특례법) 제7조 제1항은 친족관계에 있는 자가 형법 제297조(강간)의 죄를 범한 때에는 5년 이하의 유기징역에 처한다고 규정하고 있고, 같은 법 제7조 제4항은 제1항의 친족의 범위는 4촌 이내의 혈족과 2촌 이내의 인척으로 한다고 규정하고 있으며, 같은 법 제7조 제5항은 제1항의 친족은 사실상의 관계에 의한 친족을 포함한다고 규정하고 있는바, 법률이 정한 혼인의 실질관계는 모두 갖추었으나 법률이 정한 방식, 즉 혼인신고가 없기 때문에 법률상 혼인으로 인정되지 않는 이른바 사실혼으로 인하여 형성되는 인척도 같은 법 제7조 제5항이 규정한 사실상의 관계에 의한 친족에 해당한다."라고 하였습니다(대법원 2000. 2. 8. 선고 99도5395 판결).

따라서 위 사안에서 丙이 甲과 사실혼으로 인하여 형성되는 인척이라고 하여도 丙은 「성폭력범죄의 처벌 등에 관한 특례법」 제5조 제1항에 정해진 형으로 처벌을 받게 될 것이고, 이 경우 甲의 고소는 필요하지는 않습니다.

한편 중혼적 사실혼으로 인하여 형성된 인척이 성폭력범죄의 처벌 등에 관한 특례법률 제5조 제5항 소정의 '사실상의 관계에 의한 친족'에 해당하는지에 관하여 판례는 "법률이 정한 혼인의 실질관계는 모두 갖추었으나 법률이 정한 방식, 즉 혼인신고가 없기 때문에 법률상 혼인으로 인정되지 않는 이른바 사실혼으로 인하여 형성되는 인척도 성폭력범죄의처벌및피해자보호등에관한법률(현행 성폭력범죄의 처벌 등에 관한 특례법) 제7조 제5항이 규정한 사실상의 관계에 의한 친족에 해당하고, 비록 우리 법제가 일부일처주의를 채택하여 중혼을 금지하는 규정을 두고 있다 하더라도 이를 위반한 때를 혼인 무효의 사유로 규정하고 있지 아니하고 단지 혼인 취소의 사유로만 규정함으로써 중혼에 해당하는 혼인이라도 취소되기 전까지는 유효하게 존속하는 것이므로 중혼적 사실혼이라 하여 달리 볼 것은 아니다.”라고 하였습니다(대법원 2002. 2. 22. 선고 2001도5075 판결)

■ 의붓아버지가 의붓딸을 강간한 경우 친족관계에 의한 강간죄가 적용되는지요?

Q. 甲은 어머니가 친정에 있는 동안 어머니와 혼인신고를 하고 함께 사는 의붓아버지 乙에게 강간을 당했습니다. 이 경우 甲이 乙을 고소하지 않아도 처벌이 되는지요? 또한, 형법상의 강간죄가 적용되는지, 아니면 「성폭력범죄의 처벌 등에 관한 특례법」 제7조의 친족관계에 의한 강간죄가 적용되는지요?

A. 「형법」제297조에 의하면 폭행 또는 협박으로 부녀를 강간한 자는 3년 이상의 유기징역으로 처벌하는 것으로 규정하고 있고, 이러한 형법상의 강간죄는 종전에는 고소권자의 고소가 있어야 공소를 제기할 수 있는 친고죄였으나 형법 개정[법률 제11574호, 2012.12.18, 일부개정]으로 친고죄가 폐지되어 2013. 6. 19부터 범한 죄에 대하여는 고소권자의 고소여부를 불분하고 처벌할 수 있게 되었습니다.
  한편, 「성폭력범죄의 처벌 등에 관한 특례법(이하 ‘성폭력처벌법’이라 합니다.)」 제5조 제1항에 의하면 친족관계에 있는 자가 강간죄를 범한 때에는 7년 이상의 유기징역으로 처벌하는 것으로 규정하고 있고, 이 경우도 친고죄가 아니므로 고소권자의 고소가 없어도 처벌 될 수 있으며, 위 규정은 앞서본 형법상의 강간죄보다 더 중하게 처벌하고 있으므로 형법상의 강간죄 보다 위 규정이 우선 적용된다고 할 것입니다.
  그리고 위 성폭력처벌법 제5조 제1항에서 정한 친족이라 함은 4촌 이내의 혈족·인척과 동거친족을 그 범위로 하고 사실상의 관계에 의한 친족까지 포함하는 것이므로, 위 사안에서 어머니와 혼인신고를 한 의붓아버지

乙은 2촌 이내의 인척에 해당하여 위 규정에 따라「성폭력범죄의 처벌 등에 관한 특례법 위반죄」로 처벌될 것입니다. (같은 조 제4항, 제5항)

참고로 판례에 의하면 "성폭력범죄의처벌및피해자보호등에관한법률(현행 성폭력범죄의 처벌 등에 관한 특례법) 제7조 제1항은 친족관계에 있는 자가 형법 제297조(강간)의 죄를 범한 때에는 5년 이하의 유기징역에 처한다고 규정하고 있고, 같은 법 제7조 제4항은 제1항의 친족의 범위는 4촌 이내의 혈족과 2촌 이내의 인척으로 한다고 규정하고 있으며, 같은 법 제7조 제5항은 제1항의 친족은 사실상의 관계에 의한 친족을 포함한다고 규정하고 있는바, 법률이 정한 혼인의 실질관계는 모두 갖추었으나 법률이 정한 방식, 즉 혼인신고가 없기 때문에 법률상 혼인으로 인정되지 않는 이른바 사실혼으로 인하여 형성되는 인척도 같은 법 제7조 제5항이 규정한 사실상의 관계에 의한 친족에 해당한다." 라고 하였으므로(대법원 2000. 2. 8. 선고 99도5395 판결), 혼인신고를 하지 않고 함께 사는 의붓아버지가 의붓딸을 강간한 경우에도, 「성폭력범죄의 처벌 등에 관한 특례법」 위반죄로 처벌될 것입니다.

그리고 「성폭력범죄의 처벌 및 피해자보호 등에 관한 법률」은 성폭력범죄의 처벌 등에 관한 특례와 성폭력범죄의 피해자 보호 등에 관한 사항을 함께 규정하고 있어 각 사항에 대한 효율적 대처에 한계가 있으므로 성폭력범죄의 처벌에 관한 사항을 분리하여 성폭력범죄의 처벌 등에 관한 특례법 (시행 2010. 4. 15. 법률 제10258호, 2010. 4. 15. 제정)을 제정 13세 미만의 미성년자에 대한 성폭력범죄의 처벌을 강화하고, 음주 또는 약물로 인한 심신장애 상태에서의 성폭력범죄에 대해서는 「형법」상 형의 감경 규정을 적용하지 않을 수 있도록 하며, 미성년자에 대한 성폭력범죄의 공소시효는 해당 성폭력범죄로 피해를 당한 미성년자가 성년에 달한 날부터 진행하도록 하고, 성인 대상 성범죄자의 신상정보를 인터넷에 등록·공개하도록 하는 등 성범죄자의 처벌 강화와 재범방지 등을 위한 제도를 보완하였습니다.

■ 사실상의 양자의 양부가 '사실상의 관계의 의한 친족'에 해당하는지요?

Q. 甲은 조선족인 乙의 어머니 A와 '甲은 乙을 입양하여 양육하고 교
   육 등 필요한 지원을 하되 乙은 甲이 사망할 때까지 함께 살아야
   한다'는 취지의 양육계약을 체결한 후 乙과 함께 생활하였지만, 실
   제로 乙을 입양하지는 아니하였습니다. 이러한 상태에서 甲이 성년
   이 된 乙을 강간한 경우 甲에게 성폭력범죄의 처벌 등에 관한 특
   례법 위반(친족관계에 의한 강간)죄가 성립할 수 있는지요?

A. 「성폭력범죄의 처벌 등에 관한 특례법」 제5조 제1항은 "친족관계인 사
   람이 폭행 또는 협박으로 사람을 강간한 경우에는 7년 이상의 유기징역
   에 처한다."라고 규정하고 있고, 같은 조 제5항은 "제1항부터 제3항까지
   의 친족은 사실상의 관계에 의한 친족을 포함한다."라고 규정하고 있습
   니다. 따라서 만약 甲이 乙의 '사실상의 관계에 의한 친족'에 해당한다고
   볼 수 있다면, 甲은 형법상 강간죄가 아닌 성폭력범죄의 처벌 등에 관한
   특례법 위반(친족관계에의한강간)죄의 죄책을 지게 될 것입니다.

   이에 관하여 판례는 "성폭력범죄의 처벌 및 피해자보호 등에 관한 법
   률 제7조(현행 성폭력범죄의 처벌 등에 관한 특례법 제5조) 제1항은
   친족관계에 있는 자가 형법 제297조(강간)의 죄를 범한 때에는 5년 이
   상의 유기징역에 처한다고 규정하고 있고, 같은 법 제7조 제5항은 제1
   항의 친족은 사실상의 관계에 의한 친족을 포함한다고 규정하고 있는
   바, 사실상의 양자의 양부와 같이 법정혈족관계를 맺고자 하는 의사의
   합치 등 법률이 정하는 실질관계는 모두 갖추었으나 신고 등 법정절차
   의 미이행으로 인하여 법률상의 존속으로 인정되지 못하는 자도 같은
   법 제7조 제5항이 규정한 사실상의 관계에 의한 친족에 해당한다."라고
   하였습니다(대법원 2006. 1. 12. 선고 2005도8427 판결).

   결국 甲이 A와 사이에 乙의 양육에 관한 약정을 체결한 사실, 甲이 실
   제로 그 약정에 따라 乙과 함께 생활하면서 乙에게 각종 비용을 지원한
   사실, 甲과 乙이 서로를 양자와 양부로 여기고 있는 사실 등 甲과 乙이

입양의 합의를 포함하여 입양의 실질적 요건을 모두 갖추고 있었던 것
으로 인정된다면, 갑은 '사실상의 관계에 의한 친족'에 해당하여 성폭력
범죄의 처벌 등에 관한 특례법 위반(친족관계에의한강간)죄가 성립할
수 있을 것입니다.

참고로 판례는 "당사자가 양친자관계를 창설할 의사로 친생자출생신고
를 하고, 거기에 입양의 실질적 요건이 모두 구비되어 있다면 그 형식
에 다소 잘못이 있더라도 입양의 효력이 발생하고, 양친자관계는 파양
에 의하여 해소될 수 있는 점을 제외하고는 법률적으로 친생자관계와
똑같은 내용을 갖게 되므로, 이 경우의 허위의 친생자출생신고는 법률
상의 친자관계인 양친자관계를 공시하는 입양신고의 기능을 발휘하게
된다."라고 하였는바(1988. 2. 23. 선고 85므86 판결), 만약 甲이 乙
을 자신의 친생자로 신고하였다면 그 이후부터는 甲은 성폭력범죄의 처
벌 등에 관한 특례법 제5조 제1항의 '친족관계인 사람'으로서 성폭력범
죄의 처벌 등에 관한 특례법 위반(친족관계에의한강간)의 죄책을 부담
하게 될 것입니다.

3-4. 장애인에 대한 강간·강제추행 등의 죄와 그 미수(제6조, 제 15조)

① 신체적인 또는 정신적인 장애가 있는 사람을 강간한 죄와 그 미수
② 신체적인 또는 정신적인 장애가 있는 사람에 대하여 폭행이나 협박으
　로 구강·항문 등 신체(성기는 제외함)의 내부에 성기를 넣는 행위 또
　는 성기·항문에 손가락 등 신체(성기는 제외한다)의 일부나 도구를
　넣는 행위를 한 죄와 그 미수
③ 신체적인 또는 정신적인 장애가 있는 사람을 강제추행한 죄와 그 미수
④ 신체적인 또는 정신적인 장애로 항거불능 또는 항거곤란 상태에 있음
　을 이용하여 사람을 간음하거나 추행한 죄
⑤ 위계(僞計) 또는 위력(威力)으로써 신체적인 또는 정신적인 장애가 있

는 사람을 간음한 죄와 그 미수

⑥ 위계 또는 위력으로써 신체적인 또는 정신적인 장애가 있는 사람을
추행한 죄와 그 미수

■ **강제력을 행사하지 아니하고 장애여성을 간음한 경우 성폭력범죄의 처벌 등에 관한 특례법 위반죄가 성립할 수 있는지요?**

Q. 甲은 별다른 강제력을 행사하지 아니하고 정신지체 장애여성인 乙을 간음하였는데 乙도 이에 대하여 별다른 저항행위를 하지 아니하였습니다. 이 경우 甲에게 성폭력범죄의 처벌 등에 관한 특례법 위반(장애인에 대한 준강간)죄가 성립할 수 있는지요?

A. 「성폭력범죄의 처벌 등에 관한 특례법」 제6조 제1항은 "신체적인 또는 정신적인 장애가 있는 사람에 대하여 「형법」 제297조(강간)의 죄를 범한 사람은 무기징역 또는 7년 이상의 징역에 처한다."라고 정하고 있고, 같은 조 제4항은 "신체적인 또는 정신적인 장애로 항거불능 또는 항거곤란 상태에 있음을 이용하여 사람을 간음하거나 추행한 사람은 제1항부터 제3항까지의 예에 따라 처벌한다."라고 규정하고 있습니다. 따라서 甲이 별다른 강제력을 행사하지 아니하였더라도 '乙이 항거불능 또는 항거곤란 상태에 있음'을 이용하여 乙을 간음하였다면 甲에게 성폭력범죄의 처벌 등에 관한 특례법 위반(장애인에 대한 준강간)죄가 성립할 수 있는바, 어떠한 경우에 甲이 '乙이 항거불능 또는 항거곤란 상태에 있음'을 이용하였다고 볼 것인지가 문제됩니다.

이에 관하여 판례는 "성폭력범죄의 처벌 및 피해자보호 등에 관한 법률 제8조(현행 성폭력범죄의 처벌 등에 관한 특례법 제6조 제4항)는 … 장애인의 성적 자기결정권을 보호법익으로 하는 것으로서, 원래 … 제정될 당시에는 단순히 "신체장애로 항거불능인 상태에 있음을 이용하여…"라고 규정하고 있던 것을 … 개정하여 위와 같이 규정하기에 이른 것인데, 위와 같은 법률 개정은 장애인복지법에 명시된 신체장애 내지 정신장애 등

을 가진 장애인을 망라함으로써 장애인의 범위를 확대하는 데에 개정 취지가 있다. 이러한 점을 고려할 때, 위 규정의 '신체장애 또는 정신상의 장애로 항거불능인 상태에 있음'이라 함은, 신체장애 또는 정신상의 장애 그 자체로 항거불능의 상태에 있는 경우뿐 아니라 신체장애 또는 정신상의 장애가 주된 원인이 되어 심리적 또는 물리적으로 반항이 불가능하거나 현저히 곤란한 상태에 이른 경우를 포함하는 것으로 보아야 하고, 그 중 정신상의 장애가 주된 원인이 되어 항거불능인 상태에 있었는지 여부를 판단함에 있어서는 피해자의 정신상 장애의 정도뿐 아니라 피해자와 가해자의 신분을 비롯한 관계, 주변의 상황 내지 환경, 가해자의 행위 내용과 방법, 피해자의 인식과 반응의 내용 등을 종합적으로 검토해야 한다."라고 하였습니다(대법원 2007. 7. 27. 선고 2005도2994 판결).

따라서 ① 乙의 정신상 장애의 정도, ② 乙과 甲의 신분을 비롯한 관계, ③ 주변의 상황 내지 환경, ④ 甲의 행위 내용과 방법, ⑤ 乙의 인식과 반응의 내용 등을 종합적으로 검토하여 乙의 정신상의 장애가 주된 원인이 되어 甲에 대하여 그 거부 또는 저항의사를 실행하는 것이 불가능하거나 현저하게 곤란한 상태에 있었다고 볼 수 있다면, 甲에게 성폭력범죄의 처벌 등에 관한 특례법 위반(장애인에대한준강간)죄가 성립할 수 있습니다.

참고로 위 판례의 경우 ㉠ 피해자의 지적 능력이 4~8세에 불과하고 비일상적인 문제 상황에서 자신의 의사를 분명하게 표현하고 이를 해결하는 능력이 뚜렷하게 낮았던 사실, ㉡ 피해자와 같은 정신지체를 가진 사람들은 자기보다 힘이나 능력이 우월한 사람에게는 위압감을 느끼고 누가 시키지 않아도 이에 절대적으로 복종하는 경향을 보이는 사실, ㉢ 피고인은 평소 피해자의 모에게 심한 폭력을 행사하였고 피해자의 작은오빠에게도 부처럼 행동하면서 폭력을 행사하곤 한 사실, ㉣ 피해자는 피고인이 평소 자신의 모나 작은오빠에게 폭력을 행사는 것을 보았기에 피고인의 성행위 요구를 거부하면 자신에게도 그와 같이 폭력을 행사할 것으로 생각되어 겁을 먹고 거부하지 못하였다고 진술하고 있는 사실 등에 근거하여 '피해자가 항거불능인 상태에 있었음'을 인정하였습니다.

3-5. 13세 미만의 미성년자에 대한 강간, 강제추행 등의 죄와 그 미수(제7조, 제15조)

① 13세 미만의 사람을 강간한 죄와 그 미수
② 13세 미만의 사람에 대하여 폭행이나 협박으로 구강·항문 등 신체(성기는 제외함)의 내부에 성기를 넣는 행위 또는 성기·항문에 손가락 등 신체(성기는 제외함)의 일부나 도구를 넣는 행위를 한 죄와 그 미수
③ 13세 미만의 사람을 강제추행한 죄와 그 미수
④ 13세 미만의 사람을 준강간, 준강제추행한 죄와 그 미수
⑤ 위계 또는 위력으로써 13세 미만의 사람을 간음하거나 추행한 죄와 그 미수

■ 소아기호증 질환이 심신장애사유에 해당하는지요?

Q. 甲은 성폭력범죄의 처벌 등에 관한 특례법 위반(13세미만미성년자 강간등)죄로 징역형을 선고받고 그 형의 집행을 종료한 후 얼마 지나지 않아 다시 13세 미만 미성년자에 대하여 강간행위를 범하였는데, 정신감정결과 소아기호증이 존재하는 것으로 진단되었습니다. 이러한 경우 甲에게 심신장애사유가 있다고 볼 수 있는지요?

A. 「성폭력범죄의 처벌 등에 관한 특례법」 제7조는 제1항은 "13세 미만의 사람에 대하여 「형법」 제297조(강간)의 죄를 범한 사람은 무기징역 또는 10년 이상의 징역에 처한다."라고 규정하고 있고, 「형법」 제10조 제1항은 "심신장애로 인하여 사물을 분별할 능력이 없거나 의사를 결정할 능력이 없는 자의 행위는 벌하지 아니한다."라고 규정하고 있으며, 같은 조 제2항은 "심신장애로 인하여 전항의 능력이 미약한 자의 행위는 형을 감경한다."라고 규정하고 있습니다. 따라서 갑의 소아기호증이 심신장애사유에 해당할 경우 甲은 형을 감면받을 수 있을 것입니다.
이에 관하여 판례는 "형법 제10조에 규정된 심신장애는 생물학적 요소로서 정신병 또는 비정상적 정신상태와 같은 정신적 장애가 있는 외에 심리학적

요소로서 이와 같은 정신적 장애로 말미암아 사물에 대한 변별능력과 그에 따른 행위통제능력이 결여되거나 감소되었음을 요하므로, 정신적 장애가 있는 자라고 하여도 범행 당시 정상적인 사물변별능력이나 행위통제능력이 있었다면 심신장애로 볼 수 없는 것이고, 특단의 사정이 없는 한 성격적 결함을 가진 자에 대하여 자신의 충동을 억제하고 법을 준수하도록 요구하는 것이 기대할 수 없는 행위를 요구하는 것이라고는 할 수 없으므로, 사춘기 이전의 소아들을 상대로 한 성행위를 중심으로 성적 흥분을 강하게 일으키는 공상, 성적 충동, 성적 행동이 반복되어 나타나는 소아기호증은 성적인 측면에서의 성격적 결함으로 인하여 나타나는 것으로서, 소아기호증과 같은 질환이 있다는 사정은 그 자체만으로는 형의 감면사유인 심신장애에 해당하지 아니한다고 봄이 상당하고, 다만 그 증상이 매우 심각하여 원래의 의미의 정신병이 있는 사람과 동등하다고 평가할 수 있거나, 다른 심신장애사유와 경합된 경우 등에는 심신장애를 인정할 여지가 있을 것이다."라고 하였으며(대법원 1995. 2. 24. 선고 94도3163 판결), 나아가 "이 경우 심신장애의 인정 여부는 소아기호증의 정도, 범행의 동기 및 원인, 범행의 경위 및 수단과 태양, 범행 전후의 피고인의 행동, 증거인멸 공작의 유무, 범행 및 그 전후의 상황에 관한 기억의 유무 및 정도, 반성의 빛 유무, 수사 및 공판정에서의 방어 및 변소의 방법과 태도, 소아기호증 발병 전의 피고인의 성격과 그 범죄와의 관련성 유무 및 정도 등을 종합하여 법원이 독자적으로 판단할 수 있다."라고 하였습니다(대법원 2007. 2. 8. 선고 2006도7900 판결).

결국 소아기호증 질환이 그 자체로 심신장애사유에 해당한다고 보기는 어렵고, 다만 판례가 제시한 여러 요소들을 고려한 결과 甲에게 소아기호증이라는 정신적 장애가 있다는 사정 이외에 더 나아가 사물을 변별할 능력이나 의사를 결정할 능력이 미약한 상태였다고 인정할 수 있고 甲의 소아기호증의 정도가 원래의 의미의 정신병이 있는 사람과 동등하다고 평가할 수 있을 정도로 심각하다고 인정할 수 있는 경우에는 甲의 소아기호증 질환이 심신장애사유에 해당한다고 볼 여지가 있을 것입니다.

■ 유아도 증언능력이 인정될 수 있는지요?

Q. 甲은 만 5세인 그의 딸 乙이 丙으로부터 성추행을 당하여 형사고
   소를 하려고 하는데, 乙의 진술 이외에 별다른 증거가 없습니다.
   이 경우 乙의 증언도 증언능력이 인정될 수 있는지요?

A. 「형사소송법」제159조 제1호는 증인이 16세 미만의 자에 해당하는 때에
   는 선서하게 하지 아니하고 신문하여야 한다고 규정하고 있고, 증인의
   자격에 관하여 같은 법 제146조는 "법원은 법률에 다른 규정이 없으면
   누구든지 증인으로 신문할 수 있다."라고 규정하고 있습니다. 증언능력
   과 관련하여 판례는 "비록 선서무능력자라 하여도 그 증언 내지 진술의
   전후 사정으로 보아 의사판단능력이 있다고 인정된다면 증언능력이 있
   다."고 하였으며(대법원 1984. 9. 25. 선고 84도619 판결), '그 증언
   의 신빙성 유무는 사실심법관의 자유심증에 의하여 결정할 문제'라고 하
   였습니다(형사소송법 제308조,대법원 1964.3.19.선고 63도328판결).
   그런데 유아의 증언능력 유무의 판단기준에 관하여 판례는 "증인의 증
   언능력은 증인 자신이 과거에 경험한 사실을 그 기억에 따라 공술할 수
   있는 정신적인 능력이라 할 것이므로, 유아의 증언능력에 관해서도 그
   유무는 단지 공술자의 연령만에 의할 것이 아니라 그의 지적수준에 따
   라 개별적이고 구체적으로 결정되어야 함은 물론 공술의 태도 및 내용
   등을 구체적으로 검토하고, 경험한 과거의 사실이 공술자의 이해력, 판
   단력 등에 의하여 변식될 수 있는 범위 내에 속하는가의 여부도 충분히
   고려하여 판단하여야 한다."라고 하면서, 위 판례는 사건 당시 만 4세
   6개월, 제1심 증언 당시 만 6세 11개월 된 피해자인 유아의 증언능력
   을 인정하였습니다(대법원 1999. 11. 26. 선고 99도3786 판결).
   또한, 사고 당시 만 4세 6개월 남짓된 여아 진술의 증언능력 및 신빙
   성을 인정한 경우(대법원 2001. 7. 27. 선고 2001도2891 판결), 사
   건 당시 만 4년 6개월, 만 3년 7개월 남짓 된 피해자인 유아들의 증언
   능력 및 그 진술의 신빙성을 인정한 사례(대법원 2004. 9. 13. 선고

2004도3161 판결), 사고 당시 만 3세 3개월 내지 만 3세 7개월 가량이던 피해자인 여아의 증언능력 및 그 진술의 신빙성을 인정한 사례(대법원 2006. 4. 14. 선고 2005도9561 판결)도 있으며, 반면에 피해자의 모의 편향되고 유도적인 반복 질문에 따라 녹취한 만 3세 1개월 남짓한 피해자의 진술만으로는 공소사실을 인정하기에 합리적인 의심을 배제할 정도의 증명에 이르렀다고 볼 수 없다고 한 사례(대법원 2000. 3. 10. 선고 2000도159 판결)도 있습니다.

따라서 위 사안에 있어서도 만 5세인 乙의 증언능력이 인정될 수 있을 것인지는 위 판례에서 제시한 기준에 따라 결정될 것이고, 단순히 선서무능력자라는 이유만으로 증언능력이 인정될 수 없는 것은 아닙니다. 다만, 그 증언의 신빙성 유무는 법관의 자유심증에 의하여 결정할 문제입니다.

(관련판례 1)

만 5세 무렵에 당한 성추행으로 인하여 외상 후 스트레스 증후군을 앓고 있다는 등의 이유로 공판정에 출석하지 아니한 약 10세 남짓의 성추행 피해자에 대한 진술조서가 형사소송법 제314조에 정한 필요성의 요건과 신용성 정황적 보장의 요건을 모두 갖추지 못하여 증거능력이 없다고 본 원심의 판단을 수긍한 사례(대법원 2006. 5. 25. 선고 2004도3619 판결).

(관련판례 2)

[1] 성추행 피해를 주장하는 아동의 진술의 신빙성을 판단함에 있어서는, 그 아동이 최초로 피해 사실을 진술하게 된 경위를 살펴서, 단서를 발견한 보호자 등의 추궁에 따라 피해 사실을 진술하게 된 것인지 또는 아동이 자발적, 임의적으로 피해 사실을 고지한 것인지를 검토하고, 최초로 아동의 피해 사실을 청취한 질문자가 편파적인 예단을 가지고 사실이 아닌 정보를 주거나 특정한 답변을 강요하는 등으로 부정확한 답변을 유도하지는 않았는지, 질문자에 의하여 오도될 수 있는 암시적

인 질문이 반복됨으로써 아동 기억에 변형을 가져올 여지는 없었는지도 살펴보아야 하며, 아동의 경우 현실감시 능력이 상대적으로 약해서 상상과 현실을 혼동할 우려가 있는 점, 특히 시기를 달리하는 복수의 가해자에 의한 성추행의 피해가 경합되었다고 주장하는 경우에는 아동의 피해 사실에 대한 기억 내용의 출처가 혼동되었을 가능성이 있는 점 등도 고려하여야 하고, 진술이 일관성이 있고 명확한지, 세부 내용의 묘사가 풍부한지, 사건·사물·가해자에 대한 특징적인 부분에 관한 묘사가 있는지, 정형화된 사건 이상의 정보를 포함하고 있는지 등도 종합적으로 검토하여야 한다.

[2] 성추행 가해 혐의를 받는 아동이 일시적으로 이를 시인하는 진술을 하였다가 다시 부인하는 경우에는, 위 아동으로부터 자백을 얻는 과정에서 질문자가 가해 혐의를 받는 아동의 범죄행위에 대하여 편파적인 예단을 가지고 자백을 강요한 것은 아닌지, 아동의 자백이 구체적인 표현을 담고 있는지, 내용이 명확한지 등을 살펴보고, 아동이 자백을 번복하게 된 경위 등을 종합적으로 검토하여 가해 혐의를 받는 아동의 자백의 신빙성을 판단하여야 한다.(대법원 2006. 10. 26. 선고 2005다61027 판결)

3-6. 강간 등 상해·치상의 죄와 그 미수(제8조, 제15조)

① 특수강도강간 등의 죄와 그 미수(제3조제1항 및 제15조), 특수강간 등의 죄와 그 미수, 장애인에 대한 강간·강제추행 등의 죄와 그 미수 13세 미만의 미성년자에 대한 강간, 강제추행 등의 죄와 그 미수죄를 범한 사람이 다른 사람을 상해하거나 상해에 이르게 한 죄와 그 미수

② 친족관계에 의한 강간 등의 죄와 그 미수죄를 범한 사람이 다른 사람을 상해하거나 상해에 이르게 한 죄와 그 미수

■ 실제로 강간이 이루어진 것도 아니고 제 아들은 친구를 말리다가 다투기까지 하였을 경우처럼 범죄행위 중 자의로 범행을 중단했을 경우에도 처벌하는지요?

Q. 현재 20세인 저희 아들은 친구와 함께 강간을 하려고 여자를 끌고 갔다가 양심의 가책을 느껴 강간하려는 친구를 말리며 서로 다투어 여자를 되돌려 보냈으나 신고를 받고 온 경찰에 붙잡혀 현재 「성폭력범죄의 처벌 등에 관한 특례법」 위반(특수강간미수)의 혐의로 구속되어 있습니다. 실제로 강간이 이루어진 것도 아니고 또한 제 아들은 친구를 말리다가 다투기까지 하였는데, 이 경우 형벌이 더 가벼워지지는 않는지요?

A. 「성폭력범죄의 처벌 등에 관한 특례법」 제4조 및 제15조에 의하면 특수강간의 경우 미수범도 처벌이 됩니다. 다만, 미수의 경우에도 각 경우에 따라서 처벌이 달라지는바, 「형법」 제25조(미수범) 및 제26조(중지범)에 의하면 범죄의 실행에 착수하여 행위를 종료하지 못하였거나 결과가 발생하지 아니한 때에는 미수범으로 처벌하고, 미수범의 형은 기수범보다 감경(減輕)할 수 있으며, 또한 범인이 자의로 실행에 착수한 행위를 중지하거나 그 행위로 인한 결과의 발생을 방지한 때에는 형을 감경 또는 면제한다고 규정하고 있습니다. 그러므로 단순히 외부적 장애로 인하여 미수에 그친 경우는 형법 제25조에 의하여 기수범보다 형을 감경할 수 있습니다. 이 경우에는 판사의 재량에 따른 임의적인 것이므로 죄질 등에 따라 감경하지 않을 수도 있는 것입니다.

그러나 외부적 장애로 인한 것이 아닌 범죄행위자의 자의(自意)에 의하여 범죄실행을 중지했거나 결과발생 등을 적극적으로 방지했을 경우는 중지범(中止犯)으로서 형을 감경 또는 면제하여야 합니다. 중지범 즉, 중지미수에 관하여 판례는 "중지미수라 함은 범죄의 실행행위에 착수하고 그 범죄가 완수되기 전에 자기의 자유로운 의사에 따라 범죄의 실행행위를 중지하는 것으로서 장애미수와 대칭 되는 개념이나, 중지미수와 장애미수를 구분하는데 있어서는 범죄의 미수가 '자의에 의한 중지이냐' 또는 '어떤 장애에 의한 미수이냐'에 따라 가려야 하고, 특히 자의에 의한 중지 중에서도 '일반사회통념상 장애에 의한 미수라고 보여지는 경우를 제외'한 것을 중지미수라고 풀이함이 일반이다."라고 하였습니다(대법원 1985. 11. 12. 선고 85도2002 판결, 1993. 10. 12. 선고 93도1851 판결, 1999. 4. 13. 선고 99도640 판결). 또한, 공범의 경우에 관하여 판례는 "다른 공범자의 범행을 중지케 한 바 없으면 범의(犯意)를 철회하여도 중지미수가 될 수 없다."라고 하였습니다(대법원 1969. 2. 25. 선고 68도1676 판결).

따라서 위 사안에서 귀하의 아들은 범의(犯意)는 있었으나 도중에 자의에 의해 친구의 범죄를 극구 만류하였고, 그로 인하여 미수에 그친 것으로 보여지는바, 이를 입증한다면 「형법」 제26조의 규정에 따라 형이 감경 또는 면제될 수 있을 것으로 보입니다.

3-7. 강간 등 살인·치사의 죄와 그 미수(제9조, 제15조)

① 특수강도강간 등의 죄와 그 미수(제3조제1항 및 제15조), 특수강간 등의 죄와 그 미수, 친족관계에 의한 강간 등의 죄와 그 미수, 장애인에 대한 강간·강제추행 등의 죄와 그 미수 및 13세 미만의 미성년자에 대한 강간, 강제추행 등의 죄와 그 미수 또는 강간죄와 그 미수, 유사강간죄와 그 미수 및 강제추행죄와 그 미수의 죄를 범한 사람이 다른 사람을 살해한 죄와 그 미수

② 특수강간 등의 죄와 그 미수, 친족관계에 의한 강간 등의 죄와 그 미수죄를 범한 사람이 다른 사람을 사망에 이르게 한 죄와 그 미수

③ 장애인에 대한 강간·강제추행 등의 죄와 그 미수 및 13세 미만의 미성년자에 대한 강간, 강제추행 등의 죄와 그 미수죄를 범한 사람이 다른 사람을 사망에 이르게 한 죄와 그 미수

3-8. 업무상 위력 등에 의한 추행죄(제10조)

① 업무, 고용이나 그 밖의 관계로 인하여 자기의 보호, 감독을 받는 사람에 대하여 위계 또는 위력으로 추행한 죄

② 법률에 따라 구금된 사람을 감호하는 사람이 그 사람을 추행한 죄

3-9. 공중 밀집 장소에서의 추행죄(제11조)

대중교통수단, 공연·집회 장소, 그 밖에 공중(公衆)이 밀집하는 장소에서 사람을 추행한 죄

■ 사람이 빽빽이 들어서 있지 않은 곳도 '공중이 밀집하는 장소'에 해당할 수 있는지요?

Q. 甲(남, 50세)은 찜질방 수면실에서 비몽사몽 상태(잠에서 깬 상태)에 있던 乙(여, 24세)을 발견하고 한 손으로 乙의 양쪽 가슴을 만지고 다른 한 손으로 乙의 엉덩이를 만지는 등 乙을 추행하였습니다. 이러한 경우 甲에게 성폭력범죄의 처벌 등에 관한 특례법 위반(공중밀집장소에서의 추행)죄가 성립할 수 있는지요?

A. 「성폭력범죄의 처벌 등에 관한 특례법」 제11조는 "대중교통수단, 공연?집회 장소, 그 밖에 공중(公衆)이 밀집하는 장소에서 사람을 추행한 사람은 1년 이하의 징역 또는 300만원 이하의 벌금에 처한다."라고 규정하고 있습니다. 乙이 잠을 자다가 깬 상태에 있던 경우라면 「형법」 제299조(준강간, 준강제추행)의 '심신상실 또는 항거불능의 상태'에 해당하지 아니할 여지가 있으므로, 사안의 경우 찜질방 수면실이 '공중이 밀집하는 장소'에 해당하는지 여부가 문제됩니다.

이에 관하여 판례는 "공중밀집장소에서의 추행죄를 규정한 성폭력범죄의 처벌 및 피해자보호 등에 관한 법률 제13조(현행 성폭력범죄의 처벌 등에 관한 특례법 제11조)의 입법 취지, 위 법률 조항에서 그 범행 장소를 공중이 '밀집한' 장소로 한정하는 대신 공중이 '밀집하는' 장소

로 달리 규정하고 있는 문언의 내용, 그 규정상 예시적으로 열거한 대중교통수단, 공연·집회 장소 등의 가능한 다양한 형태 등에 비추어 보면, 여기서 말하는 '공중이 밀집하는 장소'에는 현실적으로 사람들이 빽빽이 들어서 있어 서로간의 신체적 접촉이 이루어지고 있는 곳만을 의미하는 것이 아니라 공중의 이용에 상시적으로 제공·개방된 상태에 놓여 있는 곳 일반을 의미한다. 또한, 위 공중밀집장소의 의미를 이와 같이 해석하는 한 그 장소의 성격과 이용현황, 피고인과 피해자 사이의 친분관계 등 구체적 사실관계에 비추어, 공중밀집장소의 일반적 특성을 이용한 추행행위라고 보기 어려운 특별한 사정이 있는 경우에 해당하지 않는 한, 그 행위 당시의 현실적인 밀집도 내지 혼잡도에 따라 그 규정의 적용 여부를 달리한다고 할 수는 없다."라고 하였습니다(대법원 2009. 10. 29. 선고 2009도5704 판결).

결국 사안의 찜질방 수면실은 성폭력범죄의 처벌 등에 관한 특례법 제11조의 '공중이 밀집하는 장소'에 해당한다고 할 것이고, 甲의 행위는 乙이 잠결에 비몽사몽한 상태에 놓인 것을 이용한 것에 불과할 뿐 그에 대한 乙의 승낙이 있다고 오인한 것으로 볼 수도 없으므로, 甲에게는 성폭력범죄의 처벌 등에 관한 특례법 위반(공중밀집장소에서의추행)죄가 성립한다고 할 것입니다.

3-10. 성적 목적을 위한 다중이용장소 침입행위죄(제12조)

자기의 성적 욕망을 만족시킬 목적으로 화장실, 목욕장·목욕실 또는 발한실(發汗室), 모유수유시설, 탈의실 등 불특정 다수가 이용하는 다중이용장소에 침입하거나 같은 장소에서 퇴거의 요구를 받고 응하지 않은 죄

3-11. 통신매체를 이용한 음란행위죄(제13조)

자기 또는 다른 사람의 성적 욕망을 유발하거나 만족시킬 목적으로 전화, 우편, 컴퓨터, 그 밖의 통신매체를 통하여 성적 수치심이나 혐오감을 일으키는 말, 음향, 글, 그림, 영상 또는 물건을 상대방에게 도달하게 한 죄

■ 출입문에 성적 수치심을 일으키는 편지를 끼워 넣었을 경우도 통신매체를 이용한 음란행위에 해당하는지요?

Q. 甲은 피해자의 집 출입문에 성적 수치심을 일으키는 편지를 끼워 넣었습니다. 甲의 이러한 행위는 성폭력범죄의 처벌 등에 관한 특례법상 통신매체를 이용한 음란행위에 해당하는지요?

A. 성폭력범죄의 처벌 등에 관한 특례법 제13조는 "자기 또는 다른 사람의 성적 욕망을 유발하거나 만족시킬 목적으로 전화, 우편, 컴퓨터, 그 밖의 통신매체를 통하여 성적 수치심이나 혐오감을 일으키는 말, 음향, 글, 그림, 영상 또는 물건을 상대방에게 도달하게 한 사람은 2년 이하의 징역 또는 500만원 이하의 벌금에 처한다."라고 규정하고 있습니다. 문제는 甲의 행위가 통신매체를 이용하여 음란행위를 하였는지 여부입니다.

위 법규정에 관하여 대법원 2016. 3. 10. 선고 2015도17847 판결은, "위 규정은 자기 또는 다른 사람의 성적 욕망을 유발하는 등의 목적으로 '전화, 우편, 컴퓨터나 그 밖에 일반적으로 통신매체라고 인식되는 수단을 이용하여' 성적 수치심 등을 일으키는 말, 글, 물건 등을 상대방에게 전달하는 행위를 처벌하고자 하는 것임이 문언상 명백하므로, 위와 같은 통신매체를 이용하지 아니한 채 '직접' 상대방에게 말, 글, 물건 등을 도달하게 하는 행위까지 포함하여 위 규정으로 처벌할 수 있다고 보는 것은 법문의 가능한 의미의 범위를 벗어난 해석으로서 실정법 이상으로 그 처벌 범위를 확대하는 것이라 하지 않을 수 없다."라고 판시하였습니다.

위 대법원 판결에서는 위 사안과 같은 사실관계에 관하여, "피고인은 공소사실 기재와 같은 성적 수치심 등을 일으키는 내용의 이 사건 각 편지를 자신이 직접 공소외인의 주거지 출입문에 끼워 넣음으로써 공소외인에게 도달하게 한 사실을 알 수 있는바, 그렇다면 피고인이 '전화, 우편, 컴퓨터, 그 밖의 통신매체를 통하여' 이 사건 각 편지를 공소외인에게 도달하게 한 것이라고 할 수 없으므로 앞서 본 법리에 따라 피고인의 각 행위를 성폭력처벌법 제13조에 의하여 처벌할 수는 없다.”라고 판시하였습니다.

따라서 위 대법원 판결의 취지에 따르면 甲의 행위는 성폭력범죄의 처벌 등에 관한 특례법상 통신매체를 이용한 음란행위에 해당하지 않을 것으로 보입니다.

■ 음란한 영상화면을 컴퓨터통신망을 통하여 판매한 경우 어떠한 죄로 처벌될 수 있는지요?

Q. 甲은 인터넷에 사설게시판을 설치하여 수수료를 받고 음란한 영상화면을 수록한 컴퓨터프로그램파일을 컴퓨터통신망을 통하여 판매하였습니다. 이 경우 甲은 어떠한 죄로 처벌될 수 있는지요?

A. 「형법」 제243조(음화반포 등)에서는 “음란한 문서, 도화, 필름 기타 물건을 반포, 판매 또는 임대하거나 공연히 전시 또는 상영한 자는 1년 이하의 징역 또는 500만원 이하의 벌금에 처한다.”라고 규정하고 있으며, 구 「전기통신기본법」 제48조의 2(2001. 1. 16. 법률 제6360호 부칙 제5조 제1항에 의해 삭제, 현행 정보통신망 이용촉진 및 정보보호 등에 관한 법률 제74조 제1항 제2호 참조)에서는 “전기통신망을 통하여 음란한 부호·문언·음향·화상 또는 영상을 배포·판매· 임대하거나 공연하게 전시한 자는 1년 이하의 징역 또는 1,000만원 이하의 벌금에 처한다.”라고 규정하고 있습니다.

그런데 판례는 “형법 제243조는 음란한 문서, 도화, 필름 기타 물건을 반포, 판매 또는 임대하거나 공연히 전시 또는 상영한 자에 대한 처벌규정으로서 컴퓨터프로그램파일은 위 규정에서 규정하고 있는 문서, 도화, 필름 기타 물건에 해당한다고 할 수 없으므로, 음란한 영상화면을 수록한 컴퓨터 프로그램파일을 컴퓨터통신망을 통하여 전송하는 방법으로 판

매한 행위에 대하여 전기통신기본법 제48조의2(현행 정보통신망 이용촉
진 및 정보보호 등에 관한 법률 제74조 제1항 제2호 참조)의 규정을
적용할 수 있음은 별론으로 하고, 형법 제243조의 규정을 적용할 수 없
다.”라고 하였습니다(대법원 1999. 2. 24. 선고 98도3140 판결).

따라서 위 사안에서 甲은「형법」제243조의 음화반포 등의 죄는 성립
하지 않지만,「정보통신망 이용촉진 및 정보보호 등에 관한 법률」제
74조 제1항 제2호의 위반으로 1년 이하의 징역 또는 1천만원 이하의
벌금형으로 처벌될 수는 있을 것으로 보입니다. 특히 甲이「정보통신망
이용촉진 및 정보보호 등에 관한 법률」제42조의2의 규정에 위반하여
청소년 유해매체물질을 광고하는 내용의 정보를 정보통신망을 이용하여
부호·문자·음성·음향·화상 또는 영상 등의 형태로 청소년에게 전송하거
나 청소년 접근을 제한하는 조치없이 공개적으로 전시하면 같은 법 제
73조 제3호에 의거하여 2년 이하의 징역 또는 2천만원 이하의 벌금형
으로 처벌을 받게 될 것입니다.

참고로 행위자가 인터넷홈페이지에 음란물과 연결되는 사이트를 설치
하는 것도 위「정보통신망 이용촉진 및 정보보호 등에 관한 법률」에
위반될 소지가 있습니다.

이처럼 웹사이트가 음란물을 직접 보여주지 않고 음란물과 연결되는 사
이트를 설치하는 경우, 즉 인터넷 이용자가 마우스를 누르는 간단한 방법
으로 음란물에 손쉽게 접근할 수 있도록 연결 사이트를 설치한 경우와 관
련하여 판례는 “음란한 부호 등으로 링크를 해 놓는 행위자의 의사의 내
용, 그 행위자가 운영하는 웹사이트의 성격 및 사용된 링크기술의 구체적
인 방식, 음란한 부호 등이 담겨져 있는 다른 웹사이트의 성격 및 다른
웹사이트 등이 음란한 부호 등을 실제로 전시한 방법 등 모든 사정을 종
합하여 볼 때, 링크를 포함한 일련의 행위 및 범의가 다른 웹사이트 등을
단순히 소개·연결할 뿐이거나 또는 다른 웹사이트 운영자의 실행행위를
방조하는 정도를 넘어, 이미 음란한 부호 등이 불특정·다수인에 의하여
인식될 수 있는 상태에 놓여 있는 다른 웹사이트를 링크의 수법으로 사실

상 지배·이용함으로써 그 실질에 있어서 음란한 부호 등을 직접 전시하는 것과 다를 바 없다고 평가되고, 이에 따라 불특정·다수인이 이러한 링크를 이용하여 별다른 제한 없이 음란한 부호 등에 바로 접할 수 있는 상태가 실제로 조성되었다면, 그러한 행위는 전체로 보아 음란한 부호 등을 공연히 전시한다는 구성요건을 충족한다고 봄이 상당하다.”라고 판시한바 있습니다(대법원 2003. 7. 8 선고 2001도1335 판결).

3-12. 카메라 등을 이용한 촬영죄와 그 미수(제14조, 제15조)

① 카메라나 그 밖에 이와 유사한 기능을 갖춘 기계장치를 이용하여 성적 욕망 또는 수치심을 유발할 수 있는 다른 사람의 신체를 그 의사에 반하여 촬영하거나 그 촬영물을 반포·판매·임대·제공 또는 공공연하게 전시·상영한 죄와 그 미수

② 위의 촬영이 촬영 당시에는 촬영대상자의 의사에 반하지 않는 경우에도 사후에 그 의사에 반하여 촬영물을 반포·판매·임대·제공 또는 공공연하게 전시·상영한 죄와 그 미수

③ 영리를 목적으로 위의 촬영물을 「정보통신망 이용촉진 및 정보보호 등에 관한 법률」 제2조제1항제1호의 정보통신망을 이용하여 유포한 죄와 그 미수

■ **타인의 승낙을 받아 촬영한 영상물을 반포한 경우에 특례법 위반(카메라 등 이용촬영)죄가 성립할 수 있는지요?**

Q. 甲은 내연관계에 있던 乙의 승낙을 받아 캠코더로 자신과 乙의 성행위 장면을 촬영한 후 이를 인터넷 게시판에 업로드 하였습니다. 이러한 경우 甲에게 성폭력범죄의 처벌 등에 관한 특례법 위반(카메라등 이용촬영)죄가 성립할 수 있는지요?

A. 구 「성폭력범죄의 처벌 및 피해자보호 등에 관한 법률(2010. 4. 15. 법률 제10261호로 폐지되기 전의 것)」 제14조 제1항은 “카메라 기타

이와 유사한 기능을 갖춘 기계장치를 이용하여 성적 욕망 또는 수치심을 유발할 수 있는 타인의 신체를 그 의사에 반하여 촬영하거나 그 촬영물을 반포·판매·임대 또는 공연히 전시·상영한 자는 5년 이하의 징역 또는 1천만원 이하의 벌금에 처한다.”라고 규정하고 있었습니다. 따라서 여기서의 ‘그 촬영물’이 타인의 의사에 반하여 촬영된 영상물로 한정되는 것인지, 아니면 타인의 의사에 반하는지 여부와 무관하게 타인의 신체를 촬영한 영상물 전부를 포함하는 것인지가 문제되었습니다.

 그런데 이에 관하여 판례가 “성폭력범죄의 처벌 및 피해자보호 등에 관한 법률 제14조의2 제1항(현행 성폭력범죄의 처벌 등에 관한 특례법 제14조 제1항)은 “카메라 기타 이와 유사한 기능을 갖춘 기계장치를 이용하여 성적 욕망 또는 수치심을 유발할 수 있는 타인의 신체를 그 의사에 반하여 촬영하거나 그 촬영물을 반포·판매·임대 또는 공연히 전시·상영한 자”를 처벌하도록 규정하고 있는바, 위 규정의 문언과 그 입법 취지 및 연혁, 보호법익 등에 비추어, 위 규정에서 말하는 ‘그 촬영물’이란 성적 욕망 또는 수치심을 유발할 수 있는 타인의 신체를 그 의사에 반하여 촬영한 영상물을 의미하고, 타인의 승낙을 받아 촬영한 영상물은 포함되지 않는다고 해석된다.”라고 함으로써(대법원 2009. 10. 29. 선고 2009도7973 판결) 타인의 승낙을 받은 촬영물을 반포하는 행위는 성폭력범죄의 처벌 및 피해자보호 등에 관한 법률 위반(카메라 등 이용촬영)죄에 해당하지 아니하는 것으로 판단되었으며, 「성폭력범죄의 처벌 및 피해자보호 등에 관한 법률」이 폐지되고 「성폭력범죄의 처벌 등에 관한 특례법」이 제정된 이후에도 위와 같은 규정은 동일하게 유지되었습니다.

 그러나 촬영 시점에 타인의 의사에 반하여 촬영된 영상물뿐만 아니라 반포 등 시점에 타인의 의사에 반하여 반포 등이 이루어지는 영상물 역시 규제되어야 한다는 비판이 지속적으로 제기됨에 따라, 2012. 12. 18. 법률 제11556호로 전부 개정된 「성폭력범죄의 처벌 등에 관한 특례법」은 제14조 제2항에서 “제1항의 촬영이 촬영 당시에는 촬영대상자의 의사에 반하지 아니하는 경우에도 사후에 그 의사에 반하여 촬영물을 반포·판매·임대·제공 또는 공공연하게 전시·상영한 자는 3년 이하의 징역 또는 500만원 이하의 벌금에 처한다."라고 규정함으로써, 타인의 승낙을 받은 촬영물이더라도 사후에 그 의사에 반하여 반포된 경우에는 마찬가지로 성폭력범죄의 처벌 등에 관한 특례법 위반(카메라등 이용촬영)죄에 해당하는 것으로 규정하였습니다. 현행 「성폭력범죄의 처벌 등에 관한 특례법」 역시 위와 동일하게 규정하고 있으므로, 사안의 경우 甲의 죄책은 반포 시점에 그 행위가 乙의 의사에 반하는 것인지 여부에 따라 결정된다고 할 것입니다.

4. 성폭력의 처벌 등

4-1. 「형법」에 따른 성폭력에 대한 처벌

4-1-1. 성풍속에 관한 죄

① 음행매개죄(제242조)

　3년 이하의 징역 또는 1천500만원 이하의 벌금

② 음화반포 등의 죄(제243조)

　1년 이하의 징역 또는 500만원 이하의 벌금

③ 음화제조 등의 죄(제244조)

　1년 이하의 징역 또는 500만원 이하의 벌금

④ 공연음란죄(제245조)

　1년 이하의 징역, 500만원 이하의 벌금, 구류 또는 과료

4-1-2. 강간과 추행의 죄

① 강간죄와 그 미수(제297조 및 제300조)

　3년 이상의 유기징역 및 미수범 처벌

② 유사강간죄와 그 미수(제297조의2 및 제300조)

　2년 이상의 유기징역 및 미수범 처벌

③ 강제추행죄와 그 미수(제298조 및 제300조)

　10년 이하의 징역 또는 1천500만원 이하의 벌금 및 미수범 처벌

④ 준강간, 준강제추행죄와 그 미수(제299조 및 제300조)

　「형법」 제297조, 제297조의2 및 제298조의 예에 따라 처벌 및 미수범 처벌

⑤ 강간 등 상해·치상죄(제301조)

　무기 또는 5년 이상의 징역

⑥ 강간 등 살인·치사죄(제301조의2)

　강간, 유사강간, 강제추행, 준강간, 준강제추행죄 및 그 미수죄를 범한 사람이 사람을 살해한 죄: 사형 또는 무기징역

　강간, 유사강간, 강제추행, 준강간, 준강제추행죄 및 그 미수죄를 범한 사람이 사람을 사망에 이르게 한 죄: 무기 또는 10년 이상의 징역

⑦ 미성년자 등에 대한 간음죄(제302조)

　5년 이하의 징역

⑧ 업무상 위력 등에 의한 간음죄(제303조)

　업무, 고용, 그 밖의 관계로 인하여 자기의 보호 또는 감독을 받는 사람에 대하여 위계 또는 위력으로써 간음한 죄: 5년 이하의 징역 또는 1천500만원 이하의 벌금

　법률에 의하여 구금된 사람을 감호하는 사람이 그 사람을 간음한 죄: 7년 이하의 징역

⑨ 미성년자에 대한 간음, 추행죄(제305조)

　「형법」 제297조, 제297조의2, 제298조, 제301조 또는 제301조의2의 예에 따라 처벌

4-1-3. 강도강간죄(제339조)

무기 또는 10년 이상의 징역

■ 부부사이에도 강간죄가 성립할까요?

Q. 부부사이에도 강간죄가 성립할까요?

A. 부부사이에도 강간죄가 성립하는가에 대한 문제는 「형법」 제297조에서 규정한 강간죄의 객체인 '부녀'에 혼인관계가 정상적으로 유지되고 있는 법률상의 처도 포함되는지 여부와 관련이 있습니다.

종래 대법원은 혼인생활에서 부부사이에 은밀히 이루어지는 성관계에 대한 국가의 개입을 자제하여 가정이 유지되도록 하기 위해 혼인관계가 실질적으로 유지되는 한 아내에 대해 강제적인 성관계를 한 남편을 강간죄로 처벌할 수 없다고 해석하였습니다.

그러나 최근 대법원은 전원합의체 판결을 통해 「형법」은 법률상의 처를 강간죄의 객체에서 제외하는 명문을 두고 있지 않으며 강간죄의 보호법익을 자유롭고 독립된 개인으로서 여성이 가지는 성적 자기결정권으로 보고 있으므로 「형법」 제297조가 정한 강간죄의 객체인 '부녀'에는 법률상 처가 포함되고, 혼인관계가 파탄된 경우뿐만 아니라 실질적인 혼인관계가 유지되고 있는 경우에도 남편이 반항을 불가능하게 하거나 현저히 곤란하게 할 정도의 폭행이나 협박을 가하여 아내를 간음한 경우에는 강간죄가 성립한다고 판시하였습니다(대법원 2013. 5. 16.선고 2012도14788 전원합의체 판결).

(관련판례)

[가] 형법(2012. 12. 18. 법률 제11574호로 개정되기 전의 것, 이하 같다) 제297조는 부녀를 강간한 자를 처벌한다고 규정하고 있는데, 형법이 강간죄의 객체로 규정하고 있는 '부녀'란 성년이든 미성년이든, 기혼이든 미혼이든 불문하며 곧 여자를 가리킨다. 이와 같이 형법은 법률상 처를 강간죄의 객체에서 제외하는 명문의 규정을 두고 있지 않으므로, 문언 해석상으로도 법률상 처가 강간죄의 객체에 포함된다고 새기는 것에 아무런 제한이 없다. 한편 1953. 9. 18. 법률 제293호

로 제정된 형법은 강간죄를 규정한 제297조를 담고 있는 제2편 제32
장의 제목을 '정조에 관한 죄'라고 정하고 있었는데, 1995. 12. 29.
법률 제5057호로 형법이 개정되면서 그 제목이 '강간과 추행의 죄'로
바뀌게 되었다. 이러한 형법의 개정은 강간죄의 보호법익이 현재 또는
장래의 배우자인 남성을 전제로 한 관념으로 인식될 수 있는 '여성의
정조' 또는 '성적 순결'이 아니라, 자유롭고 독립된 개인으로서 여성이
가지는 성적 자기결정권이라는 사회 일반의 보편적 인식과 법 감정을
반영한 것으로 볼 수 있다. 부부 사이에 민법상의 동거의무가 인정된
다고 하더라도 거기에 폭행, 협박에 의하여 강요된 성관계를 감내할
의무가 내포되어 있다고 할 수 없다. 혼인이 개인의 성적 자기결정권
에 대한 포기를 의미한다고 할 수 없고, 성적으로 억압된 삶을 인내하
는 과정일 수도 없기 때문이다.

[나] 결론적으로 헌법이 보장하는 혼인과 가족생활의 내용, 가정에서의
성폭력에 대한 인식의 변화, 형법의 체계와 그 개정 경과, 강간죄의 보
호법익과 부부의 동거의무의 내용 등에 비추어 보면, 형법 제297조가
정한 강간죄의 객체인 '부녀'에는 법률상 처가 포함되고, 혼인관계가
파탄된 경우뿐만 아니라 혼인관계가 실질적으로 유지되고 있는 경우에
도 남편이 반항을 불가능하게 하거나 현저히 곤란하게 할 정도의 폭행
이나 협박을 가하여 아내를 간음한 경우에는 강간죄가 성립한다고 보
아야 한다. 다만 남편의 아내에 대한 폭행 또는 협박이 피해자의 반항
을 불가능하게 하거나 현저히 곤란하게 할 정도에 이른 것인지 여부
는, 부부 사이의 성생활에 대한 국가의 개입은 가정의 유지라는 관점
에서 최대한 자제하여야 한다는 전제에서, 그 폭행 또는 협박의 내용
과 정도가 아내의 성적 자기결정권을 본질적으로 침해하는 정도에 이
른 것인지 여부, 남편이 유형력을 행사하게 된 경위, 혼인생활의 형태
와 부부의 평소 성행, 성교 당시와 그 후의 상황 등 모든 사정을 종합
하여 신중하게 판단하여야 한다(대법원 2013. 5. 16.선고 2012도
14788 전원합의체 판결).

5. 「성폭력범죄의 처벌 등에 관한 특례법」에 따른 성폭력에 대한 가중처벌

5-1. 특수강도강간 등의 죄와 그 미수(제3조, 제15조)

① 주거침입죄, 야간주거침입절도죄, 특수절도와 그 미수죄를 범한 사람이 강간죄, 유사강간죄, 강제추행죄 및 준강간, 준강제추행죄를 범한 죄와 그 미수: 무기징역 또는 5년 이상의 징역 및 미수범 처벌

② 특수강도죄와 그 미수를 범한 사람이 강간죄, 유사강간죄, 강제추행죄 및 준강간, 준강제추행죄를 범한 죄와 그 미수: 사형, 무기징역 또는 10년 이상의 징역 및 미수범 처벌

■ 성폭력처벌법 상 주거침입강제추행 규정이 헌법상 평등권을 침해한 것이 아닌가요?

Q. 甲은 아파트 계단에서 여성을 강제추행하였다는 혐의로 성폭력처벌법 제3조 제1항의 주거침입강제추행 적용을 받아 징역 2년 6월에 집행유예 3년을 선고받았습니다. 그런데 비슷한 시기 인근 대로변에서 여성을 강제추행한 乙은 벌금 300만원을 선고받은 데 그쳤습니다. 성폭력처벌법 제3조 제1항 중 주거침입강제추행 부분은 헌법상 평등권을 침해한 것이 아닌가요?

A. 헌법재판소는 성폭력처벌법 제3조 제1항 중 주거침입강제추행 부분이 책임과 형벌의 비례원칙 및 평등원칙에 반하지 아니하여 합헌이라는 취지로 결정하였습니다.(헌법재판소 2013. 7. 25. 자 2012헌바320 결정)

특히 헌법재판소는 강간보다 엄히 처벌하여야 할 추행행위도 있을 수 있고, 법관의 양형을 통해 불합리함이 시정 가능하다는 점을 들어 위 규정이 평등원칙에 반하지 않다고 판단했습니다.

단, 위 결정에 관하여는 위 규정이 강간에 못지않은 행위 이외의 강제

추행행위에도 적용되는 것은 책임과 형벌의 비례원칙 및 평등원칙에 반한다는 취지의 재판관 5인의 한정위헌의견이 있었습니다.

5-2. 특수강간 등의 죄와 그 미수(제4조, 제15조)

① 흉기나 그 밖의 위험한 물건을 지닌 채 또는 2명 이상이 합동하여 강간죄를 범한 죄와 그 미수: 무기징역 또는 5년 이상의 징역 및 미수범 처벌

② 흉기나 그 밖의 위험한 물건을 지닌 채 또는 2명 이상이 합동하여 강제추행죄를 범한 죄와 그 미수: 3년 이상의 유기징역 및 미수범 처벌

③ 흉기나 그 밖의 위험한 물건을 지닌 채 또는 2명 이상이 합동하여 준강간, 준강제추행죄를 범한 죄와 그 미수: ①~ ② 예에 따라 처벌 및 미수범 처벌

■ **특수강간죄는 합의하여도 처벌되는지요?**

Q. 저의 동생은 친구와 함께 동네 여자를 밤중에 강간하였습니다. 동생은 현재 구속되었고 저희 가족들은 피해자와 합의를 하려고 합니다. 합의를 하면 처벌받지 않는지요?

A. 「형법」,「성폭력범죄의 처벌 등에 관한 특례법(이하 '성폭력처벌법'이라 합니다.)」,「아동ㆍ청소년의 성보호에 관한 법률」이 개정되어 성범죄 관련 친고죄 규정이나 반의사불벌죄 규정이 모두 폐지되었으므로, 피해자와 합의가 되어 고소가 취소되더라도 단지 그 정상이 참작되어 형이 감경(減輕)될 수 있을 뿐(형법 제53조) 처벌을 피할 수는 없습니다.

그리고 「성폭력처벌법」 제4조 제1항에서는 "흉기나 그 밖의 위험한 물건을 지닌 채 또는 2명 이상이 합동하여 「형법」 제297조(강간)의 죄를 범한 사람은 무기징역 또는 5년 이상의 징역에 처한다."라고 규정하고 있습니다,

귀하의 동생의 경우에는 친구와 함께 범행을 한 것이므로 "2명 이상이

합동하여 「형법」 제297조(강간)의 죄를 범한” 경우에 해당하여 위 성폭력처벌법 규정에 따라 처벌 될 것으로 예상되며, 만약 피해자와 합의가 되는 경우에는 그 정상이 참작되어 형이 감경(減輕)될 수 있을 것입니다.

참고로 「성폭력범죄의 처벌 등에 관한 특례법」 제4조 제1항의 합동범이 성립하기 위한 요건에 관하여 판례는 “성폭력범죄의처벌및피해자보호등에관한법률(현행 성폭력범죄의 처벌 등에 관한 특례법) 제6조 제1항의 2인 이상이 합동하여 형법 제297조의 죄를 범함으로써 특수강간죄가 성립하기 위하여는 주관적 요건으로서의 공모와 객관적 요건으로서의 실행행위의 분담이 있어야 하는바, 그 공모는 법률상 어떠한 정형을 요구하는 것이 아니어서 공범자 상호간에 직접 또는 간접으로 범죄의 공동가공의사가 암묵리에 상통하여도 되고 반드시 사전에 모의과정이 있어야 하는 것이 아니며, 그 실행행위는 시간적으로나 장소적으로 협동관계에 있다고 볼 정도에 이르면 된다.”라고 하였습니다(대법원 1998. 2. 27. 선고 97도1757 판결).

■ 합동강간죄의 합동의 의미는 무엇인지요?

Q. 甲, 乙, 丙이 A, B, C를 각각 특정하여 강간하려 했어도 사전 모의에 따라 심야에 인가에서 멀리 떨어져 있어 쉽게 도망할 수 없는 야산으로 이들을 유인해 각자 100m 이내 거리에 있는 곳에서 강간했습니다. 이런 경우도 합동강간에 해당하나요?

A. 「성폭력범죄의 처벌 등에 관한 특례법」 제4조 제1항은 “흉기나 그 밖의 위험한 물건을 지닌 채 또는 2명 이상이 합동하여 「형법」 제297조(강간)의 죄를 범한 사람은 무기징역 또는 5년 이상의 징역에 처한다”라고 하여 합동에 의한 특수강간을 규정하고 있습니다. 여기서 2명 이상이 합동하여 강간하는 것을 더 무겁게 처벌하는 것은 다중의 위협에

의하여 강간범행의 착수가 더 용이해지기 때문인 것으로 풀이됩니다.

문제 사안의 경우 비록 甲, 乙, 丙이 A, B, C를 각각 특정하여 강간하려고 했다 하더라도 이들을 사전 모의에 따라 강간 목적에 의해 야산으로 피해자들을 유인한 것이 합동에 해당하는지가 문제됩니다. 이에 대해 판례는 "주관적 요건으로서의 공모와 객관적 요건으로서의 실행행위의 분담이 있어야 하고, 그 실행행위는 시간적으로나 장소적으로 협동관계에 있다고 볼 정도에 이르면 된다"고 하면서 "피고인 등이 비록 특정한 1명씩의 피해자만 강간하거나 강간하려고 하였다 하더라도, 사전의 모의에 따라 강간할 목적으로 심야에 인가에서 멀리 떨어져 있어 쉽게 도망할 수 없는 야산으로 피해자들을 유인한 다음 곧바로 암묵적인 합의에 따라 각자 마음에 드는 피해자들을 데리고 불과 100m 이내의 거리에 있는 곳으로 흩어져 동시 또는 순차적으로 피해자들을 각각 강간하였다면, 그 각 강간의 실행행위도 시간적으로나 장소적으로 협동관계에 있었다고 보아야 할 것이므로, 피해자 3명 모두에 대한 특수강간죄 등이 성립"한다고 판단하였습니다(대법원 2004. 8. 20. 선고 2004도2870 판결).

따라서 이 경우는 합동에 의한 특수강간죄가 성립한다 볼 것입니다.

5-3. 친족관계에 의한 강간 등의 죄와 그 미수(제5조, 제15조)

① 친족관계인 사람(4촌 이내의 혈족·인척과 동거하는 친족을 말함. 사실상의 관계에 의한 친족을 포함함. 이하 같음)이 폭행 또는 협박으로 사람을 강간한 죄와 그 미수: 7년 이상의 유기징역 및 미수범 처벌

② 친족관계인 사람이 폭행 또는 협박으로 사람을 강제추행한 죄와 그 미수: 5년 이상의 유기징역 및 미수범 처벌

③ 친족관계인 사람이 사람을 준강간, 준강제추행한 죄와 그 미수:

①~ ② 예에 따라 처벌 및 미수범 처벌

5-4. 장애인에 대한 강간·강제추행 등의 죄와 그 미수(제6조, 제15조)

① 신체적인 또는 정신적인 장애가 있는 사람을 강간한 죄와 그 미수: 무기징역 또는 7년 이상의 징역 및 미수범 처벌

② 신체적인 또는 정신적인 장애가 있는 사람에 대하여 폭행이나 협박으로 구강·항문 등 신체(성기는 제외함)의 내부에 성기를 넣는 행위 또는 성기·항문에 손가락 등 신체(성기는 제외한다)의 일부나 도구를 넣는 행위를 한 죄와 그 미수: 5년 이상의 유기징역 및 미수범 처벌

③ 신체적인 또는 정신적인 장애가 있는 사람을 강제추행한 죄와 그 미수: 3년 이상의 유기징역 또는 2천만원 이상 5천만원 이하의 벌금 및 미수범 처벌

④ 신체적인 또는 정신적인 장애로 항거불능 또는 항거곤란 상태에 있음을 이용하여 사람을 간음하거나 추행한 죄와 그 미수: ①~ ③ 예에 따라 처벌 및 미수범 처벌

⑤ 위계(僞計) 또는 위력(威力)으로써 신체적인 또는 정신적인 장애가 있는 사람을 간음한 죄와 그 미수: 5년 이상의 유기징역 및 미수범 처벌

⑥ 위계 또는 위력으로써 신체적인 또는 정신적인 장애가 있는 사람을 추행한 죄와 그 미수: 1년 이상의 유기징역 또는 1천만원 이상 3천만원 이하의 벌금 및 미수범 처벌

5-5. 13세 미만의 미성년자에 대한 강간, 강제추행 등의 죄와 그 미수(제7조, 제15조)

① 13세 미만의 사람을 강간한 죄와 그 미수: 무기징역 또는 10년 이상의 징역 및 미수범 처벌

② 13세 미만의 사람에 대하여 폭행이나 협박으로 구강·항문 등 신체(성기는 제외함)의 내부에 성기를 넣는 행위 또는 성기·항문에 손가락 등 신체(성기는 제외함)의 일부나 도구를 넣는 행위를 한 죄와 그 미

수: 7년 이상의 유기징역 및 미수범 처벌

③ 13세 미만의 사람을 강제추행한 죄와 그 미수: 5년 이상의 유기징역 또는 3천만원 이상 5천만원 이하의 벌금 및 미수범 처벌

④ 13세 미만의 사람을 준강간, 준강제추행한 죄와 그 미수: ①~ ③ 예에 따라 처벌 및 미수범 처벌

⑤ 위계 또는 위력으로써 13세 미만의 사람을 간음하거나 추행한 죄와 그 미수: ①~ ③ 예에 따라 처벌 및 미수범 처벌

■ 13세 미만의 미성년자에 대한 추행죄에 주관적 동기나 목적이 필요한지요?

Q. 초등학교 기간제 교사인 甲은 수지침과 상담치료에 관심이 많아 평소 학생들의 진맥이나 건강검진 등을 하여 왔는데, 학생 乙, 丙, 丁(모두 여, 10세)의 요청으로 자신의 연구실에서 위 학생들의 진맥 등을 하다가 乙의 상의 안으로 손을 넣어 가슴과 배를 만졌습니다. 이러한 경우 甲에게 성폭력범죄의 처벌 등에 관한 특례법 위반(13세미만 미성년자 추행)죄가 성립할 수 있는지요?

A. 「성폭력범죄의 처벌 등에 관한 특례법」 제7조 제3항은 "13세 미만의 사람에 대하여 「형법」 제298조(강제추행)의 죄를 범한 사람은 5년 이상의 유기징역 또는 3천만원 이상 5천만원 이하의 벌금에 처한다."라고 규정하고 있고, 같은 조 제5항은 "위계 또는 위력으로써 13세 미만의 사람을 간음하거나 추행한 사람은 제1항부터 제3항까지의 예에 따라 처벌한다."라고 규정하고 있습니다. 따라서 甲에게 성폭력범죄의 처벌 등에 관한 특례법 위반(13세미만 미성년자 추행)죄가 성립하는지 여부를 판단하기 위해서는 당해 범죄에 행위자의 고의 이외에 주관적 동기나 목적이 필요한지, 그리고 甲의 행위가 추행에 해당하는지가 문제됩니다.

이에 관하여 판례는 "성폭력범죄의 처벌 및 피해자보호 등에 관한 법률 제8조의2 제5항(현행 성폭력범죄의 처벌 등에 관한 특례법 제7조 제5항)에서 규정한 13세 미만의 미성년자에 대한 추행죄는 '13세 미만의

아동이 외부로부터의 부적절한 성적 자극이나 물리력의 행사가 없는 상태에서 심리적 장애 없이 성적 정체성 및 가치관을 형성할 권익’을 보호법익으로 하는 것으로서, 그 성립에 필요한 주관적 구성요건으로 성욕을 자극·흥분·만족시키려는 주관적 동기나 목적이 있어야 하는 것은 아니다. 그리고 위 죄에 있어서 ‘추행’이라 함은 객관적으로 상대방과 같은 처지에 있는 일반적이고도 평균적인 사람으로 하여금 성적 수치심이나 혐오감을 일으키게 하고 선량한 성적 도덕관념에 반하는 행위로서 피해자의 성적 자유를 침해하는 것이라고 할 것인데, 이에 해당하는지 여부는 피해자의 의사, 성별, 연령, 행위자와 피해자의 이전부터의 관계, 그 행위에 이르게 된 경위, 구체적 행위태양, 주위의 객관적 상황과 그 시대의 성적 도덕관념 등을 종합적으로 고려하여 신중히 결정되어야 할 것이다.”라고 하였습니다(대법원 2009. 9. 24. 선고 2009도2576 판결).

 사안의 경우 甲의 행위가 비록 乙의 요청으로 丙과 丁이 지켜보는 가운데 한 행위여서 성욕을 자극·흥분·만족시키려는 주관적 동기나 목적이 없었다고 하더라도, 객관적으로 乙과 같은 처지에 있는 일반적이고도 평균적인 사람으로 하여금 성적 수치심이나 혐오감을 일으키게 하고 선량한 성적 도덕관념에 반하는 행위에 해당하여 정신적·육체적으로 미숙한 乙의 심리적 성장 및 성적 정체성의 형성에 부정적 영향을 미쳤다고 할 것이므로 성폭력범죄의 처벌 등에 관한 특례법 제7조 제5항에서 말하는 ‘추행’에 해당한다고 평가할 수 있을 것이고, 나아가 추행행위의 행태와 당시의 정황 등에 비추어 볼 때 甲의 범의도 인정할 수 있을 것입니다. 그렇다면 甲에게는 성폭력범죄의 처벌 등에 관한 특례법 위반(13세미만 미성년자 추행)죄가 성립할 수 있을 것으로 보입니다.

5-6. 강간 등 상해·치상의 죄와 그 미수(제8조, 제15조)

① 특수강도강간 등의 죄와 그 미수(제3조제1항 및 제15조), 특수강간 등의 죄와 그 미수, 장애인에 대한 강간·강제추행 등의 죄와 그 미수, 13세 미만의 미성년자에 대한 강간, 강제추행 등의 죄와 그 미

수죄를 범한 사람이 다른 사람을 상해하거나 상해에 이르게 한 죄와 그 미수: 무기징역 또는 10년 이상의 징역 및 미수범 처벌
② 친족관계에 의한 강간 등의 죄와 그 미수죄를 범한 사람이 다른 사람을 상해하거나 상해에 이르게 한 죄와 그 미수: 무기징역 또는 7년 이상의 징역 및 미수범 처벌

■ 주거에 침입하여 강간하면서 상해를 입힌 경우 형사책임은 어떻게 되는지요?

Q. 甲은 주간에 아파트의 문이 열린 것을 이용하여 乙의 주거에 침입하여 乙의 처를 강간하고 乙의 처에게 전치 3주의 상해를 입혔는바, 이러한 경우 甲이 「성폭력범죄의 처벌 등에 관한 특례법」 제3조 제1항 위반죄로 처벌받는 이외에 주거침입죄는 인정되지 않는지요?

A. 「성폭력범죄의 처벌 등에 관한 특례법」 제3조 제1항은 "형법 제319조 제1항(주거침입죄)의 죄를 범한 자가 형법 제297조(강간)의 죄를 범한 때에는 무기 또는 5년 이상의 징역에 처한다."라고 규정하고 있고, 같은 법 제8조 제1항은 "제3조 제1항의 죄를 범한 자가 사람을 상해하거나 상해에 이르게 한 때에는 무기 또는 10년 이상의 징역에 처한다."라고 규정하고 있습니다.
　주거에 침입하여 피해자를 강간하고 상해를 입힌 경우 「성폭력범죄의 처벌 등에 관한 특례법」 제8조 제1항의 위반죄 이외에 별개로 주거침입죄가 성립되는지에 관하여 판례는 "성폭력범죄의처벌및피해자보호등에관한법률(현행 성폭력범죄의 처벌 등에 관한 특례법) 제5조 제1항은 형법 제319조 제1항의 죄를 범한 자가 강간의 죄를 범한 경우를 규정하고 있고, 성폭력범죄의처벌및피해자보호등에관한법률 제9조 제1항은 성폭력범죄의처벌및피해자보호등에관한법률 제5조 제1항의 죄와 성폭력범죄의처벌및피해자보호등에관한법률 제6조의 죄에 대한 결과적 가중범을 동일한 구성요건에 규정하고 있으므로, 피해자의 방안에 침입하여

식칼로 위협하여 반항을 억압한 다음 피해자를 강간하여 상해를 입히게 한 피고인의 행위는 그 전체가 포괄하여 성폭력범죄의처벌및피해자보호 등에관한법률 제9조 제1항의 죄를 구성할 뿐이지, 그 중 주거침입의 행위가 나머지 행위와 별도로 주거침입죄를 구성한다고는 볼 수 없다.”라고 하였습니다(대법원 1999. 4. 23. 선고 99도354 판결).

 따라서 위 사안에서도 甲은 「성폭력범죄의 처벌 등에 관한 특례법」 제8조 제1항 위반으로 처벌될 것이지만, 별도로 주거침입죄가 성립되지는 않을 것으로 보입니다.

5-7. 강간 등 살인·치사의 죄와 그 미수(제9조, 제15조)

① 특수강도강간 등의 죄와 그 미수(「성폭력범죄의 처벌 등에 관한 특례법」 제3조제1항 및 제15조), 특수강간 등의 죄와 그 미수, 친족관계에 의한 강간 등의 죄와 그 미수, 장애인에 대한 강간·강제추행 등의 죄와 그 미수 및 13세 미만의 미성년자에 대한 강간, 강제추행 등의 죄와 그 미수 또는 강간죄와 그 미수, 유사강간죄와 그 미수 및 강제추행죄와 그 미수의 죄를 범한 사람이 다른 사람을 살해한 죄와 그 미수: 사형 또는 무기징역 및 미수범 처벌

② 특수강간 등의 죄와 그 미수, 친족관계에 의한 강간 등의 죄와 그 미수죄를 범한 사람이 다른 사람을 사망에 이르게 한 죄와 그 미수: 무기징역 또는 10년 이상의 징역 및 미수범처벌

③ 장애인에 대한 강간·강제추행 등의 죄와 그 미수 및 13세 미만의 미성년자에 대한 강간, 강제추행 등의 죄와 그 미수죄를 범한 사람이 다른 사람을 사망에 이르게 한 죄와 그 미수: 사형, 무기징역 또는 10년 이상의 징역 및 미수범 처벌

5-8. 업무상 위력 등에 의한 추행죄(제10조)

① 업무, 고용이나 그 밖의 관계로 인하여 자기의 보호, 감독을 받는 사람에 대하여 위계 또는 위력으로 추행한 죄: 2년 이하의 징역 또는

500만원 이하의 벌금

② 법률에 따라 구금된 사람을 감호하는 사람이 그 사람을 추행한 죄: 3년 이하의 징역 또는 1천500만원 이하의 벌금

5-9. 공중 밀집 장소에서의 추행죄(제11조)

대중교통수단, 공연·집회 장소, 그 밖에 공중(公衆)이 밀집하는 장소에서 사람을 추행한 죄: 1년 이하의 징역 또는 300만원 이하의 벌금

■ **폐쇄공간에서 자위행위 모습을 보여주고 신체적 접촉이 없는 경우에도 강제추행이 될 수 있나요?**

Q. 甲(남자)이 엘리베이터에서 乙(여자)을 칼로 위협해 꼼짝 못하도록 하여 자위행위 모습을 보여주고 乙로 하여금 이를 외면하거나 피할 수 없게 하였는데, 신체적 접촉이 없는 경우에도 강제추행이 될 수 있나요?

A. 「성폭력범죄의 처벌 등에 관한 특례법」제4조 제2항은 "제1항의 방법(흉기나 그 밖의 위험한 물건을 지닌 채 또는 2명 이상이 합동하여)으로 「형법」 제298조(강제추행)의 죄를 범한 사람은 3년 이상의 유기징역에 처한다"라고 하여 특수강제추행의 경우를 형법에서보다 가중처벌하고 있습니다.

문제 사안에서는 위 요건에 해당하는 추행에 해당하는지 문제되는데, 판례는 "추행은 객관적으로 일반인에게 성적 수치심이나 혐오감을 일으키게 하고 선량한 성적 도덕관념에 반하는 행위로서 피해자의 성적 자유를 침해하는 것을 말하는바, 이에 해당하는지 여부는 피해자의 의사, 성별, 연령, 행위자와 피해자의 관계, 그 행위에 이르게 된 경위, 구체적 행위태양, 주위의 객관적 상황과 그 시대의 성적 도덕관념 등을 종합적으로 고려하여 신중히 결정하여야 한다"고 원칙을 제시하면서, "피고인이 엘리베이터 안에서 피해자를 칼로 위협하는 등의 방법으로 꼼짝

하지 못하도록 하여 자신의 실력적인 지배하에 둔 다음 자위행위 모습을 보여준 행위가 강제추행죄의 추행에 해당한다"고 하여 신체접촉이 없다 하여도 성적 수치심이나 혐오감을 일으키는 행위를 추행이라고 보았습니다(대법원 2010. 2. 25. 선고 2009도13716 판결).

따라서 이 경우는 강제추행이 될 수 있습니다.

5-10. 성적 목적을 위한 다중이용장소 침입행위죄(제12조)

자기의 성적 욕망을 만족시킬 목적으로 화장실, 목욕장·목욕실 또는 발한실(發汗室), 모유수유시설, 탈의실 등 불특정 다수가 이용하는 다중이용장소에 침입하거나 같은 장소에서 퇴거의 요구를 받고 응하지 않은 죄: 1년 이하의 징역 또는 300만원 이하의 벌금

5-11. 통신매체를 이용한 음란행위죄(제13조)

자기 또는 다른 사람의 성적 욕망을 유발하거나 만족시킬 목적으로 전화, 우편, 컴퓨터, 그 밖의 통신매체를 통하여 성적 수치심이나 혐오감을 일으키는 말, 음향, 글, 그림, 영상 또는 물건을 상대방에게 도달하게 한 죄: 2년 이하의 징역 또는 500만원 이하의 벌금

■ 가해자가 직접 음란한 내용의 편지를 피해자에게 전달한 경우 통신매체 이용음란죄가 성립되는지요?

Q. 甲은 성적 수치심 등을 일으키는 내용의 편지를 수차례 자신이 직접 피해자의 주거지 출입문에 끼워 넣어 피해자에게 도달하게 하였습니다. 위와 같은 갑의 행위를 성폭력범죄의 처벌 등에 관한 특례법에 규정된 '전화, 우편, 컴퓨터, 그 밖의 통신매체를 통하여' 피해자에게 도달하게 한 것이라고 할 수 있나요?

A. 성폭력범죄의 처벌 등에 관한 특례법(이하 '성폭력처벌법'이라 합니다) 제13조는 "자기 또는 다른 사람의 성적 욕망을 유발하거나 만족시킬

목적으로 전화, 우편, 컴퓨터, 그 밖의 통신매체를 통하여 성적 수치심이나 혐오감을 일으키는 말, 음향, 글, 그림, 영상 또는 물건을 상대방에게 도달하게 한 사람은 2년 이하의 징역 또는 500만 원 이하의 벌금에 처한다.”라고 규정하고 있습니다. 문제는 갑의 경우처럼 전화, 우편, 컴퓨터, 그 밖의 통신매체를 통하여 편지를 전달한 것이 아니라 자기가 직접 편지를 전달한 경우에도 위 규정으로 처벌할 수 있느냐는 것입니다.

형벌법규의 해석은 엄격하여야 하고, 명문의 형벌법규의 의미를 피고인에게 불리한 방향으로 지나치게 확장해석하거나 유추해석하는 것은 죄형법정주의의 원칙에 어긋나는 것으로서 허용되지 아니한다는 점에 비추어 보면(대법원 2013.11.28.선고 2012도4230판결 등 참조), 위 성폭력처벌법의 규정은 분명히 그 전달 수단을 전화, 우편, 컴퓨터, 그 밖의 통신매체로 한정하여 열거하고 있으므로 甲과 같이 직접 편지를 전해 주는 경우까지 위 규정을 근거로 처벌할 수는 없을 것으로 생각됩니다.

판례도 “위 규정 문언에 의하면, 위 규정은 자기 또는 다른 사람의 성적 욕망을 유발하는 등의 목적으로 ‘전화, 우편, 컴퓨터나 그 밖에 일반적으로 통신매체라고 인식되는 수단을 이용하여’ 성적 수치심 등을 일으키는 말, 글, 물건 등을 상대방에게 전달하는 행위를 처벌하고자 하는 것임이 문언상 명백하므로, 위와 같은 통신매체를 이용하지 아니한 채 ‘직접’상대방에게 말, 글, 물건 등을 도달하게 하는 행위까지 포함하여 위 규정으로 처벌할 수 있다고 보는 것은 법문의 가능한 의미의 범위를 벗어난 해석으로서 실정법 이상으로 그 처벌 범위를 확대하는 것이라 하지 않을 수 없다(대법원 2016. 3. 10. 선고 2015도17847 판결).”라고 판시한바 있습니다.

따라서 갑은 최소한 성폭력범죄의 처벌등에 관한 특례법 위반(통신매체이용음란)죄로 처벌받지는 않을 것입니다.

■ 성적 수치심을 느끼게 하는 편지를 직접 전달한 경우 통신매체를 이용한 음란행위에 해당하는지요?

Q. 甲은 약 2주에 걸쳐 6회에 걸쳐 성적 수치심을 일으키는 내용의 각 편지를 작성한 다음 이를 옆집에 사는 乙의 주거지 출입문에 끼워놓았습니다. 甲의 행위도 성폭력범죄의 처벌 등에 관한 특례법 제13조의 통신매체를 이용한 음란행위에 해당하는 것인가요?

A. 성폭력범죄의 처벌 등에 관한 특례법 제13조는 "자기 또는 다른 사람의 성적 욕망을 유발하거나 만족시킬 목적으로 전화, 우편, 컴퓨터, 그 밖의 통신매체를 통하여 성적수치심이나 혐오감을 일으키는 말,음향,글, 그림, 영상 또는 물건을 상대방에게 도달하게 한 사람은 2년 이하의 징역 또는 500만원 이하의 벌금에 처한다."고 규정하고 있습니다.
   위 규정 문언에 의하면, 위 규정은 자기 또는 다른 사람의 성적 욕망을 유발하는 등의 목적으로 '전화, 우편, 컴퓨터나 그 밖에 일반적으로 통신매체라고 인식되는 수단을 이용하여' 성적 수치심 등을 일으키는 말, 글, 물건 등을 상대방에게 전달하는 행위를 처벌하고자 하는 것임이 문언상 명백하므로, 위와 같은 통신매체를 이용하지 아니한 채 '직접' 상대방에게 말, 글, 물건 등을 도달하게 하는 행위까지 포함하여 위 규정으로 처벌할 수 있다고 볼 수는 없습니다.
   따라서 甲의 행위는 성폭력범죄의 처벌 등에 관한 특례법 제13조의 통신매체를 이용한 음란행위에 해당하지 않습니다(대법원 2016. 3. 10. 선고 2015도17847 판결 참조).

5-12. 카메라 등을 이용한 촬영죄와 그 미수(제14조, 제15조)

① 카메라나 그 밖에 이와 유사한 기능을 갖춘 기계장치를 이용하여 성적 욕망 또는 수치심을 유발할 수 있는 다른 사람의 신체를 그 의사에 반하여 촬영하거나 그 촬영물을 반포·판매·임대·제공 또는 공공연

하게 전시·상영한 죄와 그 미수: 5년 이하의 징역 또는 1천만원 이하
의 벌금 및 미수범 처벌

② 위의 촬영이 촬영 당시에는 촬영대상자의 의사에 반하지 않는 경우에
도 사후에 그 의사에 반하여 촬영물을 반포·판매·임대·제공 또는 공
공연하게 전시·상영한 죄와 그 미수: 3년 이하의 징역 또는 500만원
이하의 벌금 및 미수범 처벌

③ 영리를 목적으로 위의 촬영물을 「정보통신망 이용촉진 및 정보보호
등에 관한 법률」 제2조제1항제1호의 정보통신망을 이용하여 유포한
죄와 그 미수: 7년 이하의 징역 또는 3천만원 이하의 벌금 및 미수범
처벌

■ **성폭력처벌법에서 카메라 등 이용촬영죄의 처벌범위에 성적 욕망 또는
수치심을 유발한다는 표현은 모호한 표현이 아닌가요?**

Q. 성폭력범죄의 처벌 등에 관한 특례법 제13조는 카메라나 그 밖에
이와 유사한 기능을 갖춘 기계장치를 이용하여 성적 욕망 또는 수
치심을 유발할 수 있는 다른 사람의 신체를 그 의사에 반하여 촬영
하거나 그 촬영물을 반포·판매·임대 또는 공공연하게 전시·상영한
자는 5년 이하의 징역 또는 1천만 원 이하의 벌금에 처한다고 하
고 있습니다. 그런데 여기서 성적 욕망 또는 수치심을 유발한다는
것이 모호한 표현이 아닌가요?

A. 헌법재판소는 2015헌바243 결정에서 "헌법재판소는 카메라 등을 이용
하여 성적 욕망 또는 수치심을 유발할 수 있는 다른 사람의 신체를 촬
영한 촬영물을 그 의사에 반하여 반포한 경우 등을 처벌하는 '성폭력범
죄의 처벌 등에 관한 특례법'(2012. 12. 18. 법률 제11556호로 전부
개정된 것) 제14조 제2항이 다음과 같은 이유로 죄형법정주의의 명확성
원칙에 위배되지 않는다고 판시한 바 있습니다(헌재2016.12. 29.2016
헌바153).

『'성적 욕망 또는 성적 수치심을 유발'한다는 것은 가해자 본인 또는 제3자에게 단순한 호기심의 발동을 넘어 성적 욕구를 발생 내지 증가시키거나, 피해자에게 단순한 부끄러움이나 불쾌감을 넘어 인격적 존재로서의 수치심이나 모욕감을 느끼게 하는 것으로서 사회 평균인의 성적 도의관념에 반하는 것을 의미하고, 건전한 상식과 통상적인 법감정을 가진 일반인이라면 그 의미를 충분히 파악할 수 있으며, 법원이 합리적인 해석기준을 제시하고 있다.』

위 선례와 달리 판단할 사정의 변경이나 필요성이 있다고 인정되지 아니하므로, 심판대상조항은 죄형법정주의의 명확성원칙에 위배된다고 볼 수 없다."고 판시하였습니다.

6. 형벌 외에 보호관찰·사회봉사·수강명령 등의 처분

6-1. 성폭력 범죄자가 선고유예를 받은 경우

① 법원이 성폭력범죄를 범한 사람에 대하여 형의 선고를 유예하는 경우에는 1년 동안 보호관찰을 받을 것을 명할 수 있습니다(성폭력범죄의 처벌 등에 관한 특례법 제16조제1항 본문).

② "보호관찰"이란 범죄인에게 형벌을 집행하지 않고, 정상적인 사회생활을 영위하게 하면서 보호관찰기관의 지도·감독을 받도록 함으로써 범죄인의 사회복귀를 도모하는 처분을 말합니다.

6-2. 성폭력 범죄자가 유죄판결을 받은 경우

① 법원이 성폭력범죄를 범한 사람에 대하여 유죄판결(선고유예는 제외함)을 선고하거나 약식명령을 고지하는 경우에는 500시간의 범위에서 재범예방에 필요한 수강명령 또는 성폭력 치료프로그램의 이수명령(이하 "이수명령"이라 함)을 병과해야 합니다(성폭력범죄의 처벌 등에

관한 특례법 제16조제2항 본문).

② 수강명령 또는 이수명령은 형의 집행을 유예할 경우에는 그 집행유예
   기간 내에, 벌금형을 선고하거나 약식명령을 고지할 경우에는 형 확
   정일부터 6개월 이내에, 징역형 이상의 실형을 선고할 경우에는 형기
   내에 각각 집행합니다(성폭력범죄의 처벌 등에 관한 특례법 제16조제
   5항 본문).

③ 수강명령 또는 이수명령은 다음의 내용으로 합니다(성폭력범죄의 처벌
   등에 관한 특례법 제16조제7항).

   - 일탈적 이상행동의 진단·상담

   - 성에 대한 건전한 이해를 위한 교육

   - 그 밖에 성폭력범죄를 범한 사람의 재범예방을 위하여 필요한 사항

6-3. 성폭력 범죄자가 집행유예 선고를 받은 경우

법원이 성폭력범죄를 범한 사람에 대하여 형의 집행을 유예하는 경우에
는 수강명령 외에 그 집행유예기간 내에서 보호관찰 또는 사회봉사 중
하나 이상의 처분을 병과할 수 있습니다(성폭력범죄의 처벌 등에 관한
특례법 제16조제4항).

6-4. 성폭력 범죄자가 가석방된 경우

① 성폭력범죄를 범한 사람으로서 형의 집행 중에 가석방된 사람은 가석
   방기간 동안 보호관찰을 받습니다(성폭력범죄의 처벌 등에 관한 특례
   법 제16조제8항 본문).

② "가석방"이란 자유형(징역 또는 금고)을 집행 받고 있는 자가 개전의
   정이 현저하다고 인정되는 때에 형기 만료 전에 조건부로 수형자를
   석방하고 일정기간이 경과하면 형의 집행을 종료한 것으로 보는 제도
   를 말합니다.

7. 그 외 신상정보 등록 및 공개, 위치추적 전자장치 부착 및 성충동 약물치료 등의 명령

7-1. 신상정보 등록 및 공개

법원은 일정한 성폭력 범죄자에 대하여 판결로 성명, 나이, 주소 및 실제 거주지 등의 공개정보를 정보통신망을 이용하여 공개하도록 하는 명령을 등록대상 사건의 판결과 동시에 선고해야 합니다(성폭력범죄의 처벌 등에 관한 특례법 제47조제1항 및 아동·청소년의 성보호에 관한 법률 제49조제1항,3항).

(관련판례)

아동·청소년의 성보호에 관한 법률 제38조 제1항, 제38조의2 제1항 각 단서에서 공개명령과 고지명령의 예외사유의 하나로 규정된 '그 밖에 신상정보를 공개하여서는 아니될 특별한 사정이 있다고 판단되는 경우'에 해당하는지는 피고인의 연령, 직업, 재범위험성 등 행위자의 특성, 당해 범행의 종류, 동기, 범행과정, 결과 및 죄의 경중 등 범행의 특성, 공개 명령 또는 고지명령으로 인하여 피고인이 입는 불이익의 정도와 예상되는 부작용, 그로 인해 달성할 수 있는 아동·청소년 대상 성범죄의 예방 효과 및 성범죄로부터의 아동·청소년 보호 효과 등을 종합적으로 고려하여 판단하여야 한다(대법원 2012. 1. 27. 선고 2011도14676 판결).

7-2. 위치추적 전자장치 부착

성폭력 범죄자의 재범 방지와 성행교정을 통한 재사회화를 위하여 그의 행적을 추적하여 위치를 확인할 수 있는 전자장치를 신체에 부착하게 하는 부가적인 조취를 취할 수 있습니다(특정 범죄자에 대한 보호관찰 및 전자장치 부착 등에 관한 법률 제1조 및 제2조제2호).

7-3. 성충동 약물치료

사람에 대해 일정한 성폭력범죄를 저지른 성도착증 환자로서 성폭력범죄를 다시 범할 위험성이 있다고 인정되는 사람에 대하여 성폭력범죄의 재범을 방지하고 사회복귀를 촉진하기 위해 성충동 약물치료를 실시합니다(성폭력범죄자의 성충동 약물치료에 관한 법률 제1조 및 제2조제2호).

■ 아동·청소년대상 성폭력범죄자의 신상정보 공개 및 고지 제도가 인격권, 개인정보자기결정권을 침해하는지요?

Q. 甲은 15세 여학생을 강제로 추행하여 항소심에서 징역 6월 집행유예 2년 및 보호관찰을 받을 것과 80시간의 성폭력 치료프로그램 이수명령 및 5년간의 신상정보 공개·고지명령을 선고받았습니다. 이러한 경우 '신상정보 공개·고지명령'이 甲의 인격권 및 개인정보자기결정권을 침해한다고 볼 수 있는지요?

A. 아동·청소년의 성보호에 관한 법률 제49조 제1항, 제50조 제1항에서는 '아동·청소년대상 성폭력범죄를 저지른 자'에 대하여는 판결과 동시에 신상정보공개 및 고지명령을 선고하도록 정하고 있습니다.

　그런데 헌법재판소는 이러한 신상정보 공개·고지조항이 개인정보자기결정권·인격권을 침해한다는 주장에 대하여 아래와 같은 이유로 위헌이 아니라고 판시한 바 있습니다(헌법재판소 2016. 5. 26. 선고 2014헌바68, 164(병합) 결정).

　구체적인 이유를 살펴보면, 헌법재판소는 '신상정보 공개조항'에 관하여는 "아동·청소년의 성을 보호하고 사회방위를 도모하기 위한 것으로서, 공개대상이나 공개기간이 제한적이고, 법관이 '특별한 사정' 등을 고려하여 공개 여부를 판단하도록 되어 있으며, 공개로 인한 피해를 최소화하는 장치도 마련되어 있으므로 침해의 최소성이 인정되고, 이를 통하여 달성하고자 하는 '아동·청소년의 성보호'라는 목적이 침해되는 사익에 비하여 매우 중요한 공익에 해당하므로 법익의 균형성도 인정된다. 따라서 신상정보 공개조항은 청구인들의 인격권, 개인정보자기결정권을 침해한다고 볼 수 없다.”라고 하였고, ‘신상정보 고지조항’에 관하여는, “성범죄자들이 사회에 복귀함을 그 지역에 거주하는 아동·청소년들의 안전에 책임이 있는 자들에게 경고하여 성범죄자들이 거주하는 지역의 아동·청소년의 안전을 보호하는데 그 입법목적이 있으므로 목적의 적당성이 인정되고, 신상정보를 직접 우편 고지하는 것은 지역주민 등에게 경각심을 불러 일으키는 데 효과적이므로 수단의 적합성도 인정된다. 아동·청소년대상 성폭력범죄에 관한 경각심을 제고해야 할 필요성은 크나, 다른 보안처분 제도들은 수사기관 등 관련 기관들에게만 성범죄자의 신상정보를 제공할 뿐, 지역 주민들에게는 이를 제공하지 않고, 신상정보 공개제도 역시 이용자가 적극적으로 인터넷에 접속하여 실명인증절차를 거쳐야 하는 점에서 그 범위가 제한적이다. 또한 신상정보 고지조항은 아동·청소년을 대상으로 한 성폭력범죄를 저지른 자로 그 대상이 한정되고, 신상정보를 고지하여서는 아니 될 특별한 사정이 있다고 판단되는 경우에는 고지하지 않는 등 예외를 두어 고지대상을 한정하고 있으며, 고지대상자가 신상정보를 최초 등록한 날로부터 또는 출소 후 거주할 지역에 전입한 날로부터 1개월 이내에 한 번 우편 고지될 뿐 최초 고지 이후 전출이 없는 경우에는 추가고지를 하지 않으므로, 침해의 최소성 요건도 갖추었다. 신상정보 고지조항으로 인하여 아동·청소년대상 성폭력범죄자가 입게 되는 불이익이 아동·청소년의 성보호라는 공익에 비하여 결코 크다고 볼 수 없으므로, 신상정보 고지조항은 법익의 균형성도 갖추었다. 결국 신상정보 고지조항이 청구인들의 인격권, 개인정보자기결정권을 침해한다고 볼 수 없다.”라고 판시하였습니다.

 위 판례에 비추어 ‘아동·청소년대상 성폭력범죄를 저지른 자’에 해당하는 甲에 대한 신상정보 공개·고지명령은 인격권 및 개인정보자기결정권을 침해하지 않아 헌법에 위배된다고 보기 어렵습니다.

■ 사장이 불이익을 줄 것처럼 협박해 강제로 러브샷을 하게 된 경우에 사
　장을 처벌할 수 없나요?

Q. 저는 골프장 여종업원인데, 사장이 불이익을 줄 것처럼 협박해 강
　제로 러브샷을 하게 되었습니다. 사장을 처벌할 수 없나요?

A. 여종업원들이 거부의사를 밝혔음에도, 사장이 술을 마시지 않을 경우
　신분상의 불이익을 가할 것처럼 협박해 이른바 러브샷의 방법으로 술을
　마시게 한 사안에서 법원은 「형법」에 따른 강제추행죄를 인정하고 있습
　니다.

　◇ 추행 여부의 판단기준
　　추행에 해당하는지를 판단할 때 법원에서는 피해자의 의사, 성별, 연
　　령, 행위자와 피해자의 이전부터의 관계, 그 행위에 이르게 된 경위,
　　구체적 행위모습, 주위의 객관적 상황과 그 시대의 성적 도덕관념 등
　　을 종합적으로 고려해 결정하고 있습니다.

　◇ 유사 판례
　　법원은 피해자와 춤을 추면서 피해자의 가슴을 만진 행위가 순간적인

행위에 불과하더라도 피해자의 의사에 반해 행해진 유형력의 행사에 해당하고 피해자의 성적 자유를 침해할 뿐만 아니라 일반인의 입장에서도 추행행위라고 평가될 수 있는 것에 해당한다고 하여 이를 추행행위로 인정하였습니다.

■ **지하철에서 여성의 다리를 몰래 휴대폰으로 촬영하는 것도 성폭력 범죄에 해당하나요?**

Q. 지하철에서 여성의 다리를 몰래 휴대폰으로 촬영하는 것도 성폭력 범죄에 해당하나요?

A. 강간이나 강제추행뿐만 아니라 음란성 메시지 및 몰래카메라 등 상대방의 의사에 반해서 가해지는 모든 신체적·정신적 폭력은 성폭력에 해당합니다.

　◇ 카메라 등을 이용한 촬영 등에 대한 처벌

　　「성폭력범죄의 처벌 등에 관한 특례법」 제14조에 따르면 "카메라나 그 밖에 이와 유사한 기능을 갖춘 기계장치를 이용하여 성적 욕망 또는 수치심을 유발할 수 있는 다른 사람의 신체를 그 의사에 반하여 촬영하거나 그 촬영물을 반포·판매·임대·제공 또는 공공연하게 전시·상영한 경우에는 5년 이하의 징역 또는 1천만원 이하의 벌금에 처한다"고 규정하고 있습니다.

8. 성폭력 발생 시 대처방법

8-1. 신고

8-1-1. 경찰 등에 신고

① 경찰, 검찰, 성폭력 관련 상담기관 등에 성폭력 피해 사실을 신고할 수 있습니다.

② 성폭력 피해 신고기관 및 연락처

구분	신고전화	인터넷 신고
경찰청	☎ 112	사이버경찰청
검찰청	☎ 1301	검찰청 온라인민원실
여성긴급전화	☎ 지역번호 + 1366	여성긴급전화 1366
성폭력피해상담소	전국 성폭력피해상담소 연락처	
해바라기센터	전국 해바라기센터 연락처	

8-1-2. 미성년자를 보호하는 시설의 책임자의 신고

① 미성년자를 보호하는 시설의 책임자 등은 성폭력 사실을 안 경우 이를 신고해야 합니다.

② 19세 미만의 미성년자(19세에 도달하는 해의 1월 1일을 맞이한 미성년자는 제외함)를 보호하거나 교육 또는 치료하는 시설의 장 및 관련 종사자는 자기의 보호·지원을 받는 사람이 다음의 범죄피해자인 사실을 알게 된 때에는 즉시 수사기관에 신고해야 합니다(성폭력방지 및 피해자보호 등에 관한 법률 제9조).

- 특수강도강간 등의 죄(성폭력범죄의 처벌 등에 관한 특례법 제3조)
- 특수강간 등의 죄(동법 제4조)

- 친족관계에 의한 강간 등의 죄(동법 제5조)
- 장애인에 대한 강간·강제추행 등의 죄(동법 제6조)
- 13세 미만의 미성년자에 대한 강간, 강제추행 등의 죄(동법 제7조)
- 강간 등 상해·치상죄(동법 제8조 및 형법 제301조)
- 강간 등 살인·치사죄(동법 제9조 및 형법 제301조의2)

■ 성폭행을 당했는데 어떻게 도움을 받을 수 있나요?

Q. 성폭행을 당했는데 그날 일이 너무 무섭고 수치스럽습니다. 누군가의 도움을 받고 싶은데 어떻게 해야 하나요?

A. 성폭력 피해자는 사이버경찰청 성폭력상담신고, 성폭력피해상담소, 여성 긴급전화 및 해바라기센터 등 성폭력 관련 시설 및 기관에 성폭력 피해 사실에 대해 신고할 수 있습니다. 또한 성폭력 피해자는 성폭력피해상 담소 및 성폭력피해자보호시설을 통해 성폭력 피해에 대한 상담을 받을 수 있습니다.

◇ 성폭력 신고 및 상담 연락처
- 경찰청: ☎ 112
- 검찰청: ☎ 지역번호 + 1301
- 여성긴급전화: ☎ 지역번호 + 1366

■ 피해자 증인신문시 신뢰관계있는 자의 동석요청 가능한지요?

Q. 피해자 증인신문시 신뢰관계있는 자의 동석요청 가능한지요?

A. 가능합니다. 성폭력범죄의 처벌 등에 관한 특례법은 제34조에서 "법원 은 제3조부터 제8조까지, 제10조 및 제15조(제9조의 미수범은 제외한 다)의 범죄의 피해자를 증인으로 신문하는 경우에 검사, 피해자 또는 법정대리인이 신청할 때에는 재판에 지장을 줄 우려가 있는 등 부득이 한 경우가 아니면 피해자와 신뢰관계에 있는 사람을 동석하게 하여야 한다"고 규정하고 있습니다.

8-2. 상담

8-2-1. 성폭력피해상담소

① 성폭력 피해자는 성폭력피해상담소을 통해 성폭력 피해에 대해 상담을 받을 수 있습니다(성폭력방지 및 피해자보호 등에 관한 법률 제11조제1호).

② 전국 성폭력피해상담소의 연락처는 여성가족부 홈페이지에서 제공하는 성폭력피해상담소에서 검색 및 확인할 수 있습니다.

③ 성폭력피해상담소는 성폭력 피해에 대한 상담 외에도 다음의 지원을 합니다(동법 제11조).

- 성폭력피해의 신고접수
- 성폭력피해로 인하여 정상적인 가정생활 또는 사회생활이 곤란하거나 그 밖의 사정으로 긴급히 보호할 필요가 있는 사람과 성폭력피해자보호시설 등의 연계
- 성폭력 피해자와 성폭력 피해자의 가족구성원 등의 질병치료와 건강관리를 위하여 의료기관에 인도하는 등 의료 지원
- 성폭력 피해자에 대한 수사기관의 조사와 법원의 증인신문 등에의 동행
- 성폭력행위자에 대한 고소와 피해배상청구 등 사법처리 절차에 관하여 대한법률구조공단 등 관계 기관에 필요한 협조 및 지원 요청
- 성폭력 예방을 위한 홍보 및 교육
- 그 밖에 성폭력 및 성폭력피해에 관한 조사·연구

8-2-2. 성폭력피해자보호시설

성폭력 피해자는 성폭력피해자보호시설을 통해 성폭력 피해에 대해 상담을 받을 수 있습니다(성폭력방지 및 피해자보호 등에 관한 법률 제13조제1항제2호).

8-2-3. 여성긴급전화 1366

① 성폭력 피해자는 여성긴급전화 1366(☎ 지역번호+1366)을 통해 365일 24시간 성폭력 피해에 대해 상담을 받을 수 있습니다.

② 전국 여성긴급전화 1366(☎ 지역번호+1366)의 연락처는 여성가족부 홈페이지에서 제공하는 여성긴급전화 1366에서 검색 및 확인할 수 있습니다.

※ 성폭력 사건 해결 방안

① 사건정황파악

피해일시, 장소, 내용, 성폭력 피해자와 성폭력 가해자의 관계, 현재 직면한 위험 등을 정리해 봅니다.

② 내가(성폭력 피해자) 원하는 것에 대해 정리

피해로부터의 차단, 성폭력 가해자 처벌, 손해배상, 주변인들과의 관계 해결 등 원하는 바를 생각해 봅니다.

③ 다양한 사건해결 방법의 장점과 어려움 검토

내가 원하는 각각의 것들이 어떤 방법을 통해 이루어 질 수 있는지 살펴보고, 나의 여건에 맞는 방법은 어떤 것이 있는지 생각해 봅니다.

④ 사건해결 방법 선택

다양한 사건 해결방법 중 취할 수 있는 방법을 선택하고, 우선순위를 정해 봅니다.

⑤ 성폭력 피해자의 요구안 정리 검토

성폭력 가해자에게 요구할 것, 소속 집단 또는 주변인에게 요구할 것 등을 나누어 되도록 자세하게 정리해 봅니다.

⑥ 성폭력 가해자가 받아들이지 않을 경우 취할 수 있는 대응방법 예상

다양한 사건해결방법 중 취할 수 있는 방법을 선택하고, 우선순위를 정해 봅니다.

⑦ 선택한 사건해결 방법 진행

선택한 사건해결방법의 절차 및 주의할 점, 준비해야할 점을 알아본 뒤 대응을 시작합니다.

8-3. 고소 및 공소시효

성폭력 가해자를 고소할 수 있습니다.

8-3-1. 고소권자

① "고소"란 고소권자가 가해자를 처벌해 달라는 의사표시로 수사기관에 범죄사실을 신고하는 것을 말하며, 다음의 사람은 성폭력 가해자를 고소할 수 있습니다.
  - 성폭력 피해자(형사소송법 제223조)
  - 성폭력 피해자의 법정대리인(형사소송법 제225조제1항)
  - 성폭력 피해자의 배우자, 직계친족 또는 형제자매(형사소송법 제225조제2항, 성폭력 피해자가 사망한 경우에 한하며 피해자의 명시적 의사에 반하지 못함.)

② 위의 고소권자는 대리인을 통해 성폭력 가해자를 고소할 수 있습니다(형사소송법 제236조).

■ 성폭력범죄인 강간죄의 경우 고소할 수 있는 기간은 언제까지 입니까?

Q. 저는 8개월 전 甲男으로부터 강간당한 후 수치스럽기도 하고 주위에 알려지는 것이 두려워 甲을 고소하지 않았습니다. 그런데 甲은 사과는커녕 지금도 저를 괴롭히며 모욕까지 하고 있어 처벌받게 하고 싶습니다. 지금이라도 甲을 고소할 수 있는지요?

A. 강간죄에 관하여 「형법」 제297조는 "폭행 또는 협박으로 부녀를 강간한 자는 3년 이상의 유기징역에 처한다."라고 규정하고 있으며, 종래에는 강간죄가 고소가 있어야만 처벌이 가능한 친고죄였으나, 2012. 12. 18. 형법의 개정으로 친고죄에 관한 규정(제306조)이 폐지되었습니다. 그러므로 위 개정 시점 이후부터 강간죄는 피해자 기타 고소권자의 고소가 없더라도 공소를 제기하여 가해자를 처벌할 수 있게 되었습니다.

또한 「성폭력범죄의 처벌 등에 관한 특례법」 제2조 제1항 제3호에서
는 형법 제297조의 강간죄도 성폭력범죄로 규정하고 있으나, 동법도
2013. 4. 5. 위 형법의 개정과 궤를 같이하여 개정되어 종래 친고죄의
고소기간 제한에 관한 조항(제19조)가 폐지되었고, 개정된 내용이
2013. 6. 19.부터 시행되고 있습니다. 따라서 현재로서는 더 이상 성
폭력범죄의 피해자는 고소기간에 제한을 받지 않게 되었고, 설사 피해
자의 고소가 없더라도 가해자에 대한 공소제기 및 이에 따른 형사처벌
이 가능해졌습니다.

■ 피해자인 미성년자가 고소를 취소한 후 부모가 다시 고소 가능한지요?

Q. 저희 17세 된 딸은 미팅에서 만난 남학생에게 강간(강간치상이 아
   님)을 당하여 수사기관에 고소하였고 그 남학생은 구속되었습니다.
   그런데 딸은 수사기관에서 조사를 받던 중에 겁도 나고 수치심도
   생겨 친권자인 저희들 몰래 고소를 취하하였고, 수사기관에서는 친
   권자인 부모의 의사도 확인하지 않은 채 공소권 없음을 이유로 가
   해자를 불기소처분하여 석방시켰습니다. 비록 딸이 고소를 취소하
   였지만 저는 가해자를 도저히 용서할 수 없어 처벌받게 하고 싶은
   데, 이 경우 가능한 방법이 있는지요?

A. 고소라 함은 범죄의 피해자 기타의 고소권자가 수사기관에 대하여 범죄
   사실을 신고하여 범인의 수사와 처벌을 요구하는 의사표시를 말합니다.
   강간죄에 관하여 「형법」 제297조는 "폭행 또는 협박으로 부녀를 강간
   한 자는 3년 이상의 유기징역에 처한다."라고 규정하고 있으며, 종래에
   는 강간죄가 고소가 있어야만 처벌이 가능한 친고죄였으나, 2012. 12.
   18. 형법의 개정으로 친고죄에 관한 규정(제306조)이 폐지되었습니다.
   그러므로 위 개정 시점 이후부터 강간죄는 피해자 기타 고소권자의 고
   소가 없더라도 공소를 제기하여 가해자를 처벌할 수 있게 되었습니다.
   또한 「성폭력범죄의 처벌 등에 관한 특례법」 제2조 제1항 제3호에서

는 형법 제297조의 강간죄도 성폭력범죄로 규정하고 있으나, 동법도 2013. 4. 5. 위 형법의 개정과 궤를 같이하여 개정되어 종래 친고죄의 고소기간 제한에 관한 조항(제19조)가 폐지되었고, 개정된 내용이 2013. 6. 19.부터 시행되고 있습니다. 따라서 현재로서는 더 이상 성폭력범죄의 피해자는 고소기간에 제한을 받지 않게 되었고, 설사 피해자의 고소가 없더라도 가해자에 대한 공소제기 및 이에 따른 형사처벌이 가능해졌습니다.

형사소송법상 범죄로 인한 피해자는 고소할 수 있고, 피해자가 미성년자인 경우에 피해자의 법정대리인도 독립하여 고소할 수 있으며, 또한 고소권자는 자기가 제기한 고소를 취소할 수도 있습니다(형사소송법 제223조,제225조 제1항).

고소는 의사표시를 내용으로 하는 소송행위이므로 고소가 유효하기 위해서는 고소능력이 있어야 하며, 이에 관하여 판례는 "고소를 함에는 소송행위능력, 즉 고소능력이 있어야 하는바, 고소능력은 피해를 받은 사실을 이해하고 고소에 따른 사회생활상의 이해관계를 알아차릴 수 있는 사실상의 의사능력으로 충분하므로 민법상의 행위능력이 없는 자라도 위와 같은 능력을 갖춘 자에게는 고소능력이 인정된다고 할 것이고, 고소위임을 위한 능력도 위와 마찬가지라고 할 것이다."라고 하였습니다(대법원 1999. 2. 9. 선고 98도2074 판결).

그러므로 고소능력은 고소의 의미를 이해할 수 있는 사실상의 의사능력으로 충분하며 민법상의 행위능력과는 구별되는 것이고, 위 사안에서 17세의 미성년자인 귀하의 딸은 강간죄의 피해자이며 고소능력도 있다고 생각되므로 적법하게 고소하고 또한 이미 제기한 고소를 취소할 수 있으며 기소 여부는 검사의 독점적인 권한이므로 딸의 고소취소에 따른 검사의 불기소처분은 타당하다 하겠습니다.

따라서 딸은 이미 고소를 취소하였으므로 고소권이 소멸되어 다시 고소하지 못한다 할 것입니다(형사소송법 제232조 제2항).

그런데 「형사소송법」제225조는 "피해자의 법정대리인은 독립하여 고소할 수 있다.”라고 규정하고 있습니다.

 그리고 판례는 “형사소송법 제225조 제1항이 규정한 법정대리인의 고소권은 무능력자의 보호를 위하여 법정대리인에게 주어진 고유권이므로, 법정대리인은 피해자의 고소권 소멸여부에 관계없이 고소할 수 있고, 이러한 고소권은 피해자의 명시한 의사에 반하여도 행사할 수 있다.”라고 하였으며(대법원 1999. 12. 24. 선고 99도3784 판결), “법정대리인의 고소기간은 법정대리인 자신이 범인을 알게 된 날로부터 진행한다.”라고 하였습니다(대법원 1987. 6. 9. 선고 87도857 판결).

 따라서 위 사안의 경우 귀하 등 법정대리인은 딸의 고소취소로 인한 고소권의 소멸 여부에 관계없이 고소를 할 수 있습니다. 나아가 일단 검사가 불기소처분을 한 사건이라고 할지라도 그 불기소처분은 확정판결과 달리 기판력이 없으므로, 다시 고소하여 혐의가 인정될 경우 검사는 전의 불기소처분을 번복하여 피의자를 기소할 수 있는 것입니다.

■ 배우자의 아버지로부터 강제추행을 당했을 경우에 고소할 수 있을까요?

Q. 갑은 배우자의 아버지인 을로부터 강제추행을 당했습니다. 갑은 을을 고소할 수 있을까요?

A. 형사소송법 제224조에 따르면 “자기 또는 배우자의 직계존속을 고소하지 못한다”고 정하고 있어서 원칙적으로 갑은 배우자의 직계존속인 을을 고소할 수 없다고 할 것입니다. 하지만 성폭력범죄의 처벌 등에 관한 특례법 제18조에 따르면 “피성폭력범죄에 대하여는 「형사소송법」 제224조(고소의 제한) 및 「군사법원법」 제266조에도 불구하고 자기 또는 배우자의 직계존속을 고소할 수 있다”고 하고 있어서, 비록 을이 배우자의 직계존속이라 할지라도 갑은 을의 강제추행 사실을 고소할 수 있다고 할 것입니다.

8-3-2. 고소의 방식

위의 고소권자는 검사 또는 사법경찰관 앞에서 말로 하거나 고소장을
제출하는 방식으로 고소할 수 있습니다(형사소송법 제237조).

[서식 예] 강간 등 상해치상죄

고 소 장

고 소 인 : ○ ○ ○ (주민등록번호 :   -   )
     주소 :   ○○시 ○○구 ○○길 ○○
     직업 :   사무실 주소 :
     전화번호 : (휴대폰:) (자택:) (사무실:)
     이메일 :

피고소인 : △ △ △ (주민등록번호 :   -   )
     주소 :   ○○시 ○○구 ○○길 ○○
     직업 :   사무실 주소 :
     전화번호 : (휴대폰:) (자택:) (사무실:)
     이메일 :

고 소 취 지

고소인은 다음과 같이 피고소인을 고소하오니, 법에 따라 조사하여 처벌
하여 주시기 바랍니다.

고 소 사 실

피고소인은 ○○시 ○○구 ○○길 ○○번지에 사는 자인데 20○○.
○. ○. ○○:○○경에 ○○시 ○○구 ○○길 ○○번지 소재 고소인
경영의 술집에서 혼자 영업을 하고 있는 고소인을 손으로 밀쳐 바닥에
눕힌 다음 하의와 속옷을 벗기고 "말을 듣지 않으면 죽여버린다." 고

협박하고 이에 반항하는 고소인의 목을 조르고 얼굴을 주먹으로 수회 강타한 후 강제로 자신의 성기를 고소인의 질내에 삽입하여 고소인을 ○회 강간하였습니다. 이로 인하여 피고소인은 고소인으로 하여금 약 ○주간의 치료를 요하는 안면부 타박상 및 외음부 찰과상 등의 상해를 입게 한 사실이 있습니다.

위와 같은 사실을 들어 고소하오니 조사하여 엄벌하여 주시기 바랍니다.

첨 부 서 류

1. 상해진단서   1통

20○○년　○월　○일

위 고소인　○　○　○ (인)

○○경찰서장(또는 ○○지방검찰청 검사장) 귀중

고　소　장

고 소 인 ： ○ ○ ○ (주민등록번호 ：　　　　　-　　　　　)
　　　　　주소 ：　○○시 ○○구 ○○길 ○○
　　　　　직업 ：　　　　사무실 주소 ：
　　　　　전화번호 ： (휴대폰:　　) (자택:　　　) (사무실:　　)
　　　　　이메일 ：
피고소인 ： △ △ △ (주민등록번호 ：　　　　　-　　　　　)
　　　　　주소 ：　○○시 ○○구 ○○길 ○○
　　　　　직업 ：　　　　사무실 주소 ：
　　　　　전화번호 ： (휴대폰:　　) (자택:　　　) (사무실:　　)
　　　　　이메일 ：

고소인은 다음과 같이 피고소인을 고소하오니, 법에 따라 조사하여 처벌하여 주시기 바랍니다.

고　소　사　실

선천적으로 같은 또래의 아이들보다 지능이 다소 낮은 데다가 그 후 지능발달이 뒤져 변별력이 모자라 자신이 처한 상황에 대한 인식이나 대처가 보통사람들에 비해 현저히 뒤지는 고소인은 20○○. ○. ○. ○○:○○경 학교를 파한 후 친구와 시내를 돌아다니면서 어머니로부터 저금한다고 받은 돈 ○○○원을 다 써버려 어머니가 무서워서 집에 들어가지 못하고 새벽까지 친구 집에서 놀다가 20○○. ○. ○. ○○:○○경 집으로 돌아가려고 친구의 대문을 나섰는데 피고소인은 20○○. ○. ○. ○○:○○경 ○○시 ○○구 ○○길 ○○번지 소재 피고소인의 자취방 앞길에서 귀가하지 못하고 있던 고소인에게 돈을 주겠다고 유혹하여 피고소인의 자취방으로 데려가 억지로 팔베개를 하여 주면서 자기 옆에 눕힌 다음 고소인의 의사에 반하여 간음한 사실이 있습니다.

20○○년   ○월   ○일

위 고소인   ○ ○ ○

고소인 ○○○은 미성년자이므로

법정대리인 친권자 부 ㅁㅁㅁ (인)   모 ㅁㅁㅁ (인)

○○경찰서장(또는 ○○지방검찰청 검사장) 귀중

[서식 예] 미성년자에 대한 간음죄등(형법 제305조)

고　소　장

고 소 인 : ○ ○ ○ (주민등록번호 : 　　　　-　　　　)

　　　　　주소 : ○○시 ○○구 ○○길 ○○

　　　　　직업 :　　　　사무실 주소 :

　　　　　전화번호 : (휴대폰:　　) (자택:　　) (사무실:　　)

　　　　　이메일 :

피고소인 : △ △ △ (주민등록번호 : 　　　　-　　　　)

　　　　　주소 : ○○시 ○○구 ○○길 ○○

　　　　　직업 :　　　　사무실 주소 :

　　　　　전화번호 : (휴대폰:　　) (자택:　　) (사무실:　　)

　　　　　이메일 :

고　소　취　지

위 피고소인을 미성년자에 대한 간음죄 등으로 고소하니 엄벌에 처해 주시기 바랍니다.

고　소　사　실

1. 고소인은 위 주소지인 ○○주택가에 거주하고 있습니다.

2. 피고소인은 주소지에서 ○○어학학원을 경영하면서(그 처인 □□□ 은 위 학원의 영어교사임)통학 자동차를 운전하던 중 20○○년 ○ 월 ○일 고소인의 2녀인 피해자 □□□이 고소인이 친척집을 방문 하기 위하여 피해자를 데리러 오기로 하여 학원 출입문 입구에서 기다리도록 한 것을 이용하여 사무실 안으로 들어와 기다리라고 꼬 여 사무실 출입문을 안에서 잠그고 해괴한 감언이설로 12살 밖에 되지 않은 미성년자를 간음한 사실이 있습니다.

3. 그 뿐만 아니라 그 후에도 3회에 걸쳐 동일한 수법으로 유인하여
   간음행위를 함으로써 인륜, 도덕상 도저히 묵과할 수 없는 범죄를
   저질렀으므로 이 건 고소를 제기하오니 철저히 조사하여 엄벌에 처
   해주시기 바랍니다.

                    20○○년   ○월   ○일
                    고소인(피해자의 모)   ○ ○ ○ (인)

○○경찰서장(또는 ○○지방검찰청 검사장) 귀중

[서식 예] 업무상위력 등에 의한 간음죄

고　소　장

고 소 인 : ○ ○ ○ (주민등록번호 :　　　　　-　　　　　)
　　　　　주소 : ○○시 ○○구 ○○길 ○○
　　　　　직업 :　　　　사무실 주소 :
　　　　　전화번호 : (휴대폰:　　) (자택:　　) (사무실:　　)
　　　　　이메일 :

피고소인 : △ △ △ (주민등록번호 :　　　　　-　　　　　)
　　　　　주소 : ○○시 ○○구 ○○길 ○○
　　　　　직업 :　　　　사무실 주소 :
　　　　　전화번호 : (휴대폰:　　) (자택:　　) (사무실:　　)
　　　　　이메일 :

고　소　취　지

위 피고소인을 업무상위력등에 의한 간음죄로 고소하오니 철저한 수사를 하여 의법 조치하여 주시기 바랍니다.

고　소　이　유

1. 고소인은 고향인 ○○도 ○○군에서 고등학교를 졸업하고 가정형편이 어려워 취업을 목적으로 상경하여 현 주소지에 거주하고 있습니다. 특별한 기술이 없던 고소인은 먼저 상경한 고향친구 ㅁㅁㅁ의 소개로 ○○년 ○월 ○일부터 ○○구 ○○길 소재 ○○○미용학원에서 ○○년 ○월 ○일까지 미용기술을 배우게 되었습니다.
2. 미용기술을 배운 고소인은 상기 ○○미용학원의 원장으로 있는 ㅁㅁㅁ의 소개로 피고소인이 ○○도 ○○시 ○○구 ○○길에서 원장으로 운영하는 "○○○"이라는 미용업소에서 ○○년 ○월 ○일부터 수습 미용사로서 미용 일을 시작하게 되었습니다.

3. 피고소인은 고소인이 일을 하게 된 날부터 "미용기술만 잘 배우면 한평생 걱정 없이 살수 있지만 열심히 내가 시키는 일을 하지 않고 게으름을 피우면 잘라버릴 거야"며 위협적인 분위기를 조성한 사실이 있었습니다. 당시 고소인은 중학교와 초등학교에 다니는 동생들의 학비와 간암말기인 어머니의 병원비를 책임지고 있었고 이런 고소인의 어려운 생활을 피고소인은 알고 있었습니다.

4. 그러던 ○○년 ○월 ○일 ○○:○○경 여느 날과 같이 뒷정리를 하고 퇴근하려고 하던 고소인에게 피고소인은 "오늘 너에게 특별한 기술을 알려 줄 테니 이리와"하며 고소인의 오른쪽 손을 잡아끌며 강제로 미용실 손님들의 대기 의자인 장의자에 고소인을 눕히고 머리를 쓰다듬었습니다.

5. 고소인이 강하게 저항하자 피고소인은 "너 여기서 쫓겨나고 싶어, 다른 곳에 취업 못하게 할 수도 있어. 그러니 가만히 있어"하며 고소인의 입에 피고소인의 입을 맞추며 고소인의 상의를 찢고 가슴을 만지며 간음하였습니다..

6. 피고소인은 인간의 탈을 쓴 파렴치범으로 고소인의 고용인으로서 경제적으로 고소인이 어려운 처지를 약점 삼아 강제로 간음한 자로 현재까지도 아무런 뉘우침이 없어 고소를 제기하오니 법이 적용하는 한 엄벌에 처해 주시기 바랍니다.

입 증 방 법

1. 상해진단서　　　　　　　　　1부
2. 기타 서류

20○○년　○월　○일

위 고소인　○　○　○ (인)

○○경찰서장(또는 ○○지방검찰청 검사장) 귀중

고　소　장

고 소 인 :　○ ○ ○ (주민등록번호 :　　　　-　　　　　)
　　　　주소 :　○○시 ○○구 ○○길 ○○
　　　　직업 :　　　　사무실 주소 :
　　　　전화번호 :　(휴대폰:　　) (자택:　　) (사무실:　　)
　　　　이메일 :
피고소인 :　△ △ △ (주민등록번호 :　　　　-　　　　　)
　　　　주소 :　○○시 ○○구 ○○길 ○○
　　　　직업 :　　　　사무실 주소 :
　　　　전화번호 :　(휴대폰:　　) (자택:　　) (사무실:　　)
　　　　이메일 :

고　소　취　지

고소인은 피고소인을 준강간 등의 혐의로 고소하오니 철지히 조사하여 엄벌하여 주시기를 바랍니다.

고　소　사　실

1. 피고소인은 고소인의 이웃에 거주하는 자인 바, 20○○. ○. ○. 고소인은 직장의 근무를 마치고 ○○도 ○○시 ○○면 ○○길 소재 고소인의 집에서 격무에 세상모르고 자고 있었는데, 피고소인이 잠을 자고 있는 고소인의 옷을 벗기고 자신의 바지를 내린 상태에서 고소인의 음부 등을 만지다가 ○회 간음을 하였습니다.
2. 이 사건 사고로 인하여 고소인은 정신적으로 크나 큰 충격을 입어 아직도 정신병원에서 치료 중에 있는 바 피고소인을 철저하게 조사하여 엄벌하여 주시기를 간곡히 부탁드립니다.

소 명 방 법

1. 진단서   1 통
1. 목격자진술서   1 통

20○○년　○월　○일
위 고소인　○　○　○ (인)

○○경찰서장(또는 ○○지방검찰청 검사장) 귀중

고 소 장

고 소 인 : ○ ○ ○ (주민등록번호 :   -   )

　　　　　주소 : ○○시 ○○구 ○○길 ○○

　　　　　직업 :　　　　사무실 주소 :

　　　　　전화번호 : (휴대폰:　　) (자택:　　) (사무실:　　)

　　　　　이메일 :

피고소인 : △ △ △ (주민등록번호 :   -   )

　　　　　주소 : ○○시 ○○구 ○○길 ○○

　　　　　직업 :　　　　사무실 주소 :

　　　　　전화번호 : (휴대폰:　　) (자택:　　) (사무실:　　)

　　　　　이메일 :

고소인은 다음과 같이 피고소인을 고소하오니, 법에 따라 조사하여 처벌하여 주시기 바랍니다.

고 소 사 실

피고소인은 20○○. ○. ○. ○○:○○경 ○○시 ○○구 ○○길 소재 고소인이 경영하는 술집에서 고소인이 피고소인의 억지로 권하는 술에 취하여 쓰러져 잠이 들어 항거할 수 없게 되자 피고소인은 고소인이 술에 취해 인사불성이 되어 항거불능상태에 있던 사실을 이용하여 고소인의 의사에 반하여 유방을 만지고 손가락을 질내에 삽입하는 등 추행한 사실이 있습니다.

20○○년　○월　○일

위 고소인　○　○　○ (인)

○○경찰서장(또는 ○○지방검찰청 검사장) 귀중

8-3-3. 고소 제한에 대한 예외

① 자기 또는 배우자의 직계존속을 고소하지 못합니다(형사소송법 제
   224조 및 군사법원법 제266조). 그러나 성폭력범죄에 대하여는 자기
   또는 배우자의 직계존속을 고소할 수 있습니다(성폭력범죄의 처벌 등
   에 관한 특례법 제18조).

② 성폭력은 더 이상 친고죄가 아닙니다.
   2013년 6월 19일부터 개정되어 시행되는 「형법」과 「성폭력범죄의 처
   벌 등에 관한 특례법」에서 친고죄 조항을 삭제함에 따라 기존 친고
   죄(고소가 있어야 공소를 제기할 수 있음)였던 강간죄와 그 미수, 유
   사강간죄와 그 미수, 강제추행죄와 그 미수, 준강간, 준강제추행죄와
   그 미수, 미성년자 등에 대한 간음죄, 업무상위력 등에 의한 간음죄
   및 미성년자에 대한 간음, 추행죄(형법 제297조부터 제300조, 제302
   조, 제303조 및 제305조)와 업무상 위력에 의한 추행죄, 공중 밀집
   장소에서의 추행죄 및 통신매체를 이용한 음란행위죄(성폭력범죄의
   처벌 등에 관한 특례법 제10조제1항, 제11조 및 제13조)를 저지른
   경우 고소가 없어도 공소를 제기할 수 있게 되었습니다.

■ 친고죄에 대한 합의서 교부 후 고소한 경우 그 효력은 어떻게 되나요?

Q. 저는 미혼의 직장여성으로 회사에서 잔무를 처리하던 중 직장 상사
   의 친척 甲이 강제로 욕을 보이려는 것을 겨우 방어하였습니다. 저
   는 심한 모욕감을 느껴 고소하려 하였으나 직장상사 乙이 반 협박
   조로 화해를 종용하였고 저도 직장을 계속 다닐 수밖에 없어 조건
   없이 '민·형사상 어떠한 이의도 제기하지 않겠다.'는 내용의 합의서
   를 작성해 주었습니다. 그러나 甲은 합의서를 받자마자 저를 비웃
   고 다니는데, 이 경우 제가 합의서를 써준 사실만으로 위 강간미수
   행위에 대한 고소권을 포기한 것으로 되어 甲을 고소할 수 없게 된
   것인지요?

A. 고소라 함은 범죄의 피해자 기타의 고소권자가 수사기관에 대하여 범죄사실을 신고하여 범인의 수사와 처벌을 요구하는 의사표시를 말합니다. 강간죄에 관하여 「형법」 제297조는 "폭행 또는 협박으로 부녀를 강간한 자는 3년 이상의 유기징역에 처한다."라고 규정하고 있으며, 종래에는 강간죄가 고소가 있어야만 처벌이 가능한 친고죄였으나, 2012. 12. 18. 형법의 개정으로 친고죄에 관한 규정(제306조)이 폐지되었습니다. 그러므로 위 개정 시점 이후부터 강간죄는 피해자 기타 고소권자의 고소가 없더라도 공소를 제기하여 가해자를 처벌할 수 있게 되었습니다.

또한 「성폭력범죄의 처벌 등에 관한 특례법」 제2조 제1항 제3호에서는 형법 제297조의 강간죄도 성폭력범죄로 규정하고 있으나, 동법도 2013. 4. 5. 위 형법의 개정과 궤를 같이하여 개정되어 종래 친고죄의 고소기간 제한에 관한 조항(제19조)가 폐지되었고, 개정된 내용이 2013. 6. 19.부터 시행되고 있습니다. 따라서 현재로서는 더 이상 성폭력범죄의 피해자는 고소기간에 제한을 받지 않게 되었고, 설사 피해자의 고소가 없더라도 가해자에 대한 공소제기 및 이에 따른 형사처벌이 가능해졌습니다.

다만 모욕죄 기타 친고죄에 있어서는 여전히 고소가 중요한 의미를 가지므로 고소가 있어야 처벌할 수 있고, 일단 고소를 하였더라도 제1심 판결선고 전까지 고소를 취소하면 공소기각판결이 내려져 가해자를 처벌할 수 없게 됩니다(형사소송법 제232조 제1항, 제327조 제5호).

고소의 사전포기와 관련된 판례는, 피해자의 고소권은 형사소송법상 부여된 권리로서 친고죄에 있어서 고소의 존재는 공소의 제기를 유효하게 하는 것이며 공법상의 권리라고 할 것이므로 그 권리의 성질상 법이 특히 명문으로 인정하는 경우를 제외하고는 자유처분을 할 수 없다고 할 것이며, 형사소송법 제232조에 의하면 일단 한 고소는 취소할 수 있도록 규정하였으나, 고소권의 포기에 관하여는 아무런 규정이 없으므로 고소하기 이전에 고소권을 포기할 수는 없다고 한 바 있으며(대법원 1967. 5. 23. 선고 67도471 판결, 2008. 11 .27. 선고 2007도4977 판결), 고소하기 이전에 피해자가 처벌을 원하지 않았다고 하더라도 그 후에 한 피해자의 고소는 유효하다고 하였습니다(대법원 1993. 10. 22. 선고 93도1620 판결,).

따라서 친고죄의 피해자가 甲에게 합의서를 작성해 주었다고 하더라도 고소권은 고소 전에 포기할 수 없다는 것이 판례의 태도이므로 피해자가 지금이라도 고소를 하게 되면 甲에 대하여 조사가 진행될 것입니다.

그리고 위 사안의 경우에는 민사상 문제에 있어서도 직장 상사가 합의서를 작성하도록 종용한 것이 귀하의 자유의사에 의한 것으로 볼 수 없을 정도의 강박(强迫)이 된다면 당해 합의는 무효로 되거나 또는 취소될 가능성도 있다고 보입니다(민법 제110조).

참고로 귀하가 일단 고소한 후 고소를 취소할 경우에 고소취소는 제1심 판결선고 전까지 할 수 있는데, 만일 그 전까지 고소를 취소하면 공소기각의 판결이 내려져 가해자를 처벌할 수 없게 됩니다(형사소송법 제327조 제5호). 그런데 고소의 제기와 취소를 피해자의 의사에 전적으로 맡겨두면 고소권이 남용될 우려가 있으므로 고소를 취소한 자는 다시 고소하지 못하도록 규제하고 있습니다(형사소송법 제232조 제2항).

그리고 고소를 제기한 후에 고소를 취소한다면 그 고소의 취소는 공소제기 전에는 수사기관에, 공소가 제기된 후에는 담당법원에 하여야 할 것인데, 고소취소장이 아닌 단순한 합의서를 가해자에게 작성하여 준 경우일 뿐이라면 고소취소의 효력이 없을 것이지만(대법원 1983. 9. 27. 선고 83도516 판결, 2004. 3. 25. 선고 2003도8136 판결), 수사기관이나 법원에 합의서를 제출한 경우 그에 부가하여 피고인에 대한 관대한 처벌을 바란다는 탄원서가 제출되어 있는 경우 고소취소로 볼 수도 있으므로 구체적 사안에 따라서 그것이 고소의 취소로 볼 수 있는 것인지를 검토해 보아야 할 것입니다. 결국 피해당사자에게 단순한 합의서만을 작성해주었을 뿐이라면 이 경우에는 고소취소가 되었다고 할 수 없을 것입니다.

■ 부(父)를 고소할 수 있는지요?

Q. 甲은 자신의 부(父)인 乙이 자신에게 "개XX"라고 심한 욕설을 하자 乙을 모욕죄로 고소하고자 합니다. 甲은 乙을 고소할 수 있을까요?

A. 「형사소송법」제224조는 "자기 또는 배우자의 직계존속을 고소하지 못한다"라고 규정하고 있습니다. 그러므로 사안에서 원칙적으로는 甲은 乙을 고소할 수 없습니다.

　다만, 「성폭력특례법」 제18조는 "성폭력범죄에 대하여는 「형사소송법」 제224조(고소의 제한) 및 「군사법원법」 제266조에도 불구하고 자기 또는 배우자의 직계존속을 고소할 수 있다."라고 규정하고 있고, 「가정폭력특례법」 제6조의 제2항은 "피해자는 「형사소송법」 제224조에도 불구하고 가정폭력행위자가 자기 또는 배우자의 직계존속인 경우에도 고소할 수 있다. 법정대리인이 고소하는 경우에도 또한 같다."라고 규정하고 있습니다. 그러므로 사안에서 甲은 자신의 부(父)인 乙을 모욕죄만으로는 고소할 수 없는 것이 원칙입니다만, 직계존속인 乙의 위 욕설이 성폭력이나 가정폭력에 의한 것이라면, 직계비속인 甲은 고소할 수 있습니다.

■ 강간사건에서 강간고소를 취하하고 폭행사실만 처벌할 수 있는지요?

Q. 제 친구는 강간사건의 피의자로 구속수사를 받고 있습니다. 만약, 피해자와 합의하여 피해자가 고소를 취소한다면 그 수단인 폭행·협박사실만을 분리하여 처벌받게 되는지요?

A. 강간죄에 관하여 「형법」 제297조는 "폭행 또는 협박으로 부녀를 강간한 자는 3년 이상의 유기징역에 처한다."라고 규정하고 있고, 종래 강간죄는 동법 제306조에 의해 고소가 있어야 공소를 제기할 수 있는 친고죄였으나, 2012. 12. 18. 형법의 개정으로 친고죄에 관한 규정(제306조)이 폐지되었습니다. 그러므로 위 개정 시점 이후부터 강간죄는 피해

자 기타 고소권자의 고소가 없더라도 공소를 제기하여 가해자를 처벌할 수 있게 되었습니다.

따라서 현행법 하에서는 피해자가 강간죄에 관한 고소를 취하하더라도 이는 수사기관의 공소제기의 적법성에 아무런 영향을 끼치지 아니하며, 가해자가 강간죄로 공소제기 될 경우 법원이 그 공소사실인 강간에 관하여 판단하여 형사처벌을 받을 수 있습니다. 다만 이 경우에도 검사가 강간죄가 아닌 폭행·협박죄에 대한 공소제기를 하는 것이 적법한지 여부는 문제될 수 있습니다.

이에 관해서 강간죄의 친고죄 규정 조항의 폐지 이전에는 고소불가분의 원칙 및 친고죄의 의미를 고려하여 분리 기소는 부적법하다는 것이 일반적인 학설 및 판례의 태도였으나, 현재에는 검사의 기소독점주의 및 수사상 재량권의 존중 차원에서 폭행·협박죄로 기소하는 것 또한 적법하다고 보아야 할 것입니다.

따라서 강간죄의 고소 및 취하 여부와 무관하게 그 수단인 폭행·협박으로 기소, 처벌할 수도 있다고 보는 것이 타당할 것입니다.

참고로 감금행위가 강간죄의 수단이 된 경우에 감금죄에 있어서는 강간죄에 흡수되지 아니하고 별죄(別罪)를 구성한다는 것이 판례의 입장입니다(대법원 1997. 1. 21. 선고 96도2715 판결).

■ 아동·청소년의 성보호에 관한 법률상의 강제추행이 친고죄인지요?

Q. 甲男은 17세의 乙女를 강제추행하였으므로 乙은 고소를 하였습니다. 그런데 甲은 크게 뉘우치고 乙의 정신적 고통에 대한 손해배상도 모두 하였으며, 甲의 홀어머니가 사정을 하므로 乙과 그 부모들은 고소를 취소해 주려고 합니다. 이 경우 고소가 취소되면 甲이 처벌받지 않게 되는지요?

A. 「형법」 제298조는 강제추행죄에 관하여 "폭행 또는 협박으로 사람에 대하여 추행을 한 자는 10년 이하의 징역 또는 1,500만원 이하의 벌

금에 처한다.”라고 규정하고 있습니다. 종래에는 같은 법 제306조가 강제추행죄를 고소가 있어야 공소를 제기할 수 있는 친고죄로 규정하고 있었으나, 2012. 12. 18. 형법개정에 따라 위 친고죄 규정은 폐지되었고, 이렇게 개정된 형법은 2013. 6. 19.이 시행되었습니다.

한편 현행 「아동·청소년의 성보호에 관한 법률」(법률 제12361호(아동복지법) 일부개정 2014. 01. 28.)은 제2조 제1호는 “청소년은 19세 미만의 자를 말한다. 다만, 만 19세에 도달하는 해의 1월 1일을 맞이하는 자를 제외한다.”고 규정하고 있습니다. 동법은 아동·청소년에 대한 (준)강간·강제추행 등 범죄(동법 제7조의 죄)와 그 미수범(형법 제300조)의 경우 친고죄로 규정하지 않고 있습니다. 따라서 위 범죄에 관하여는 피해자 등의 고소가 없더라도 수사기관이 공소를 제기할 수 있고, 그에 따라 가해자는 형사처벌을 받을 수 있게 되었습니다.

위 사안의 경우는 아동·청소년에 대한 강제추행의 죄로서 아동·청소년의 성보호에 관한 법률 제7조가 적용되어 고소를 취소하더라도 처벌을 받을 것이고, 고소취소는 양형참작 사유로서 고려될 것으로 보입니다

8-4. 공소시효가 연장되거나 적용되지 않을 수도 있습니다.

8-4-1. 과학적 증거(DNA)에 의한 공소시효 연장

다음의 범죄에 대해 디엔에이(DNA)증거 등 그 죄를 증명할 수 있는 과학적인 증거가 있는 경우에는 공소시효가 10년 연장됩니다(성폭력범죄의 처벌 등에 관한 특례법 제21조제2항).

구분	내용
「형법」상의 성폭력	- 강간죄와 그 미수(제297조 및 제300조) - 유사강간죄와 그 미수(제297조의2 및 제300조) - 강제추행죄와 그 미수(제298조 및 제300조) - 준강간, 준강제추행죄와 그 미수(제299조 및 제300조) - 강간 등 상해·치상죄(제301조) - 강간 등 살인·치사죄(제301조의2) - 미성년자 등에 대한 간음죄(제302조) - 업무상 위력 등에 의한 간음죄(제303조) - 미성년자에 대한 간음, 추행죄(제305조) - 강도강간죄(제339조)
「성폭력범죄처벌 등에 관한 특례법」상의 성폭력	- 특수강도강간 등의 죄(제3조) - 특수강간 등의 죄(제4조) - 친족관계에 의한 강간 등의 죄(제5조) - 장애인에 대한 강간·강제추행 등의 죄(제6조) - 13세 미만의 미성년자에 대한 강간, 강제추행 등의 죄(제7조) - 강간 등 상해·치상의 죄(제8조) - 강간 등 살인·치사의 죄(제9조)

8-4-2. 공소시효 적용배제

다음의 범죄에 대해서는 공소시효를 적용하지 않습니다(성폭력범죄의 처벌 등에 관한 특례법 제21조제4항).

① 강간죄, 유사강간죄, 강제추행죄,준강간, 준강제추행죄와 그 미수죄를

범한 사람이 사람을 살해한 죄(형법 제301조의2, 강간 등 살인에 한함)

② 특수강도강간 등의 죄, 특수강간 등의 죄, 친족관계에 의한 강간 등의 죄, 장애인에 대한 강간·강제추행 등의 죄, 13세 미만의 미성년자에 대한 강간, 강제추행 등의 죄와 그 미수죄 또는 강간죄, 유사강간죄, 강제추행죄, 준강간, 준강제추행죄와 그 미수죄를 범한 사람이 다른 사람을 살해한 죄(성폭력범죄의 처벌 등에 관한 특례법 제9조제1항)

③ 강간죄, 유사강간죄, 강제추행죄, 준강간, 준강제추행죄와 그 미수죄를 범한 사람이 현역에 복무하는 장교, 준사관, 부사관 및 병, 군무원, 군적을 가진 군의 학교의 학생·생도와 사관후보생·부사관후보생 및 「병역법」 제57조에 따른 군적을 가지는 재영 중인 학생, 소집되어 실역에 복무하고 있는 예비역·보충역 및 제2국민역인 군인을 살해한 죄(군형법 제92조의8, 강간 등 살인에 한함)

8-5. 손해배상

민·형사상 방법으로 배상받을 수 있습니다.

8-5-1. 배상명령

"배상명령"이란 형사사건의 피해자가 범인의 형사재판 과정에서 간편한 방법으로 민사적인 손해배상명령까지 받아낼 수 있는 제도입니다.

8-5-2. 배상명령을 할 수 있는 사건

제1심 또는 제2심의 형사공판 절차에서 다음의 죄에 관하여 유죄판결을 선고할 경우, 법원은 직권에 의하여 또는 성폭력 피해자나 그 상속인(이하 "성폭력 피해자"라 함)의 신청에 의하여 피고사건의 범죄행위로 인하여 발생한 직접적인 물적 피해, 치료비 손해 및 위자료의 배상을 명할 수 있습니다(소송촉진 등에 관한 특례법 제25조제1항).

구분	내용
「형법」상의 성폭력	- 강간죄와 그 미수(제297조 및 제300조) - 유사강간죄와 그 미수(제297조의2 및 제300조) - 강제추행죄와 그 미수(제298조 및 제300조) - 준강간, 준강제추행죄와 그 미수(제299조 및 제300조) - 강간 등 상해·치상죄(제301조) - 강간 등 살인·치사죄(제301조의2) - 미성년자 등에 대한 간음죄(제302조) - 업무상 위력 등에 의한 간음죄(제303조) - 미성년자에 대한 간음, 추행죄(제305조) - 위의 죄 상습범(제305조의2) - 강도강간죄(제339조)
「성폭력범죄의 처벌 등에 관한 특례법」상의 성폭력	- 업무상 위력 등에 의한 추행죄(제10조) - 공중 밀집 장소에서의 추행죄(제11조) - 성적 목적을 위한 다중이용장소 침입행위죄(제12조) - 통신매체를 이용한 음란행위죄(제13조) - 카메라 등을 이용한 촬영죄와 그 미수(제14조 및 제15조)

8-5-3. 배상신청

① 성폭력 피해자는 제1심 또는 제2심 공판의 변론이 종결될 때까지 사건이 계속(係屬)된 법원에 피해배상을 신청할 수 있습니다(소송촉진 등에 관한 특례법 제26조제1항 전단).

② 배상신청을 할 경우에는 다음의 사항을 적고, 신청인 또는 대리인이 서명·날인한 신청서와 상대방 피고인 수만큼의 신청서 부본을 제출해야 합니다(소송촉진 등에 관한 특례법 제26조제2항 및 제3항).

  - 피고사건의 번호, 사건명 및 사건이 계속된 법원
  - 신청인의 성명과 주소
  - 대리인이 신청할 때에는 그 대리인의 성명과 주소

- 상대방 피고인의 성명과 주소
- 배상의 대상과 그 내용
- 배상 청구 금액

8-5-4. 배상명령의 효력

「소송촉진 등에 관한 특례법」에 따른 배상명령이 확정된 경우 성폭력 피해자는 그 인용된 금액의 범위에서 다른 절차에 따른 손해배상을 청구할 수 없습니다(소송촉진 등에 관한 특례법 제34조제2항).

8-5-5. 소송비용

배상명령의 절차비용은 특별히 그 비용을 부담할 자를 정한 경우를 제외하고는 국고의 부담으로 합니다(소송촉진 등에 관한 특례법 제35조).

8-5-6. 손해배상

① 성폭력 피해자는 민사소송을 통해 성폭력 가해자를 상대로 손해(치료비 및 위자료 등)배상을 청구할 수 있습니다(민법 제750조 및 제751조).

② 성폭력 피해자가 사망한 경우에는 그 피해자의 직계존속, 직계비속 및 배우자는 재산의 손해가 없는 경우에도 성폭력 가해자로부터 손해배상을 받을 수 있습니다(민법 제752조).

③ 성폭력으로 인한 손해배상청구권은 성폭력 피해자나 그 법정대리인이 그 손해 및 성폭력 가해자를 안 날로부터 3년간 이를 행사하지 않거나, 성폭력 발생한 날로부터 10년을 경과한 때에는 시효로 인하여 소멸합니다(민법 제766조).

[서식 예] 손해배상(기)청구의 소(강간)

소　　　　　장

원　　고　　○○○ (주민등록번호)
　　　　　　○○시 ○○구 ○○길 ○○(우편번호)
　　　　　　전화·휴대폰번호:
　　　　　　팩스번호, 전자우편(e-mail)주소:
피　　고　　◇◇◇ (주민등록번호)
　　　　　　○○시 ○○구 ○○길 ○○(우편번호)
　　　　　　전화·휴대폰번호:
　　　　　　팩스번호, 전자우편(e-mail)주소:

손해배상(기)청구의 소

청　구　취　지

1. 피고는 원고에게 금 ○○○○원 및 이에 대한 20○○. ○. ○.부터
　 이 사건 소장부본 송달일까지는 연 5%의, 그 다음날부터 다 갚는
　 날까지는 연 15%의 각 비율에 의한 돈을 지급하라.
2. 소송비용은 피고의 부담으로 한다.
3. 위 제1항은 가집행 할 수 있다.
라는 판결을 원합니다.

청　구　원　인

1. 당사자들의 지위
　 원고는 피고로부터 강간을 당한 피해자이고 피고는 원고를 강간한 가
　 해자입니다.
2. 손해배상책임의 발생

원고는 20○○. ○. ○. 23:00경 직장일을 마치고 원고의 집으로 귀가를 하던 중 원고의 집 근처 골목길에 이르렀을 때 갑자기 피고로부터 폭행을 당하고 저항할 수 없는 상태에서 강간을 당한 사실이 있고 이로 인하여 원고는 처녀막이 파열되고, 소음부 등에 6주간의 치료를 요하는 상해를 입은 사실이 있는바, 따라서 피고는 피고 자신의 위와 같은 불법행위로 인하여 원고가 입은 모든 손해에 대하여 배상할 책임이 있다 할 것입니다.

3. 손해배상의 범위

가. 치료비

원고는 피고의 폭행 및 강간으로 인하여 ○○시 ○○구 ○○길 소재 ○○산부인과의원 및 같은 동 ○○○신경정신과의원, 같은 동 ○○○정형외과의원에서 통원치료를 받으면서 치료비로 금 ○○○원을 지출한 사실이 있습니다.

나. 위자료

원고는 위와 같은 피고의 폭행 및 강간으로 인하여 정신과적 치료에도 불구 심한 정신적인 우울증과 불면증에 시달리고 있으며, 이로 인하여 다니던 직장도 그만두고 현재 집에서 요양중이나 사고가 발생한 날로부터 지금까지도 마찬가지지만 앞으로도 오랫동안 이 사건 사고의 후유증에서 벗어나기 어려운 정신적인 고통을 겪을 것임은 경험칙상 명백하다 할 것이므로, 피고는 원고의 위와 같은 고통에 대하여 금전으로나마 위자하여야 할 것이며, 그 금액은 이사건 사고의 원인과 결과, 상해정도, 치료기간, 원고의 나이 등을 고려할 때 적어도 금 ○○○○원은 되어야 할 것입니다.

4. 결론

따라서 원고는 피고로부터 금 ○○○○원(치료비 금 ○○○원+위자료 금 ○○○○원) 및 이에 대하여 불법행위일인 20○○. ○. ○.부터 이 사건 소장부본 송달일까지는 민법에서 정한 연 5%의, 그 다음날부터 다 갚는 날까지는 소송촉진등에관한특례법에서 정한 연 15%의 각 비율에 의한 지연손해금을 지급 받기 위하여 이 사건 청구에 이른 것입니다.

입 증 방 법

1. 갑 제1호증   고소장
1. 갑 제2호증   고소장접수증명원
1. 갑 제3호증의 1 내지 3   각 진단서
1. 갑 제4호증   통원치료확인서
1. 갑 제5호증의 1 내지 3   각 치료비영수증

첨 부 서 류

1. 위 입증방법   각 1통
1. 소장부본   1통
1. 송달료납부서   1통

20○○. ○. ○.

위 원고 ○○○ (서명 또는 날인)

○○지방법원 귀중

(관련판례)

   불법행위로 입은 정신적 고통에 대한 위자료 액수에 관하여는 사실심 법원이 제반 사정을 참작하여 그 직권에 속하는 재량에 의하여 이를 확정할 수 있음(대법원 2002. 11. 26. 선고 2002다43165 판결, 1999. 4. 23. 선고 98다41377 판결).

8-5-7. 수인의 성폭력 가해자의 책임

① 수인(數人)이 공동으로 성폭력범죄를 저질러 성폭력 피해자에게 손해를 가한 때에는 연대하여 그 손해를 배상할 책임이 있습니다(민법

제760조제1항).

② 공동 아닌 수인의 행위 중 어떤 사람의 행위가 그 손해를 가한 것인
지를 알 수 없는 때에도 연대하여 그 손해를 배상할 책임이 있습니
다(민법 제760조제2항).

③ 교사(敎唆)자나 방조(幇助)자는 공동행위자로 봅니다(민법 제760조제
3항).

[서식 예] 손해배상(기)청구의 소(간통, 상간자를 상대로)

소   장

원   고   ○○○ (주민등록번호)
            ○○시 ○○구 ○○길 ○○(우편번호)
            전화·휴대폰번호:
            팩스번호, 전자우편(e-mail)주소:
피   고   ◇◇◇ (주민등록번호)
            ○○시 ○○구 ○○길 ○○(우편번호)
            전화·휴대폰번호:
            팩스번호, 전자우편(e-mail)주소:

손해배상(기)청구의 소

청 구 취 지

1. 피고는 원고에게 금 ○○○원 및 이에 대한 20○○. ○. ○.부터 이
   사건 소장부본 송달일까지는 연 5%의, 그 다음날부터 다 갚는 날
   까지는 연 15%의 각 비율에 의한 돈을 지급하라.
2. 소송비용은 피고가 부담한다.
3. 위 제1항은 가집행 할 수 있다.

라는 판결을 원합니다.

청 　 구 　 원 　 인

1. 당사자들의 지위

　원고는 소외 ◉◉◉와 20○○. ○. ○. 혼인신고를 마친 법률상부부
이고, 피고는 위 소외 ◉◉◉가 원고와 혼인 중에 있다는 사실을
알면서 위 소외 ◉◉◉와 20○○. ○. ○.부터 동거생활을 하여온
사람입니다.

2. 손해배상책임의 발생

　가. 원고는 소외 ◉◉◉와 20○○. ○. ○. 혼인신고 후 혼인생활을 하
여 오면서　부부사이에 별다른 문제없이 생활을 하여오던 중 남편인
소외 ◉◉◉가 피고를 알게 된 이후로는 소외 ◉◉◉가 가정을 등
한시하게 되었고 이로 인하여 부부싸움 및 가정파탄이 발생되었는데,
그러던 중 소외 ◉◉◉는 20○○. ○. ○.부터는 아예 집을 가출하여
피고와 동거생활을 하기 시작하였으며 이와 같은 상황에서 도저히 위
소외 ◉◉◉와는 정상적인 혼인관계의 지속이 어렵다고 판단하여 위
소외 ◉◉◉를 상대로 이혼소송을 제기한 사실이 있습니다.

　나. 소외 ◉◉◉와의 이혼은 위와 같은 이유로 이혼판결이 확정되었는
바, 피고는 피고자신이 소외 ◉◉◉를 만나 교제를 하면서 소외 ◉
◉◉가 당시 처가 있는 유부남이었다는 사실을 알고 있었고 그러한
사실을 알았을 때는 소외 ◉◉◉와의 교제를 단절하였어야 함에도
불구하고 오히려 동거생활을 시작함으로 인하여 원고와 소외 ◉◉
◉와의 부부싸움 및 가정파탄의 원인을 제공하게 되었고 이로 인하
여 결국은 원고와 소외 ◉◉◉가 이혼을 할 수밖에 없는 상황을 초
래케 하였으며 위와 같은 피고의 행위는 결국 원고에 대하여 불법행
위를 구성한다고 볼 것이며, 따라서 피고의 불법행위로 인하여 원고
가 입은 손해에 대하여 피고는 이를 배상하여야 할 것입니다.

3. 손해배상의 범위

　피고는 소외 ◉◉◉가 결혼을 하고 가정을 가진 유부남이라는 사실을

알았다면 그와의 교제를 단절하여 가정파탄이 일어나지 않도록 하였어
야 함에도 이를 무시하고 소외 ◉◉◉와 동거생활에 이르렀고 이러한
피고의 불법행위로 인하여 원고는 소외 ◉◉◉와 이혼을 하기에 이르
렀으며 이러한 이혼과정을 겪으면서 원고는 정신적으로 많은 고통을
당하였는바, 그렇다면 피고는 피고 자신의 위와 같은 불법행위로 인하
여 원고가 겪은 위 고통에 대하여 금전으로나마 위자할 의무가 있다 할
것이며 그 금액은 적어도 금 ○○○원은 되어야 할 것입니다.

4. 결론

  따라서 원고는 피고로부터 금 ○○○원 및 이에 대한 불법행위일인
20○○. ○. ○.부터 이 사건 소장부본 송달일까지는 민법에서 정한
연 5%의, 그 다음날부터 다 갚는 날까지는 소송촉진등에관한특례
법에서 정한 연 15%의 각 비율에 의한 지연손해금을 지급 받기 위
하여 이 사건 청구에 이른 것입니다.

입 증 방 법

  1. 갑 제1호증   혼인관계증명서
  1. 갑 제2호증   (기타 입증서류)

첨 부 서 류

  1. 위 입증방법   각 1통
  1. 소장부본   1통
  1. 송달료납부서   1통

20○○. ○. ○.

위 원고　 ○○○　(서명 또는 날인)

○○지방법원　 귀중

■ 성폭행범이 아님에도 무고하여 강간치상죄로 처벌받게 한 경우 국가에 대해 손해배상을 청구할 수 있는지요?

Q. 甲이 A를 무고하여 강간치상죄로 처벌받게 하였는데, 당시 A의 혐의를 수사하던 경찰공무원이 사안의 진상을 제대로 파악하지 않은 채 피해자 진술조서를 작성하였고, 진단서의 진위나 상해부위 및 정도·원인등도 제대로 확인하지 않았으며, 증거조작행위에도 유의하지 않았던 경우 대한민국의 국가배상책임이 성립하는지요?

A. 법원은, 경찰공무원이 ① 사안의 진상을 제대로 파악하지 않고, 강간치상의 사실을 전제한 채 'A가 甲의 목을 조르거나 허벅지 등을 구타한 후 강간에 이르렀으며, 그로 인해 상해를 입었다'는 취지의 甲에 대한 피해자 진술조서를 작성하였고,

② 甲이 제출한 진단서의 진위나 상해부위 및 정도, 원인등도 제대로 확인하지 않았으며,

③ 甲 등이 연필심을 종이에 문지른 후 이를 피부에 바르는 방법으로 甲의 허벅지 부위에 멍처럼 보이게 만든 후 사진을 찍어 제출하였음에도 이러한 증거조작행위에 유의하지 않았던 사안에서, "수사를 담당하는 경찰공무원으로서 그 직무를 집행함에 있어 제반 법령을 준수하고 사건을 처리

함에 있어 예단이나 선입견을 배제하고 합리적이고 공정한 수사를 하여야 할 것임에도 강간치상 증거 확보 등 수사에 있어서의 기본적 조치도 제대로 취하지 아니하고, 甲 등 진술의 진실성여부 및 관련 증거 유무, 특히나 조사 장소에서 이루어진 증거조작 등에 대한 확인도 제대로 하지 않은 채 방치함으로써 경험칙과 논리칙에 비추어 현저히 합리성을 결하여 직무집행상의 과실을 범하였다"라고 판단하며, 경찰공무원의 위와 같은 위법한 직무집행 행위에 대하여 대한민국의 손해배상 책임을 인정하였습니다.(서울남부지방법원 2007.4.12.선고 2006가합1054 판결)

■ 유치원 원아가 유치원 운영자에게 성추행을 당했을 경우 어떻게 손해배상을 청구해야 할까요?

Q. 유치원 원아가 유치원 운영자에게 성추행을 당했습니다. 어떻게 손해배상을 청구해야 할까요?

A. 유치원 운영자는 불법행위를 한 것이므로, 운영자에 대하여 손해배상청구를 해야 하겠습니다. 다만 담임교사에 대해서도 책임을 물을 수있는지 문제됩니다.

  교육활동의 때, 장소, 가해자의 분별능력, 가해자의 성행, 가해자와 피해자의 관계, 원아나 학생의 연령, 사회적 경험, 판단능력, 기타 여러 사정을 참작하여 사고가 학교생활에서 통상 발생할 수 있다고 하는 것이 예측되거나 또는 예측가능성이 있는 경우에만 교사는 보호감독의무 위반에 대한 책임을 집니다. 운영자가 단 1회 성추행을 한 것을 막지 못한 경우라면 담임교사의 책임이 소극적으로 평가될 것입니다. 다만 예측가능성이 있을 정도로 빈번하거나 알 수 있는 사정이 있는데도 방지하지 못했다면 담임교사도 책임을 져야 할 것입니다.

■ 교내에서 성폭행이 발생한 경우 지자체가 책임지는지요?

Q. 초등학교 교사가 교육활동 중 학생(甲)들을 강제로 추행한 사안에
   서, ○○초등학교를 설치·운영하는 지방자치단체는 교사의 사용자
   로서 그와 연대하여 손해배상책임을 지는지요?

A. 민법 제756조에 규정된 사용자 책임의 요건인 "사무집행에 관하여"라는 뜻
   은 피용자의 불법행위가 외형상 객관적으로 사용자의 사업활동 내지 사무집
   행행위 또는 그와 관련된 것이라고 보여질 때에는 행위자의 주관적 사정을
   고려함이 없이 이를 사무집행에 관하여 한 행위로 본다는 것이고, 외형상
   객관적으로 사용자의 사무집행에 관련된 것인지의 여부는 피용자의 본래 직
   무와 불법행위와의 관련 정도 및 사용자에게 손해 발생에 대한 위험 창출과
   방지조치 결여의 책임이 어느 정도 있는지를 고려하여 판단하여야 하는바(
   대법원 1998. 2. 10. 선고 95다39533 판결), 교사의 이 사건 추행행위
   는 과학실, 교무실, 학교 복도, 수학여행지 숙소 및 소풍시 이동버스 등 교
   육활동 과정에서 이루어진 것일 뿐 아니라 교육기본법 제17조의4 는 국가
   와 지방자치단체에게 학생의 존엄한 성(性)을 보호할 의무를 부과하고 있고
   제17조에서 국가와 지방자치단체의 학교에 대한 지도·감독의무를 규정하고
   있으므로 지방자치단체로서는 학교에서 학생들의 성적 자기결정권이 침해되
   지 않도록 각별히 교원 등을 지도·감독할 의무가 있는 점, 피해자들은 초
   등학생들인데 ○○초등학교 교원은 지식전달자로서만이 아니라 학생의 인격
   과 생활 전반에 걸친 지도를 담당하고 있으므로 교사의 학교 내에서의 학생
   들에 대한 모든 언행은 피해자들에게 교육적 조치로 받아들여질 수밖에 없
   는 점 등에 비추어 보면, 교사의 이 사건 각 추행행위는 외형상 객관적으로
   지방자치단체의 교육사무집행과 관련된 행위에 해당한다 할 것이고, A들이
   교사의 추행행위가 그 직무권한 내에서 적법하게 행하여진 것이 아니라는
   사정을 알았거나 지방자치단체의 책임을 면하게 할 정도로 중대한 과실로
   인하여 알지 못했다고 할 수 없어 책임이 인정된다 할 것입니다(광주지방법
   원 순천지원 2009. 1. 22. 선고 2008가합2136 판결).

9. 성폭력 피해자의 보호

9-1. 피해자보호시설

성폭력피해자보호시설을 통해 숙식을 제공받거나 상담 및 치료 등을 받을 수 있습니다.

9-1-1. 보호시설의 종류 및 보호기간

① 성폭력 피해자는 다음의 성폭력피해자보호시설을 통해 일정한 기간 동안 보호받을 수 있습니다(성폭력방지 및 피해자보호 등에 관한 법률 제12조제3항 및 제16조제1항).

구분	보호대상	보호기간
일반보호시설	성폭력 피해자	1년 이내
장애인보호시설	장애인인 성폭력 피해자	2년 이내
특별지원 보호시설	친족관계에 의한 강간 등의 피해자로서 19세 미만의 피해자	19세가 될 때까지
외국인보호시설	외국인 피해자	1년 이내
자립지원 공동생활시설	일반보호시설, 장애인보호시설 및 특별지원보호시설을 퇴소한 성폭력 피해자	2년 이내
장애인 자립지원 공동생활시설	장애인보호시설을 퇴소한 성폭력 피해자	2년 이내

② 다음에 따라 성폭력피해자보호시설의 보호기간을 연장할 수 있습니다
(동법 제16조제1항, 제2항 및 동법 시행규칙 제7조의2제1항).

구분	연장사유	연장기간
일반보호시설	보호시설에 입소한 성폭력 피해자가 심리적 안정이 필요하거나 치료를 받고 있는 등 성폭력 피해자의 보호를 위하여 필요한 경우	1년 6개월의 범위에서 1차례
장애인보호시설	성폭력 피해자가 피해회복이 되지 않아 심리적 안정 또는 치료가 필요하다고 인정되는 경우	피해회복에 소요되는 기간(1회당 2년 이내)
특별지원 보호시설	성폭력 피해자가 「초·중등교육법」 제2조 또는 「고등교육법」 제2조에 따른 학교, 그 밖에 다른 법률에 따라 설치·운영되는 각종 학교에 재학(입학이 확정된 사람을 포함함) 중인 경우	2년의 범위에서 1차례
외국인보호시설	보호시설에 입소한 성폭력 피해자가 심리적 안정이 필요하거나 치료를 받고 있는 등 성폭력 피해자의 보호를 위해 필요한 경우	1년 6개월의 범위에서 1차례(입소기간의 추가 연장이 필요하다고 인정된 경우 2년의 범위에서 1차례)
자립지원 공동생활시설	성폭력 피해자가 자립·자활을 위한 교육·훈련 등을 이수중인 경우	2년의 범위에서 1차례
장애인 자립지원 공동생활시설	성폭력 피해자가 자립·자활을 위한 교육·훈련 등을 이수중인 경우	2년의 범위에서 1차례

9-1-2. 보호시설의 업무

성폭력피해자보호시설은 다음의 업무를 합니다(성폭력방지 및 피해자보호 등에 관한 법률 제13조).

구분	업무
일반보호시설	- 성폭력 피해자나 성폭력 피해자의 가족구성원(이하 "피해자 등"이라 함)의 보호 및 숙식 제공 - 피해자 등의 심리적 안정과 사회 적응을 위한 상담 및 치료 - 자립·자활 교육의 실시와 취업정보의 제공 - 피해자 등의 질병치료와 건강관리를 위하여 의료기관에 인도하는 등 의료 지원 - 피해자에 대한 수사기관의 조사와 법원의 증인신문(證人訊問) 등에의 동행 - 성폭력행위자에 대한 고소와 피해배상청구 등 사법처리 절차에 관하여 대한법률구조공단 등 관계 기관에 필요한 협조 및 지원 요청 - 다른 법률에 따라 성폭력피해자보호시설에 위탁된 업무 - 그 밖에 피해자 등을 보호하기 위하여 필요한 업무
장애인보호시설	
특별지원 보호시설	
외국인보호시설	
자립지원 공동생활시설	- 자립·자활 교육의 실시와 취업정보의 제공 - 그 밖에 피해자 등을 보호하기 위하여 필요한 업무
장애인 자립지원 공동생활시설	

9-1-3. 보호시설의 입소

① 성폭력 피해자나 성폭력 피해자의 가족구성원은 다음의 경우에 성폭력피해자보호시설에 입소할 수 있습니다(성폭력방지 및 피해자보호 등에 관한 법률 제15조제1항).

- 성폭력 피해자나 성폭력 피해자의 가족구성원이 입소를 희망하거나

입소에 동의하는 경우
- 미성년자 또는 지적장애인 등 의사능력이 불완전한 사람으로서 성폭력행위자가 아닌 보호자가 입소에 동의하는 경우

② 성폭력피해자보호시설의 장은 친족에 의한 성폭력 피해자나 지적장애인 등 의사능력이 불완전한 성폭력 피해자로서 상담원의 상담 결과 입소가 필요하나 보호자의 입소 동의를 받는 것이 적절하지 못하다고 인정하는 경우에는 성폭력피해자보호시설에 입소하게 할 수 있습니다(동법 제15조3항 전단).

③ 이 경우 인가받은 보호시설의 장은 지체 없이 관할 특별자치시장·특별자치도지사 또는 시장·군수·구청장의 승인을 받아야 합니다(동법 제15조제3항 후단).

9-1-4. 보호시설의 퇴소

① 성폭력피해자보호시설에 입소한 사람은 본인의 의사 또는 입소 동의를 한 보호자의 요청에 따라 성폭력피해자보호시설에서 퇴소할 수 있습니다(성폭력방지 및 피해자보호 등에 관한 법률 제17조제1항).

② 성폭력피해자보호시설의 장은 입소한 사람이 다음의 경우에는 퇴소를 명할 수 있습니다(동법 제17조제2항).
- 보호 목적이 달성된 경우
- 보호기간이 끝난 경우
- 입소자가 거짓이나 그 밖의 부정한 방법으로 입소한 경우
- 그 밖에 성폭력피해자보호시설 안에서 현저한 질서문란 행위를 한 경우

9-2. 수사단계에서의 보호

수사단계에서 피해자의 인권을 보호하기 위한 다양한 조치가 있습니다.

■ **성폭력 피해자들을 피의자들과 직접 대면하게 한 것이 위법인지요?**

Q. 성폭행 사건을 수사하는 경찰관이 대질조사를 하면서 범인식별실을 사용하지 않고 공개된 장소인 형사과 사무실에서 피해자들을 피의자들과 직접 대면하게 한 것은 '인권보호를 위한 경찰관 직무규칙'을 위반한 것으로서 피해자의 인권에 직접적인 영향을 미치는 위법한 행위인지요?

A. 성폭행 사건을 수사하는 경찰관이 대질조사를 하면서 범인식별실을 사용하지 않고 공개된 장소인 형사과 사무실에서 피해자들을 피의자들과 직접 대면하게 한 것은 '인권보호를 위한 경찰관 직무규칙'을 위반한 것으로서 피해자의 인권에 직접적인 영향을 미치는 위법한 행위에 해당할 수 있습니다.

　나아가 일시적으로 성폭행 사건의 피해자 대기실로 이용된 경찰서 감식실의 담당근무자가 그 감식실에서 대기중이던 성폭행 피해자들에게 모욕적인 발언을 한 것은 외관상 객관적으로 보아 공무원의 직무집행행위이거나 이와 밀접한 관련이 있는 행위라고 할 수 있습니다.(서울고등법원 2007. 8. 16. 선고 2006나10891 판결)

9-2-1. 성폭력 피해자에 대한 전담조사제

① 검찰총장은 각 지방검찰청 검사장으로 하여금 성폭력범죄 전담 검사를 지정하도록 하여 특별한 사정이 없으면 이들로 하여금 성폭력 피해자를 조사하게 해야 합니다(성폭력범죄의 처벌 등에 관한 특례법 제26조제1항).

② 경찰청장은 각 경찰서장으로 하여금 성폭력범죄 전담 사법경찰관을 지정하도록 하여 특별한 사정이 없으면 이들로 하여금 성폭력 피해자를 조사하게 해야 합니다(동 제26조제2항).

9-2-2. 여성경찰관에 의한 조사 및 입회

① 성폭력 사건의 여성 범죄피해자를 조사할 때에는 여성경찰관이 조사 또는 입회하는 것을 원칙으로 합니다.

② 다만, 범죄피해자 본인이 원하지 않는 경우에는 예외로 합니다.

9-2-3. 신뢰관계 있는 사람의 동석

① 수사기관은 다음의 성폭력 피해자를 조사하는 경우에 성폭력 피해자 또는 법정대리인이 신청할 때에는 수사에 지장을 줄 우려가 있는 등 부득이한 경우가 아니면 성폭력 피해자와 신뢰관계에 있는 사람을 동석하게 해야 합니다(성폭력범죄의 처벌 등에 관한 특례법 제34조제2항 및 제1항).

- 특수강도강간 등의 죄와 그 미수(동법 제3조 및 제15조)
- 특수강간 등의 죄와 그 미수(동법 제4조 및 제15조)
- 친족관계에 의한 강간 등의 죄와 그 미수(동법 제5조 및 제15조)
- 장애인에 대한 강간·강제추행 등의 죄와 그 미수(동법 제6조 및 제15조)
- 13세 미만의 미성년자에 대한 강간·강제추행 등의 죄와 그 미수(동법 제7조 및 제15조)
- 강간 등 상해·치상죄와 그 미수(동법 제8조 및 제15조)
- 업무상 위력 등에 의한 추행죄(동법 제10조)

② 수사기관은 성폭력 피해자와 신뢰관계에 있는 사람이 성폭력 피해자에게 불리하거나 성폭력 피해자가 원하지 않는 경우에는 동석하게 해서는 안 됩니다(동법 제34조제3항).

9-2-4. 피해자 진술 등 촬영·보존

성폭력 피해자가 신체적인 또는 정신적인 장애로 사물을 변별하거나 의사를 결정할 능력이 미약한 경우에는 성폭력 피해자의 진술 내용과 조사

과정을 비디오녹화기 등 영상물 녹화장치로 촬영·보존해야 합니다(성폭력 범죄의 처벌 등에 관한 특례법 제30조제1항).

■ **성폭력범죄 피해자에 대한 피해사실을 영상물로 남기는 경우 그 실익은 무엇인지요? 영상녹화수사를 거부하는 경우 불이익이 있는지요?**

Q. 정신지체 3급의 장애가 있는 제 딸 甲(22세)이 乙에게 강간을 당하여 乙을 경찰에 고소하였습니다. 그리고 며칠 전 경찰관으로부터 "甲에 대한 피해자 수사를 하려고 하는데 귀하의 동석 하에 영상녹화수사로 진행하는 것에 부동의 하시는지"를 묻는 연락을 받았습니다. 피해사실을 영상물로 남기는 경우 그 실익은 무엇인지요? 영상녹화수사를 거부하는 경우 불이익이 있는지요?

A. 「형사소송법」 제310조의2는 "제311조 내지 제316조에 규정한 것 이외에는 공판준비 또는 공판기일에서의 진술에 대신하여 진술을 기재한 서류나 공판준비 또는 공판기일외에서의 타인의 진술을 내용으로 하는 진술은 이를 증거로 할 수 없다."라고 규정하고 있으며, 같은 법 제312조 제4항은 "검사 또는 사법경찰관이 피고인이 아닌 자의 진술을 기재한 조서는 적법한 절차와 방식에 따라 작성된 것으로서 그 조서가 검사 또는 사법경찰관 앞에서 진술한 내용과 동일하게 기재되어 있음이 원진술자의 공판준비 또는 공판기일에서의 진술이나 영상녹화물 또는 그 밖의 객관적인 방법에 의하여 증명되고, 피고인 또는 변호인이 공판준비 또는 공판기일에 그 기재 내용에 관하여 원진술자를 신문할 수 있었던 때에는 증거로 할 수 있다. 다만, 그 조서에 기재된 진술이 특히 신빙할 수 있는 상태하에서 행하여졌음이 증명된 때에 한한다."라고 규정하고 있습니다.

따라서 만약 乙이 자신의 혐의를 부인하는 경우, 경찰관이 甲에 대한 피해자 수사를 진행하면서 작성한 조서는 ① '甲이 경찰관 앞에서 진술한 내용과 동일하게 기재되어 있음(이를 '성립의 진정'이라고 합니다)'이 甲의 공판기일에서의 진술이나 그 밖의 객관적인 방법에 의하여 증명되고, ② 피고인 또는 변호인이 공판기일에 그 기재 내용에 관하여 甲을 신문할 수 있었던 때에 증거로 할 수 있습니다. 그러나 甲이 직접 공판기일에 출석하여 피해사실을 다시 진술하거나 피고인 또는 변호인으로부터 신문을 받게 되면 그 과정에서 정신적인 장애가 있는 甲에게 2차 피해가 발생할 우려가 있으며, 이미 오랜 시간이 지나 甲의 기억이 명확하게 남아 있지 않을 가능성도 있습니다.

 이에 「성폭력범죄의 처벌 등에 관한 특례법」은 제26조 제1항에서 "성폭력범죄의 피해자가 19세 미만이거나 신체적인 또는 정신적인 장애로 사물을 변별하거나 의사를 결정할 능력이 미약한 경우에는 피해자의 진술내용과 조사과정을 비디오녹화기 등 영상물 녹화장치로 촬영?보존하여야 한다."라고 규정한 다음 제2항에서 "제1항에 따른 영상물 녹화는 피해자 또는 법정대리인이 이를 원하지 아니하는 의사를 표시한 때에는 촬영을 하여서는 아니 된다."라고 규정하고, 제34조 제1항에서 "법원은 … (성폭력)범죄의 피해자를 증인으로 신문하는 경우에 검사, 피해자 또는 법정대리인이 신청할 때에는 재판에 지장을 줄 우려가 있는 등 부득이한 경우가 아니면 피해자와 신뢰관계에 있는 사람을 동석하게 하여야 한다."라고 규정한 다음 제2항에서 "제1항은 수사기관이 같은 항의 피해자를 조사하는 경우에 관하여 준용한다."라고 규정함으로써, 정신적인 장애가 있는 성폭력범죄 피해자에 대하여는 원칙적으로 영상녹화수사를 진행하고 신뢰관계인의 동석이 가능하도록 하고 있습니다.

 나아가 같은 법 제30조 제6항에서 "제1항에 따라 촬영한 영상물에 수록된 피해자의 진술은 공판준비기일 또는 공판기일에 피해자나 조사 과정에 동석하였던 신뢰관계에 있는 사람 또는 진술조력인의 진술에 의하여 그 성립의 진정함이 인정된 때에는 증거로 할 수 있다."라고 규정함으로써, 신뢰관계인이 동석한 영상녹화수사의 경우 신뢰관계인이 공판기일에 출석하여 성립의 진정함을 인정함으로써 영상물에 수록된 피해자의 진술을 바로 증거로 할 수 있게 하고 있습니다.

 결국 甲은 영상녹화수사를 거부할 수 있으며 그 자체로 어떠한 불이익이 발생하는 것은 아니나, 귀하께서 신뢰관계인으로서 동석하여 영상녹화수사가 진행될 경우 甲이 직접 공판기일에 출석하지 아니하여도 귀하의 공판기일에서의 진술만으로 甲의 진술이 증거로 사용될 수 있다는 점에 영상녹화수사의 가장 큰 실익이 있다고 하겠습니다.

한편, 판례는 "성폭력범죄의 처벌 및 피해자보호 등에 관한 법률 제21조의3 제4항(현행 성폭력범죄의 처벌 등에 관한 특례법 제30조 제6항)의 규정에 의하여 증거능력이 인정될 수 있는 것은 '같은 조 제3항(현행 성폭력범죄의 처벌 등에 관한 특례법 제30조 제1항 내지 제2항)에 의해 촬영된 영상물에 수록된 피해자의 진술' 그 자체일 뿐이고, '피해자에 대한 경찰 진술조서'나 '조사과정에 동석하였던 신뢰관계 있는 자의 공판기일에서의 진술'은 그 대상이 되지 아니한다."라고 하였으므로(대법원 2010. 1. 28. 선고 2009도12048 판결) 이를 참조하시기 바랍니다.

9-2-5. 진술조력인의 참여

① 2013년 12월 19일부터 검사 또는 사법경찰관은 성폭력 피해자가 신체적인 또는 정신적인 장애로 의사소통이나 의사표현에 어려움이 있는 경우 원활한 조사를 위하여 직권이나 성폭력 피해자, 그 법정대리인 또는 변호사의 신청에 따라 진술조력인으로 하여금 조사과정에 참여하여 의사소통을 중개하거나 보조하게 할 수 있습니다[성폭력범죄의 처벌 등에 관한 특례법 제36조제1항 본문 및 부칙(법률 제11556호) 제1조].

② "진술조력인"이란 의사소통이 어려운 성폭력 피해 아동이나 장애인을 위해 수사나 재판 등 형사사법절차에 동석하여 중립성을 유지하며 의사소통을 중개 또는 보조하는 전문 인력을 말합니다.

③ 다만, 성폭력 피해자 또는 그 법정대리인이 이를 원하지 않는 의사를 표시한 경우에는 그렇지 않습니다(동법 제36조제1항 단서).

■ 11세의 아동으로서 성폭력범죄 피해를 입었을 경우 다른 사람으로부터 도움을 받을 수 있는 방법이 있는지요?

Q. 甲은 11세의 아동으로서 성폭력범죄 피해를 입었습니다. 수사기관의 조사 과정이나 법원의 증인신문 과정에서 甲이 진술을 하는 데에 다른 사람으로부터 도움을 받을 수 있는 방법이 있는지요?

A. 검사 또는 사법경찰관, 법원은 성폭력범죄의 피해자가 13세 미만의 아동이거나 신체적인 또는 정신적인 장애로 의사소통이나 의사표현에 어려움이 있는 경우 원활한 조사 또는 증인 신문을 위해 직권이나 검사, 피해자, 그 법정대리인 또는 변호사의 신청에 따라 진술조력인으로 하여금 조사과정 또는 증인 신문에 참여해 의사소통을 중개하거나 보조하게 할 수 있습니다(성폭력범죄의 처벌 등에 관한 특례법 제36조 제1항, 제37조 제1항). '진술조력인'이란 정신건강의학, 심리학, 사회복지학, 교육학 등 아동·장애인의 심리나 의사소통 관련 전문지식이 있거나 관련 분야에서 상당 기간 종사한 사람으로 법무부장관이 정하는 교육을 이수한 사람을 말합니다(같은 법 제35조 제2항).

진술조력인은 수사 및 재판 과정 중 중립적인 지위에서 상호간의 진술이 왜곡 없이 전달될 수 있도록 노력해야 합니다(같은 법 제38조 제1항). 진술조력인은 피해자 조사 전에 피해자를 면담하여 진술조력인 조력 필요성에 관하여 평가한 의견을 수사기관에 제출할 수 있습니다(같은 법 제36조 제3항). 피해자 조사과정에 참여한 진술조력인은 피해자의 의사소통이나 표현 능력, 특성 등에 관한 의견을 수사기관이나 법원에 제출할 수 있습니다(같은 법 제36조 제4항). 진술조력인은 그 직무상 알게 된 피해자의 주소, 성명, 나이, 직업, 학교, 용모, 그 밖에 피해자를 특정해 파악할 수 있게 하는 인적사항과 사진 및 사생활에 관한 비밀을 공개하거나 다른 사람에게 누설해서는 안 됩니다(같은 법 제38조 제2항).

따라서, 甲의 법정대리인은 甲이 진술조력인의 도움을 받기를 원한다면 검사 또는 사법경찰관, 법원에 법률조력인 선정 신청을 하면 될 것입니다.

9-2-6. 국선변호사 선정

① 성폭력 피해자 및 그 법정대리인은 형사절차상 입을 수 있는 피해를 방어하고 법률적 조력을 보장하기 위하여 변호사를 선임할 수 있습니다(성폭력범죄의 처벌 등에 관한 특례법 제27조제1항).

② 변호사는 형사절차에서 성폭력 피해자 및 그 법정대리인의 대리가 허용될 수 있는 모든 소송행위에 대한 포괄적인 대리권을 가집니다(동법 제27조제5항).

③ 성폭력 피해자에게 변호사가 없는 경우 검사는 국선변호사를 선정할 수 있으며, 다음의 성폭력 피해자에게는 국선변호사를 선정해야 합니다(동법 제27조제6항 및 검사의 국선변호사 선정 등에 관한 규칙 제8조제1항, 제2항 본문).

- 특수강도강간 등의 죄와 그 미수(동법 제3조 및 제15조)
- 특수강간 등의 죄와 그 미수(동법 제4조 및 제15조)
- 친족관계에 의한 강간 등의 죄와 그 미수(동법 제5조 및 제15조)
- 장애인에 대한 강간·강간추행 등의 죄와 그 미수(동법 제6조 및 제15조)
- 13세 미만의 미성년자에 대한 강간·강제추행 등의 죄와 그 미수(동법 제7조 및 제15조)
- 강간 등 상해·치상죄와 그 미수(동법 제8조 및 제15조)
- 강간 등 살인·치사죄와 그 미수(동법 제9조 및 제15조)

9-3. 공판단계에서의 보호

공판단계에서 피해자의 인권을 보호하기 위한 다양한 조치가 있습니다.

9-3-1. 성폭력범죄에 대한 전담재판부

지방법원장 또는 고등법원장은 특별한 사정이 없으면 성폭력범죄 전담재판부를 지정하여 성폭력범죄에 대하여 재판하게 해야 합니다(성폭력범죄의 처벌 등에 관한 특례법 제28조).

9-3-2. 심리의 비공개

① 성폭력에 대한 심리는 그 성폭력 피해자의 사생활을 보호하기 위하여 결정으로써 공개하지 않을 수 있습니다(성폭력범죄의 처벌 등에 관한 특례법 제31조제1항).

② 증인으로 소환받은 성폭력 피해자와 그 가족은 사생활보호 등의 사유로 증인신문의 비공개를 신청할 수 있습니다(동법 제31조제2항).

■ 성폭력 범죄의 피해자의 증인신문은 어떻게 하나요?

Q. 성폭력범죄의 피해자로 재판에 증인으로 출석하게 되었습니다. 가해자와 얼굴을 마주한 상태에서는 도저히 제대로 된 증언을 하기 어려울 것 같은데 어떻게 하면 좋을까요?

A. 통상 증인은 법정에 출석하여 증언석에서 선서후 증언을 하게 되나 성폭력범죄의 특수성을 고려하여 성폭력범죄의 처벌 등에 관한 특례법 제40조는 비디오 등 중계장치에 의한 중계를 통하여 신문할 수 있다고 규정하고 있습니다. 피고인에게 변호인이 있는 경우에는 증인신문 동안 피고인의 퇴정을 요구할 수 있으며, 아동, 청소년의 성보호에 관한 법률에서는 차폐시설 등을 설치하고 신문할 수 있도록 하는 규정 또한 두고 있습니다. 또한 비공개심리를 요구할 수도 있어 방청객의 퇴정도 요청할 수 있으므로 재판부에 직접 그러한 의사를 표시하거나 증인지원관이나 피해자 국선변호사가 선정되어 있는 경우에는 증인지원관이나 국선변호사를 통하여 재판부에 비공개심리, 피고인 퇴정, 화상증언 등의 의사를 표시하시면 됩니다.

■ 성폭력 피해자로서 증인으로 소환되었는데 반드시 출석해야 하는지요?

Q. 저는 성폭력범죄의 피해자로서 얼마 전 법원으로부터 증인소환장을 받았습니다. 가해자를 만나기가 두렵고 성폭력 피해에 대해 이야기 하는 것도 싫은데 재판에 꼭 출석해야 하는지요?

A. 가해자(피고인)가 범죄 혐의(공소사실)를 인정하는 사건에서는 피해자가 증인으로 법정에 출석하지 않아도 됩니다. 그런데 만일 가해자가 범죄 혐의를 부인하면서 피해자의 진술을 기재한 조서를 증거로 함에 동의하지 않는 경우에는 그 조서가 적법한 절차와 방식에 따라 작성된 것으로서 검사 또는 사법경찰관 앞에서 진술한 내용과 동일하게 기재되어 있음이 피해자의 공판준비 또는 공판기일에서의 진술이나 영상녹화물 또는 그 밖의 객관적인 방법에 의하여 증명되고, 피고인 또는 변호인이 공판준비 또는 공판기일에 그 기재 내용에 관하여 피해자를 신문할 수 있었던 때에만 그 조서를 증거로 할 수 있습니다(형사소송법 제312조 제4항). 다만, 피해자가 19세 미만이거나 신체적인 또는 정신적인 장애로 사물을 변별하거나 의사를 결정할 능력이 미약한 경우에 피해자의 진술 내용과 조사 과정을 비디오녹화기 등 영상물 녹화장치로 촬영한 경우에는 그 영상물에 수록된 피해자의 진술은 공판준비기일 또는 공판기일에 조사 과정에 동석하였던 신뢰관계에 있는 사람 또는 진술조력인의 진술에 의하여 그 성립의 진정함(진술한 내용과 동일하게 기재되어 있음)이 인정된 경우에도 증거로 할 수 있습니다(성폭력범죄의 처벌 등에 관한 특례법 제30조 제6항). 유죄 판결을 하려면 증거능력이 있고 신빙성이 있는 증거에 의해 공소사실이 증명되어야 하므로 피해자를 증인으로 소환하는 것입니다.

증인으로 소환될 경우 출석의무가 있고, 출석하지 않으면 추후 소송비용 부담 및 과태료, 감치(감치시설에 유치함), 구인(강제로 데려옴) 등의 불이익이 있을 수 있으며(형사소송법 제151조,제152조), 피해자의 진술을 기재한 조서에 증거능력이 없게 되면 증거 불충분으로 가해자가 무죄 판결을 선고받을 가능성도 있으므로 출석하는 것이 바람직합니다.

가해자 앞에서 증언하는 것이 두려울 경우 피고인을 퇴정하게 하고 진술하도록 해줄 것을 법원에 요청할 수 있습니다. 재판장은 증인이 피고인의 면전에서 충분한 진술을 할 수 없다고 인정한 때에는 피고인을 퇴정하게 하고 진술하게 할 수 있습니다(형사소송법 제297조 제1항).

9-3-3. 신뢰관계 있는 사람의 동석

① 법원은 다음의 성폭력 피해자를 증인으로 신문하는 경우에 검사, 성폭력 피해자 또는 법정대리인이 신청할 때에는 재판에 지장을 줄 우려가 있는 등 부득이한 경우가 아니면 성폭력 피해자와 신뢰관계에 있는 사람을 동석하게 해야 합니다(성폭력범죄의 처벌 등에 관한 특례법 제34조제1항).
   - 특수강도강간 등의 죄와 그 미수(동법 제3조 및 제15조)
   - 특수강간 등의 죄와 그 미수(동법 제4조 및 제15조)
   - 친족관계에 의한 강간 등의 죄와 그 미수(동법 제5조 및 제15조)
   - 장애인에 대한 강간·강제추행 등의 죄와 그 미수(동법 제6조 및 제15조)
   - 13세 미만의 미성년자에 대한 강간·강제추행 등의 죄와 그 미수(동법 제7조 및 제15조)
   - 강간 등 상해·치상죄와 그 미수(동법 제8조 및 제15조)
   - 업무상 위력 등에 의한 추행죄(동법 제10조)
② 법원은 성폭력 피해자와 신뢰관계에 있는 사람이 성폭력 피해자에게 불리하거나 성폭력 피해자가 원하지 않는 경우에는 동석하게 해서는 안 됩니다(동법 제34조제3항).

9-3-4. 중계장치에 의한 증인신문

법원은 다음의 성폭력 피해자를 증인으로 신문하는 경우 검사와 피고인 또는 변호인의 의견을 들어 비디오 등 중계장치에 의한 중계를 통하여 신문할 수 있습니다(성폭력범죄의 처벌 등에 관한 특례법 제40조제1항).

- 강간죄와 그 미수, 유사강간죄와 그 미수, 강제추행죄와 그 미수, 준
  강간, 준강제추행죄와 그 미수, 강간 등 상해·치상죄, 강간 등 살인·
  치사죄, 미성년자등에 대한 간음죄, 업무상 위력 등에 의한 간음죄
  및 미성년자에 대한 간음, 추행죄(동법 제2조제1항제3호)
- 강도강간죄(동법 제2조제1항제4호)
- 특수강도강간 등의 죄와 그 미수, 특수강간 등의 죄와 그 미수, 친족관
  계에 의한 강간 등의 죄와 그 미수, 장애인에 대한 강간·강제추행 등의
  죄와 그 미수, 13세 미만의 미성년자에 대한 강간·강제추행 등의 죄와
  그 미수, 강간 등 상해· 치상죄와 그 미수, 강간 등 살인·치사죄와 그
  미수, 업무상 위력 등에 의한 추행죄, 공중 밀집 장소에서의 추행죄, 성
  적목적을 위한 공공장소 침입행위죄, 통신매체를 이용한 음란 행위죄,
  카메라 등을 이용한 촬영죄와 그 미수(동법 제3조부터 제15조까지)

9-3-5. 진술조력인의 참여

2013년 12월 19일부터 법원은 성폭력 피해자가 신체적인 또는 정신적인
장애로 의사소통이나 의사표현에 어려움이 있는 경우 원활한 증인 신문
을 위하여 직권 또는 검사, 성폭력 피해자, 그 법정대리인 및 변호사의
신청에 의한 결정으로 진술조력인으로 하여금 증인 신문에 참여하여 중
개하거나 보조하게 할 수 있습니다[성폭력범죄의 처벌 등에 관한 특례법
제37조제1항 부칙(법률 제11556호) 제1조].

9-3-6. 영상물의 증거활용

촬영한 영상물에 수록된 신체적인 또는 정신적인 장애로 사물을 변별하
거나 의사를 결정할 능력이 미약한 성폭력 피해자의 진술은 공판준비기
일 또는 공판기일에 성폭력 피해자나 조사 과정에 동석하였던 신뢰관계
에 있는 사람 또는 진술조력인의 진술에 의하여 그 성립의 진정함이 인
정된 경우에 증거로 할 수 있습니다(성폭력범죄의 처벌 등에 관한 특례
법 제30조제1항 및 제6항).

9-3-7. 증거보전 청구

① 성폭력 피해자나 그 법정대리인 또는 경찰은 성폭력 피해자가 공판기일에 출석하여 증언하는 것에 현저히 곤란한 사정이 있을 때에는 그 사유를 소명(疏明)하여 촬영된 영상물 또는 그 밖의 다른 증거에 대하여 해당 성폭력범죄를 수사하는 검사에게 증거보전의 청구를 할 것을 요청할 수 있습니다(성폭력범죄의 처벌 등에 관한 특례법 제41조제1항 전단).

② 신체적인 또는 정신적인 장애로 사물을 변별하거나 의사를 결정할 능력이 미약한 경우에는 공판기일에 출석하여 증언하는 것에 현저히 곤란한 사정이 있는 것으로 봅니다(동법 제41조제1항 후단).

9-4. 신원 및 사생활 보호

성폭력 피해자의 신원 및 사생활비밀은 보호됩니다.

9-4-1. 성폭력 피해자의 신원 및 사생활비밀 누설 금지

① 성폭력범죄의 수사 또는 재판을 담당하거나 이에 관여하는 공무원 또는 그 직에 있었던 사람은 성폭력 피해자의 주소, 성명, 나이, 직업, 학교, 용모, 그 밖에 성폭력 피해자를 특정하여 파악할 수 있게 하는 인적사항과 사진 등 또는 그 성폭력 피해자의 사생활에 관한 비밀을 공개하거나 다른 사람에게 누설해서는 안 됩니다(성폭력범죄의 처벌 등에 관한 특례법 제24조제1항).

② 성폭력범죄의 수사 또는 재판을 담당하거나 이에 관여하는 공무원 또는 그 직에 있었던 사람이 성폭력 피해자의 신원과 사생활비밀 누설 금지 의무를 위반한 경우에는 2년 이하의 징역 또는 500만원 이하의 벌금에 처해집니다(동법 제50조제2항제1호).

③ 성폭력상담소, 성폭력피해자보호시설 또는 통합지원센터의 장이나 그 밖의 종사자 또는 그 직에 있었던 사람은 그 직무상 알게 된 비밀을

누설해서는 안 됩니다(동법 제30조).

④ 성폭력상담소, 성폭력피해자보호시설 또는 통합지원센터의 장이나 그 밖의 종사자 또는 그 직에 있었던 사람이 비밀 엄수의 의무를 위반한 경우에는 2년 이하의 징역 또는 500만원 이하의 벌금에 처해집니다(동법 제36조제2항제4호).

■ 성폭행 피해사실을 신고했는데 수사를 담당했던 직원이 제 사진을 유출하였을 경우에 해당 직원은 어떤 처벌을 받게 되나요?

Q. 성폭행 피해사실을 신고했는데 수사를 담당했던 직원이 제 사진을 유출하여 너무 당황스럽고 부끄럽습니다. 이런 경우 해당 직원은 어떤 처벌을 받게 되나요?

A. 성폭력범죄의 수사나 재판을 담당하거나 이에 관여하는 공무원 또는 그 직에 있었던 사람은 성폭력 피해자의 주소, 성명, 나이, 직업, 학교, 용모, 그 밖에 성폭력 피해자를 특정하여 파악할 수 있게 하는 인적사항과 사진 등 또는 그 성폭력 피해자의 사생활에 관한 비밀을 공개하거나 다른 사람에게 누설해서는 안 됩니다(성폭력범죄의 처벌 등에 관한 특례법 제24조제1항).

만약 성폭력 피해자의 인적사항과 사진 등을 누설한 경우에는 2년 이하의 징역 또는 500만원 이하의 벌금에 처해집니다(동법 제50조제2항제1호).

(관련판례)

피고인이 청소년인 피해자(여, 16세)를 대상으로 강제추행상해의 성폭력범죄를 저지른 사안에서, 피고인이 24세 학생으로서 초범이고, 피고인의 범행이 주취 중 우발적으로 범해진 것으로 보여 성폭행의 습벽이 있다고 인정하기 어려운 점, 피고인이 사회적 유대관계가 분명하고 깊이 반성하고 있는 등 피고인에게 재범의 위험성이 있다고 보기 어려워 공개·고지명령이라는 보안처분을 부과할 필요성이 크지 않은 점, 추

9-4-2. 신변안전조치 및 신변보호

① 검사는 성폭력 피해자가 수사기관이나 법정에 출석하여 진술하는 경우에 성폭력 가해자 또는 그 가족, 동료 등에 의하여 보복을 당할 우려가 있다고 판단되는 경우에는 직권 또는 성폭력 피해자의 신청에 따라 피해자 지원담당관 또는 범죄피해자지원센터 등에 의뢰하여 수사기관 또는 법정에의 출석 및 귀가 시 동행하게 하는 등 그 신변보호를 위한 필요한 조치를 취합니다[범죄피해자 보호 및 지원에 관한 지침 제22조제1항, 성폭력범죄의 처벌 등에 관한 특례법 제22조 및 특정강력범죄의 처벌에 관한 특례법 제7조].

② 검사는 성폭력 피해자가 보복을 당할 우려가 있어 신변의 안전을 특별히 보호할 필요가 있는 경우에는 직권 또는 성폭력 피해자의 신청에 따라 피해자보호시설에 일정기간 거주할 수 있도록 필요한 조치를 취합니다.

9-4-3. 출판물 게재 및 방송매체 등 공개금지

① 누구든지 성폭력 피해자의 주소, 성명, 나이, 직업, 학교, 용모, 그 밖에 성폭력 피해자를 특정하여 파악할 수 있는 인적사항이나 사진 등을 성폭력 피해자의 동의를 받지 않고 신문 등 인쇄물에 싣거나 방송 또는 정보통신망을 통하여 공개해서는 안 됩니다(성폭력범죄의 처벌 등에 관한 특례법 제24조제2항).

② 성폭력 피해자의 인적사항과 사진 등을 공개한 경우에는 2년 이하의 징역 또는 500만원 이하의 벌금에 처해집니다(동법 제50조제2항제2호).

9-4-4. 정보 삭제 등 요청

성폭력 피해자는 정보통신망을 통하여 일반에게 공개를 목적으로 제공된 정보로 사생활 침해나 명예훼손 등 자신의 권리를 침해받은 경우 해당 정보를 처리한 정보통신서비스 제공자에게 침해사실을 소명하여 그 정보의 삭제 또는 반박내용의 게재를 요청할 수 있습니다(정보통신망 이용촉진 및 정보보호 등에 관한 법률 제44조의2제1항).

9-4-5. 형사절차 등 관련 정보 제공

① 성폭력 피해자는 국가기관에 요청하면 서면, 구두, 모사전송, 그 밖에 이에 준하는 방법으로 성폭력 가해자에 대한 다음의 형사절차 관련 정보를 제공받을 수 있습니다(범죄피해자 보호법 제8조제2항 및 동법 시행령 제10조).

형사절차	제공되는 정보
수사단계	수사기관의 공소 제기, 불기소, 기소중지, 참고인 중지, 이송 등 처분 결과
공판단계	공판기일, 공소 제기된 법원, 판결 주문(主文), 선고일, 재판의 확정 및 상소 여부 등
형집행단계	가석방·석방·이송·사망 및 도주 등
보호관찰 집행단계	관할 보호관찰소, 보호관찰·사회봉사·수강명령의 개시일 및 종료일, 보호관찰의 정지일 및 정지 해제일 등

② 성매매 피해자는 수사 및 재판 과정에서 다음의 정보를 제공받을 수 있습니다(범죄피해자 보호법 제8조의2제1항).
- 범죄피해자의 해당 재판절차 참여 진술권 등 형사절차상 범죄피해자의 권리에 관한 정보
- 범죄피해 구조금 지급 및 범죄피해자 보호·지원 단체 현황 등 범죄피해자의 지원에 관한 정보
- 그 밖에 범죄피해자의 권리보호 및 복지증진을 위하여 필요하다고 인정되는 정보

■ 성폭행을 당한 사실이 알려질까 걱정이 되고, 신고한 사실 때문에 보복 당할까 두려울 경우 보호받을 방법은 없을까요?

Q. 성폭행을 당한 사실이 알려질까 걱정이 되고, 신고한 사실 때문에 가해자에게 보복당할까 두렵습니다. 보호받을 방법은 없을까요?

A. 성폭력 피해자의 신원 및 사생활 비밀은 보호됩니다. 또한 성폭력 피해자의 인적사항과 사진 등을 성폭력 피해자의 동의를 받지 않고 출판물에 게재하거나 방송매체 또는 정보통신망을 이용해 공개해서는 안 되며, 성폭력 피해자는 공개된 정보의 삭제 등을 요청할 수 있습니다.

◇ 성폭력 피해자의 신원 및 사생활 비밀 누설 금지

성폭력범죄의 수사 또는 재판을 담당하거나 이에 관여하는 공무원 또는 그 직에 있었던 사람은 성폭력 피해자의 주소, 성명, 나이, 직업, 학교, 용모, 그 밖에 성폭력 피해자를 특정하여 파악할 수 있게 하는 인적사항과 사진 등 또는 그 성폭력 피해자의 사생활에 관한 비밀을 공개하거나 다른 사람에게 누설해서는 안 됩니다.

◇ 신변안전조치 및 신변보호

검사는 성폭력 피해자가 수사기관이나 법정에 출석하여 진술하는 경우에 성폭력 가해자 또는 그 가족, 동료 등에 의하여 보복을 당할 우려가 있다고 판단되는 경우에는 직권 또는 성폭력 피해자의 신청에 따라 피해자 지원담당관 또는 범죄피해자지원센터 등에 의뢰하여 수사기관 또는 법정에의 출석 및 귀가 시 동행하게 하는 등 그 신변 보호를 위한 필요한 조치를 취합니다.

10. 성폭력 피해자의 지원

10-1. 의료지원

전담의료기관 등을 통해 의료지원을 받을 수 있습니다.

10-1-1. 전담의료기관

여성가족부장관, 특별자치시장·특별자치도지사 또는 시장·군수·구청장은 국립·공립병원, 보건소 또는 민간의료시설을 성폭력 피해자나 성폭력 피해자의 가족구성원의 치료를 위한 전담의료기관으로 지정할 수 있습니다 (성폭력방지 및 피해자보호 등에 관한 법률 제27조제1항).

10-1-2. 진료지원

지정된 전담의료기관은 성폭력 피해자 본인·가족·친지나 긴급전화센터, 성폭력상담소, 성폭력피해자보호시설 또는 통합지원센터의 장 등이 요청하면 성폭력 피해자나 성폭력 피해자의 가족구성원에 대하여 다음의 의료지원을 해야 합니다(성폭력방지 및 피해자보호 등에 관한 법률 제27조제2항 및 동법 시행령 제9조).
- 보건 상담 및 지도
- 치료
- 성병 감염 여부의 검사 및 감염 성병의 치료
- 임신 여부의 검사
- 성폭력으로 임신한 태아의 낙태
- 성폭력피해로 인한 만성적인 두통, 복통 등의 치료
- 성폭력피해로 인한 정신질환의 치료

10-1-3. 의료비 지원

① 성폭력 피해자는 성폭력 피해자의 주소지를 관할하는 특별자치시장·

특별자치도지사 또는 시장·군수·구청장에게 치료보호에 든 비용을 청구할 수 있습니다(성폭력방지 및 피해자보호 등에 관한 법률 제28조 및 동법 시행규칙 제14조제1항).

② 성폭력 피해자 본인 또는 대리인이 의료기관에 지불한 의료비를 환급받으려는 경우 진료비 영수증과 성폭력피해 상담사실 확인서 등을 첨부하여 시·도, 시·군·구, 성폭력 상담소, 성폭력피해자보호시설, 해바라기 여성·아동센터, One-Stop지원센터 및 해바라기아동센터 등에 본인이 부담한 의료비를 청구할 수 있습니다.

③ "성폭력피해 상담사실 확인서 등"이란 성폭력 상담소, 성폭력피해자보호시설, 해바라기 여성·아동센터, One-Stop지원센터 및 해바라기아동센터의 장의 명의로 발행한 피해사실 확인서, 수사기관에의 사건(고소·고발 등) 접수증 사본, 성폭력 피해자와 동행한 경찰관이 서명한 사실 확인서 또는 군 피해자의 경우 군에서 제출하는 성폭력 신고 확인서를 말합니다.

10-1-4. 치료·회복프로그램

① 일정한 성폭력 상담소 및 성폭력피해자보호시설은 성폭력 피해자가 건강한 사회구성원으로 신속히 복귀할 수 있도록 심리적 안정을 위한 전문상담, 심신 회복을 위한 정신 및 심리치료 등을 내용으로 하는 치료·회복 프로그램을 운영합니다.

② 성폭력 피해자는 개별 심리상담, 집단상담, 가족상담, 미술치료, 놀이치료, 심신회복캠프 등 성폭력 피해자별로 개별화·전문화된 치유프로그램을 체험할 수 있습니다.

10-2. 취업지원

고용주는 성폭력 피해자에게 불이익을 주면 안 됩니다.

10-2-1. 고용주의 불이익처분 금지

① 누구든지 성폭력 피해자를 고용하고 있는 경우 성폭력과 관련하여 성
    폭력 피해자를 해고하거나 그 밖의 불이익을 주어서는 안 됩니다(성
    폭력방지 및 피해자보호 등에 관한 법률 제8조).
② 고용하고 있는 성폭력 피해자를 해고하거나 그 밖의 불이익을 준 경
    우 3년 이하의 징역 또는 2천만원 이하의 벌금에 처해집니다(동법 제
    36조제1항).

■ 피용자가 다른 피용자를 성추행 또는 간음한 행위에 대하여 사용자 책
    임을 인정할 수 있는지요?

Q. 저는 A아파트 관리사무소에서 경리직원으로 근무하고 있습니다. 그
    런데 A아파트의 甲입주자대표회의와 아파트 위수탁관리계약을 체결
    한 乙주식회사가 아파트관리사무소 소장으로 고용한 丙이 관리사무
    소 내에서 저를 추행하였는데, 이러한 경우 제가 甲과 乙에 대하여
    도 손해배상청구를 할 수 있나요?

A. 乙 회사가 丙을 고용하였고, 甲입주자대표회의는 丙을 직접 지휘·감독
    하는 관계에 있습니다. 한편 피용자가 다른 피용자를 성추행 또는 간음
    하는 등 고의적인 가해행위를 한 경우, 그 행위가 피용자의 사무집행
    자체는 아니라 하더라도, 피해자로 하여금 성적 굴욕감 또는 혐오감을
    느끼게 하는 방법으로 업무를 수행하도록 하는 과정에서 피해자를 성추
    행하는 등 그 가해행위가 외형상 객관적으로 업무의 수행에 수반되거나
    업무수행과 밀접한 관련 아래이루어지는 경우뿐만 아니라, 피용자가 사
    용자로부터 채용, 계속 고용, 승진, 근무평정과 같은 다른 근로자에 대
    한 고용조건을 결정할 수 있는 권한을 부여받고 있음을 이용하여 그 업
    무수행과 시간적, 장소적인 근접성이 인정되는 상황에서 피해자를 성추
    행하는 등과 같이 외형상, 객관적으로 사용자 의 사무집행행위와 관련
    된 것이라고 볼 수 있는 사안에서도 사용자책임이 성립할 수 있습니다

(대법원 2009. 2. 26. 선고 2008다89712판결 등 참조).

　이러한 법리에 비추어 살피건대, 이 사안에서 丙이 귀하를 추행한 행위는 귀하 및 丙이 같은 관리사무소 내에서 근무를 하던 중 발생한 점에 비추어 외형상, 객관적으로 乙회사 및 甲입주자대표회의의 사무집행에 관련된 행위라고 봄이 상당합니다.

　따라서 乙회사와 甲입주자대표회의는 丙과 연대하여 귀하가 입은 손해를 배상할 책임이 있습니다(창원지방법원 2012. 11. 6. 선고 2012나1478 판결).

10-2-2. 취업알선

① 국가와 지방자치단체는 미성년자이거나 장애인인 성폭력 피해자를 보호하는 사람에 대한 직업훈련 및 취업을 알선할 수 있습니다(성폭력방지 및 피해자보호 등에 관한 법률 제7조제3항 및 동법 시행규칙 제2조의4).

② 미성년자이거나 장애인인 성폭력 피해자를 보호하는 사람은 본인의 주소지를 관할하는 특별자치시장·특별자치도지사 또는 시장·군수·구청장(자치구의 구청장을 말함)에게 취업지원을 신청할 수 있습니다(동법 제7조제4항 및 동법 시행규칙 제2조의5제1항).

10-3. 주거지원

주거공간을 제공받을 수 있습니다.

10-3-1. 공동생활가정 입주

① 성폭력 피해자의 자립을 지원하고 사회 적응 여건을 조성하기 위해 성폭력 피해자와 그 가족들이 다음의 경우에 공동으로 생활할 수 있는 주거공간을 제공합니다(성폭력방지 및 피해자보호 등에 관한 법률 제3조제1항제4호).

구분	내용
임대기간	2년(1차에 한해 2년 연장이 가능함)
입주자격	- 성폭력 피해여성으로 자립·자활을 원하며 의지가 있는 사람(장기보호시설 입주자 및 이주여성 포함함) 1순위: 성폭력피해자 보호시설에 3개월 이상 입소하거나 만 10세 이상 남자아동을 동반하여 성폭력피해자보호시설 입소가 곤란한 경우 2순위: 성폭력피해자보호시설에 3개월 미만 입소한 성폭력 피해자 3순위: 성폭력피해자보호시설 미 입소 성폭력 피해자
입주방식	임대주택 1호당 2가구 이상 입주
임대보증금 및 관리비	임대보증금 면제(입주 시 호당 입주자 부담금 70만원 이내 1회 납부하고 퇴거 시 반납함) 관리비와 각종 공과금은 부담

10-3-2. 공동생활가정 주거지원 절차

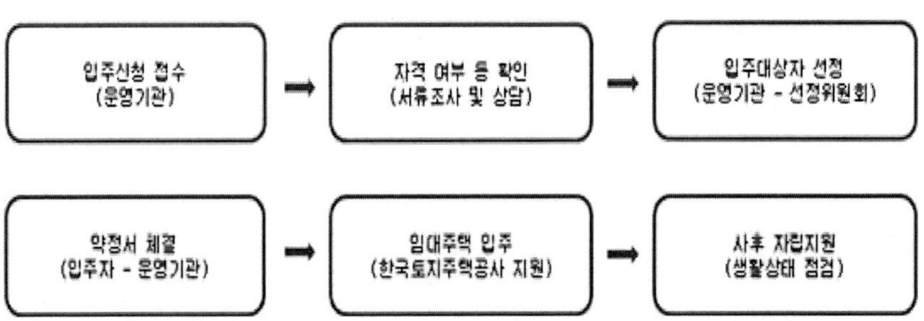

10-3-3. 국민임대주택의 우선입주권

무주택인 성폭력 피해자 또는 성폭력 피해자를 보호하는 가족은 다음의 경우에 입주자선정순위에도 불구하고 그 건설량의 20퍼센트 범위에서 국민임대주택을 우선공급 받을 수 있습니다[성폭력방지 및 피해자보호 등에 관한 법률 제3조, 공공주택 특별법 제48조 및 동법 시행규칙 제15조제1항 및 별표].

10-4. 법률지원 및 긴급지원

피해회복을 위해 법률지원을 받을 수 있습니다.

10-4-1. 무료법률지원

① 여성가족부장관, 성폭력피해상담소, 성폭력피해보호시설, 성폭력피해자
통합지원센터의 장, 성폭력 피해자 또는 그 법정대리인은 대한법률구
조공단, 한국가정법률상담소, 대한변협법률구조재단 및 (사)한국성폭력
위기센터에 소송대리 등의 지원을 요청할 수 있습니다(성폭력방지 및
피해자보호 등에 관한 법률 제7조의2, 동법 시행령 제4조의2 6).

구분	내용
지원대상	성폭력 피해자(국내 거주 외국인 포함)
지원범위	- 변호사 수임료는 심급별로 지원(선금)하되, 본안사건은 100만원, 재정 및 항고신청, 그 밖에 본안소송에 부수되는 신청사건은 40만원 기준임 - 소송비용은 신청인이 지급한 경우 소송 종료 후 사업수행기관으로 보전청구하되, 변호사가 지급한 경우 사업수행기관에 수임료 청구 시 일괄 청구(실비 지원, 50만원 한도) - 피해자가 다수일 경우, 1인 추가 시마다 20만원씩 추가 지급 가능 - 피해자가 외국인 또는 장애인일 경우 배정된 사업비 범위 내에서 통역비(수화통역 포함) 지급이 가능하며, 신청인 부담 후 보전(다만, 피해자가 통역비자부담이 어려울 경우에는 부담 후 보전)
지원내용	- 민사·가사 소송대리: 성폭력 피해자에 대해 변호사에 의해 소송대리함 - 형사소송 지원: 형사사건과 관련하여 법률상담과 무료변호, 수사의뢰, 수사기관 사건조사 동행, 고소 대리 등을 지원함 - 법률상담: 면접, 전화, 사이버, 출장, 서신상담 등의 방

	법으로 실시함 - 법률계몽사업
지원기관	대한법률구조공단 전국 18개 지부 및 40개 출장소, 대한 변협법률구조재단 및 한국성폭력위기센터

② 다음의 성폭력 피해자에 대해 민사소송·가사소송의 대리 및 변호와 형사절차상의 법률적 조력을 우선 지원할 수 있습니다(동법 제7조의2 제4항 및 동법 시행령 제4조의2제3항).

- 성폭력 피해자가 성폭력피해자보호시설에 입소해 있는 경우
- 성폭력 피해자가 「아동·청소년의 성보호에 관한 법률」 제2조제1호에 따른 아동·청소년인 경우
- 성폭력 피해자가 「국민기초생활 보장법」에 따른 수급권자인 경우
- 성폭력 피해자가 「장애인복지법 시행령」 별표 1에 따른 장애인인 경우

③ 국가는 예산의 범위에서 소송대리 등의 지원에 드는 비용을 부담합니다(동법 제7조의2제4항 및 동법 시행령 제4조의2제5항).

10-4-2. 법률상담

① 여성가족부장관, 성폭력피해상담소, 성폭력피해보호시설, 성폭력피해자통합지원센터의 장, 성폭력 피해자 또는 그 법정대리인은 대한법률구조공단(☎ 132), 대한변협법률구조재단(☎ 02-3476-6511) 및 한국성폭력위기센터(☎ 02-883-9284)에 법률상담을 요청할 수 있습니다(성폭력방지 및 피해자보호 등에 관한 법률 제7조의2, 동법 시행령 제4조의2).

② 국가는 예산의 범위에서 법률상담에 드는 비용을 부담합니다(동법 제7조의2제4항 및 동법 시행령 제4조의2제5항).

10-5. 국선변호사 선임

10-5-1. 국선변호사 선정 대상범죄

성폭력범죄, 아동·청소년대상 성범죄, 아동학대의 피해자(이하 "범죄피해자"라 함) 및 그 법정대리인 등은 형사절차상 입을 수 있는 피해를 방어하고 법률적 조력을 보장하기 위해 변호사를 선임할 수 있습니다(성폭력범죄의 처벌 등에 관한 특례법 제27조제1항, 아동·청소년의 성보호에 관한 법률 제30조제1항, 아동학대범죄의 처벌 등에 관한 특례법 제16조 및 검사의 국선변호사 선정 등에 관한 규칙 제1조의2제1호).

10-5-2. 국선변호사 선정 신청 등

① 국선변호사 선정 신청

범죄피해자에게 변호사가 없는 경우에 특별한 사정이 없는 한 해당 사건의 관할 검찰청 소속 성폭력 또는 아동학대 전담검사(이하 "검사"라 함)는 직권으로 또는 범죄피해자나 그 법정대리인(피해아동에 대해서는 아동학대행위자를 제외함)의 신청에 따라 국선변호사를 선정할 수 있습니다(성폭력범죄의 처벌 등에 관한 특례법 제27조제1항, 아동·청소년의 성보호에 관한 법률 제30조제1항, 아동학대범죄의 처벌 등에 관한 특례법 제16조 및 검사의 국선변호사 선정 등에 관한 규칙 제8조제1항).

② 국선변호사 선정 의무

검사는 범죄피해자가 명시적으로 거부의사를 표시하는 경우를 제외하고, 다음의 경우에는 국선변호사를 선정해야 합니다(성폭력범죄의 처벌 등에 관한 특례법 제27조제1항, 아동·청소년의 성보호에 관한 법률 제30조제1항, 아동학대범죄의 처벌 등에 관한 특례법 제16조 및 검사의 국선변호사 선정 등에 관한 규칙 제8조제2항).

- 미성년자인 범죄피해자에게 법정대리인이 없는 경우
- 미성년자인 범죄피해자의 법정대리인이 신체 또는 정신적인 장애로

사물을 변별하거나 의사를 결정할 능력이 없거나 미약한 경우
  - 범죄피해자가 「성폭력범죄의 처벌 등에 관한 특례법」 제3조부터 제9
    조까지 또는 제15조(성폭력범죄의 처벌 등에 관한 특례법 제3조부터
    제9조까지의 미수죄로 한정함)에 해당하는 범죄로 피해를 입은 경우
  - 범죄피해자가 「아동학대범죄의 처벌 등에 관한 특례법」 제5조, 제6
    조 또는 그 미수죄로 피해를 입은 경우

10-5-3. 국선변호사 선정 절차

① 국선변호사 선정 신청

국선변호사 선정 신청하려는 범죄피해자 및 그 법정대리인(범죄피해자
와의 관계를 증명하는 서류를 제출해야 함)은 범죄행위자에 대한 사
실심의 변론종결 전까지(범죄행위자가 불기소된 경우에는 그 불기소처
분에 대한 불복절차가 기각결정으로 최종 종결되기 전까지) 구두 또
는 서면으로 검사 또는 사법경찰관(이하 "경찰"이라 함)에게 선정 신
청을 해야 합니다(검사의 국선변호사 선정 등에 관한 규칙 제10조제
1항 및 제3항).

② 국선변호사 선정 결정

검사는 국선변호사 선정 신청이 있거나 선정 의무 사유가 있음을 알
게 된 경우에 지체 없이 국선변호사 선정 여부를 결정해야 합니다(동
규칙 제12조제1항 전단).

검사는 특별한 사정이 없으면 범죄피해자 및 그 법정대리인의 의사를
고려하여 국선전담변호사 또는 국선변호사명부에 등재된 사람 중에서
국선변호사를 범죄피해자마다 1명씩 선정해야 합니다(동규칙 제12조
제2항 전단 및 제3항 본문).

10-5-4. 국선변호사 선정 통지

검사는 국선변호사를 선정한 때에는 지체 없이 범죄피해자 또는 그 법정
대리인, 국선변호사(성폭력피해상담소·성폭력피해자보호시설·아동복지전담

기관·아동복지시설이 국선변호사 선정을 요청한 경우에 해당 기관에게 알림)에게 그 사실을 서면, 구술, 전화, 팩스, 전자우편, 휴대전화 문자전송이나 그 밖에 적당한 방법으로 통지해야 합니다(검사의 국선변호사 선정 등에 관한 규칙 제12조제4항 전단 및 제5항).

10-5-5. 국선변호사 선정 변경

범죄피해자 또는 그 법정대리인은 검사 또는 경찰에게 그 사유를 소명하여 국선변호사 변경 신청을 할 수 있습니다(검사의 국선변호사 선정 등에 관한 규칙 제14조제1항 및 제2항).

10-5-6. 국선변호사 선정 취소 등

① 검사는 다음의 경우에 국선변호사의 선정을 취소합니다(검사의 국선변호사 선정 등에 관한 규칙 제16조제1항).

국선변호사 선정을 취소해야 하는 경우	국선변호사 선정을 취소할 수 있는 경우
- 범죄피해자 또는 그 법정대리인이 다른 변호사를 선임한 경우 - 국선변호사가 자격을 상실한 경우 - 법무부장관이 국선전담변호사를 해촉한 경우 - 업무중지 허가를 받은 국선전담변호사가 담당하고 있는 사건이 업무중지 기간 개시 전까지 종료되지 않은 경우 - 검사가 국선변호사의 사임을 허가한 경우 - 재판장이 범죄피해자 보호를 위하여 국선변호사 선정의 취소를 요청한 경우 - 국선변호사가 해당 사건과 관련하여 부당한 금품을 수령하는 등 부정한 행위를 한 경우	- 국선변호사 변경 신청이 상당하다고 인정하는 경우 - 국선변호사가 그 업무를 성실하게 수행하지 않은 경우 - 그 밖에 위에 준하는 사유로 국선변호사의 선정을 취소할 만한 상당한 이유가 있다고 인정되는 경우

② 검사는 국선변호사의 선정을 취소한 경우에 지체 없이 범죄피해자 또

는 그 법정대리인, 국선변호사(성폭력피해상담소·성폭력피해자보호시설·아동복지전담기관·아동복지시설이 국선변호사 선정을 요청한 경우에 해당 기관에게 알림)에게 그 사실을 서면, 구술, 전화, 팩스, 전자우편, 휴대전화 문자전송이나 그 밖에 적당한 방법으로 통지해야 합니다(동규칙 제16조제2항 및 제3항).

10-5-7. 국선변호사 재선정

검사는 국선변호사 선정이 취소된 경우에 국선변호사를 다시 선정할 수 있습니다(검사의 국선변호사 선정 등에 관한 규칙제17조).

10-6. 위기상황에 처한 경우 긴급지원

10-6-1. 가구 내 성폭력에 대한 긴급지원

① 성폭력 피해자는 생계 및 주거를 같이 하고 있는 가구구성원으로부터 성폭력을 당한 경우 긴급지원을 받을 수 있습니다(긴급복지지원법 제2조제4호, 제9조제1항, 제10조).

구분	내용
지원대상	- 생계 및 주거를 같이 하고 있는 가구구성원으로부터 성폭력을 당했으나 성폭력 가해자가 생계유지를 책임지고 있어 신고 등을 꺼리는 성폭력 피해자
지원내용	- 생계지원: 식료품비·의복비 등 생계유지에 필요한 비용 또는 현물지원을 받을 수 있음 - 의료지원: 각종 검사 및 치료 등의 의료서비스(약제비 포함) 지원을 받을 수 있음 - 주거지원: 임시거소 제공 또는 이에 해당하는 비용을 지원받을 수 있음 - 사회복지시설 이용지원: 사회복지시설 입소 또는 이용 서비스 제공이나 이에 필요한 지원을 받을 수 있음 - 교육지원: 초·중·고등학생의 수업료, 입학금, 교재비, 급식비, 학교운영지원비 등 직접 학비를 납부하거나 학용품, 부

	교재비 등을 현물로 지급받을 수 있음 - 그 밖의 지원: 연료비, 해산비, 장제비, 전기요금 등을 지원받을 수 있음 - 대한적십자사, 사회복지공동모금회, 아름다운 재단, 각종 복지재단 등의 연계 지원 및 제공, 그 밖의 지원
지원기간	- 생계지원, 주거지원, 사회복지시설 이용 지원, 그 밖의 지원: 1개월(1개월씩 두 번의 범위에서 기간을 연장할 수 있음) - 의료지원의 경우: 위기상황의 원인이 되는 질병 또는 부상을 검사·치료하기 위한 범위에서 한 번 실시함 - 교육지원: 분기 단위로 1회 지원 - 추가적 지원이 필요한 경우 긴급지원심의위원회의 심의를 거쳐 지원을 연장할 수 있음

11. 성폭력 예방 및 재범방지

11-1. 성폭력 예방교육

① 성폭력 예방교육을 실시하고 있습니다.

② 다음의 기관 또는 단체는 해당 기관·단체에 소속된 사람 및 학생 등을 대상으로 매년 1회 이상, 1시간 이상의 성교육 및 성폭력 예방교육 실시, 기관 내 피해자 보호와 피해 예방을 위한 자체 예방지침 마련, 사건발생 시 재발방지대책 수립·시행 등 필요한 조치를 하고, 그 결과를 여성가족부장관에게 제출해야 합니다. 이 경우 기관·단체에 신규임용된 사람에 대해서는 임용된 날부터 2개월 이내에 교육을 실시해야 합니다(성폭력방지 및 피해자보호 등에 관한 법률 제5조제1항 및 동법 시행령 제2조제1항, 제2항제1호).

- 국가기관 및 지방자치단체의 장
- 「유아교육법」 제7조에 따른 유치원의 장
- 「영유아보육법」 제10조에 따른 어린이집의 원장
- 「초·중등교육법」 제2조에 따른 각급 학교의 장
- 「고등교육법」 제2조에 따른 학교 및 그 밖에 다른 법령에 따라 설립·운영되는 학교
- 「공직자윤리법 시행령」 제3조의2제2항에 따라 「2017년 하반기 재산등록대상 공직유관단체」에서 지정한 공직유관단체(공직자윤리법 시행령 제3조의2제3항에 따라 공직유관단체에서 제외된 단체는 제외함)

③ 위의 교육 대상에 포함되지 않는 국민은 성폭력 예방교육 지원기관에서 성교육 및 성폭력 예방교육을 받을 수 있습니다(동법 제5조제4항).

④ 사용자(사업주 또는 사업경영담당자, 그 밖에 사업주를 위해 근로자에 관한 사항에 대한 업무를 수행하는 자를 말함)는 성교육 및 성폭력 예방교육을 실시하는 등 직장 내 성폭력 예방을 위한 노력을 해야 합니다(동법 제5조제3항).

⑤ 성폭력 예방교육은 다음의 사항에 대하여 강의, 시청각교육, 인터넷 홈페이지를 이용한 교육 등 다양한 방법으로 실시할 수 있되, 대면에 의한 방법으로 하는 교육이 포함되어야 합니다(동법 시행령 제2조제3항 전단).

- 건전한 성의식 및 성문화의 창달에 관한 사항
- 성인지(性認知) 관점에서의 성폭력 예방에 관한 사항
- 성폭력 방지를 위한 관련 법령의 소개 및 홍보에 관한 사항
- 그 밖에 성에 대한 건전한 가치관 함양과 성폭력 예방에 필요한 사항

⑥ 성폭력 예방교육을 실시하는 경우 성매매 예방교육, 성희롱 예방교육 및 가정폭력 예방교육 등을 성평등 관점에서 통합하여 실시할 수 있습니다(동법 제5조제2항).

11-2. 성폭력 추방 주간

성폭력에 대한 사회적 경각심을 높이고 성폭력을 예방하기 위하여 매년 11월 25일부터 12월 1일까지 1년 중 1주간을 성폭력 추방 주간으로 합니다(성폭력방지 및 피해자보호 등에 관한 법률 제6조 및 동법 시행령 제3조제1항).

■ 유치원에서 성교육 및 성폭력예방교육을 반드시 매년 실시를 해야 하나요?

Q. 유치원에서 성교육 및 성폭력예방교육을 반드시 매년 실시를 해야 하나요?

A. ① 유치원장은 성교육 및 성폭력 예방에 필요한 교육을 유아에게 연간 8시간 이상 실시해야 합니다. 유아의 연령과 발달에 맞게 교육을 하며 전문가 또는 담당자가 교육을 할 수 있습니다.

② 기관에 속한 모든 사람(비정규직 및 파견직원 포함)을 대상으로 성폭력예방교육을 매년 1회 이상, 각 1시간 이상 의무적으로 실시하여야

하며, 그 결과를 매년 2월 말일까지 여성가족부 장관에게 제출해야 합니다.

③ 유치원장, 교직원 및 그 외 관련 종사자는 성범죄 예방 및 신고의무 사항과 관련한 교육을 받아야 하며, 유아가 성범죄의 피해자인 사실을 안 때에는 즉시 수사기관에 신고하여야 합니다. 그렇지 않을 경우 원장과 교사 모두 처벌대상이 됩니다.

12. 신상정보 등록 및 공개

전용 사이트를 통해 성폭력 범죄자의 신상에 관한 정보를 확인할 수 있습니다.

12-1. 피의자 얼굴 등 신상 공개

① 검사와 사법경찰관은 성폭력범죄의 피의자가 죄를 범하였다고 믿을 만한 충분한 증거가 있고, 국민의 알권리 보장, 피의자의 재범 방지 및 범죄예방 등 오로지 공공의 이익을 위하여 필요할 때에는 얼굴, 성명 및 나이 등 피의자의 신상에 관한 정보를 공개할 수 있습니다(성폭력범죄의 처벌 등에 관한 특례법 제25조제1항 본문).

② 다만, 피의자가 「청소년 보호법」 제2조제1호의 청소년에 해당하는 경우에는 공개하지 않습니다(동법 제25조제1항 단서).

12-2. 신상정보 등록

12-2-1. 신상정보 등록대상자

다음의 범죄로 유죄판결이 확정된 사람 또는 신상정보 공개명령이 확정된 사람은 신상정보 등록대상자가 됩니다(성폭력범죄의 처벌 등에 관한 특례법 제42조제1항 본문).

구분	내용
「형법」상의 성폭력	- 강간죄와 그 미수(제297조 및 제300조) - 유사강간죄와 그 미수(제297조의2 및 제300조) - 강제추행죄와 그 미수(제298조 및 제300조) - 준강간, 준강제추행죄와 그 미수(제299조 및 제300조) - 강간 등 상해·치상죄(제301조) - 강간 등 살인·치사죄(제301조의2) - 미성년자 등에 대한 간음죄(제302조) - 업무상 위력 등에 의한 간음죄(제303조) - 미성년자에 대한 간음, 추행죄(제305조) - 강도강간죄와 그 미수(제339조 및 제342조) 위의 모든 범죄로서 다른 법률에 따라 가중처벌되는 죄
「성폭력범죄의 처벌 등에 관한 특례법」상의 성폭력	- 특수강도강간 등의 죄와 그 미수(제3조 및 제15조) - 특수강간 등의 죄와 그 미수(제4조 및 제15조) - 친족관계에 의한 강간 등의 죄와 그 미수(제5조 및 제15조) - 장애인에 대한 강간·강제추행 등의 죄와 그 미수(제6조 및 제15조) - 13세 미만의 미성년자에 대한 강간, 강제추행 등의 죄와 그 미수(제7조 및 제15조) - 강간 등 상해·치상의 죄와 그 미수(제8조 및 제15조) - 강간 등 살인·치사의 죄와 그 미수(제9조 및 제15조) - 업무상 위력 등에 의한 추행죄(제10조) - 공중 밀집 장소에서의 추행죄(제11조) - 성적 목적을 위한 다중이용장소 침입행위죄(제12조, 벌금형을 받은 경우 제외) - 통신매체를 이용한 음란행위죄(제13조, 벌금형을 받은 경우 제외) - 카메라 등을 이용한 촬영죄와 그 미수(제14조 및 제15조)

12-2-2. 신상정보 제출의무

신상정보 등록대상자는 판결이 확정된 날부터 30일 이내에 다음의 신상정보를 자신의 주소지를 관할하는 경찰관서의 장에게 제출해야 합니다(성폭력범죄의 처벌 등에 관한 특례법 제43조제1항 본문).
- 성명
- 주민등록번호
- 주소 및 실제거주지
- 직업 및 직장 등의 소재지
- 연락처(전화번호, 전자우편주소를 말함)
- 신체정보(키와 몸무게)
- 소유차량의 등록번호

12-2-3. 등록되는 신상정보

법무부장관은 다음의 신상정보 등록대상자 정보를 등록해야 합니다(성폭력범죄의 처벌 등에 관한 특례법 제44조제1항 본문).
- 성명
- 주민등록번호
- 주소 및 실제거주지
- 직업 및 직장 등의 소재지
- 신체정보(키와 몸무게)
- 소유차량의 등록번호
- 등록대상 성범죄 경력정보
- 성범죄 전과사실(죄명, 횟수)
- 전자장치 부착 여부

12-2-4. 신상정보 등록의 면제

신상정보 등록의 원인이 된 성범죄로 형의 선고를 유예받은 사람이 선고유예를 받은 날부터 2년이 경과하여 「형법」 제60조에 따라 면소된 것으로 간주되면 신상정보 등록을 면제합니다(성폭력범죄의 처벌 등에 관한 특례법 제45조의2제1항).

12-2-5. 신상정보 등록의 종료

신상정보의 등록은 다음의 어느 하나에 해당하는 때에 종료되며, 법무부장관은 등록이 종료된 신상정보를 즉시 폐기해야 합니다(성폭력범죄의 처벌 등에 관한 특례법 제45조의3제1항 및 제2항).

- 신상정보 등록기간이 지난 때
- 신상정보 등록이 면제된 때

■ 등록대상 성범죄에 대하여 선고유예 판결이 있는 경우에도 등록대상자로서 신상정보 제출의무를 지는지요?

Q. 甲은 성폭력범죄의 처벌 등에 관한 특례법을 위반하였는데 위 범행에 대하여 선고유예의 판결이 선고된 경우, 甲은 신상정보를 제출하지 않아도 되는지요?

A. 성폭력범죄의 처벌 등에 관한 특례법(이하 '성폭력 특례법'이라 합니다)의 내용과 형식, 그 취지와 아울러 선고유예 판결의 법적 성격 등에 비추어 보면, 신상정보 등록대상자의 신상정보 제출의무는 법원이 별도로 부과하는 것이 아니라 등록대상 성범죄로 유죄판결이 확정되면 성폭력 특례법의 규정에 따라 당연히 발생하는 것이고, 위 유죄판결에서 선고유예 판결이 제외된다고 볼 수 없습니다. 따라서 등록대상 성범죄에 대하여 선고유예 판결이 있는 경우에도 선고유예 판결이 확정됨으로써 곧바로 등록대상자로 되어 신상정보를 제출할 의무를 지게 되며, 다만 선고유예 판결 확정 후 2년이 경과하여 면소된 것으로 간주되면 등록대상자로서 신상정보를 제출할 의무를 면한다고 해석됩니다.

따라서 甲은 신상정보를 제출할 의무가 있습니다(대법원 2015.01.29. 선고 2014도9933 판결 참조).

■ **군인도 법에 따라 관할기관에 신상정보를 제출해야 하는지요?**

Q. 甲은 군인으로서 군형법 상 군인 등 강제추행죄를 저질렀습니다.
   이 경우 甲은 성폭력범죄의 처벌 등에 관한 특례법에 따라 관할기
   관에 신상정보를 제출하여야 하는지요?

A. 성폭력범죄의 처벌 등에 관한 특례법 제2조 제1항은 성폭력범죄가 무
   엇인지 정의하고 있으며, 동조 제1항 제3호는 형법 제298조(강제추행)
   를, 동조 제2항 제2호은 "제1항 각 호의 범죄로서 다른 법률에 따라
   가중처벌되는 죄는 성폭력범죄로 본다."라고 규정하고 있습니다.

   또한 동법 제42조는 제1항은 "제2조 제1항 제3호·제4호, 같은 조 제
   2항(제1항 제3호·제4호에 한정한다), 제3조부터 제15조까지의 범죄
   및 「아동·청소년의 성보호에 관한 법률」 제2조 제2호의 범죄(이하 "등
   록대상 성범죄"라 한다)로 유죄판결이 확정된 자 또는 같은 법 제49조
   제1항 제4호에 따라 공개명령이 확정된 자는 신상정보 등록대상자(이
   하 "등록대상자"라 한다)가 된다. 다만, 「아동·청소년의 성보호에 관한
   법률」 제11조 제5항의 범죄로 벌금형을 선고받은 자는 제외한다" 라고
   규정하고 있습니다.

   따라서 군형법상 강제추행죄가 성폭력범죄의 처벌 등에 관한 특례법
   제2조 제2항, 제1항 제3호의 성폭력범죄에 포함되어 등록대상 성범죄
   에 해당하는지가 문제됩니다.

   이에 대하여 대법원은 "2009. 11. 2. 법률 제9820호로 개정된 군형법은
   군대 내 여군의 비율이 확대되고 군대 내 성폭력문제가 심각해지자 여군을
   성폭력 범죄로부터 보호하고 군대 내 군기확립을 위하여 제15장에 강간과
   추행의 죄에 관한 장을 신설하면서 제92조의2에 군인등강제추행의 죄를
   규정하였다(2013. 4. 5. 법률 제11734호로 군형법이 개정되어 제92조의
   2에 군인등유사강간의 죄가 신설되면서 군인등강제추행의 죄가 제92조의3
   으로 조항이 변경되었다). 위와 같이 군형법상 강제추행의 죄가 군인을 상

대로 한 성폭력범죄를 가중처벌하기 위한 것으로서 형법상 강제추행의 죄와 본질적인 차이가 없어 이를 성폭력처벌법상 성폭력범죄에서 제외할 합리적인 이유가 없는 점, 군인등강제추행의 죄는 행위주체가 군형법 제1조에 규정된 자로 제한되고 행위객체가 군형법 제1조 제1항 내지 제3항에 규정된 자로 제한되는 점 외에 형법상 강제추행의 죄와 행위태양이 동일한 점 등을 종합하여 보면, 군인등강제추행의 죄는 형법상 강제추행의 죄에 대하여 가중처벌하는 죄로서 성폭력처벌법 제2조 제2항, 제1항 제3호에 의한 성폭력범죄에 포함된다고 보아야 하고, 따라서 성폭력처벌법 제42조 제1항에 의한 등록대상 성범죄에 해당한다고 할 것이다.”라고 판시하였습니다(대법원 2014. 12. 24. 선고 2014도13529 판결).

■ 성폭력범죄자에 대한 신상등록은 위헌의 소지는 없나요?

Q. 저는 타인의 주거에 침입하여 준강제추행을 한 죄로 징역을 선고받았습니다. 성폭력범죄의 처벌 등에 관한 특례법에 의하여 제 신상정보가 등록된다고 합니다. 위헌의 소지는 없나요?

A. 헌법재판소는 2016헌마786 결정에서 “등록조항은 주거침입준강제추행죄를 저지른 개별 행위자의 형사책임의 경중을 기준으로 하여 신상정보 등록 여부를 결정할 수 있도록 규정하고 있지 않다. 주거침입준강제추행죄의 경우, 비록 개별 사안에서 행위태양이나 불법성의 경중이 다르게 나타날 수도 있겠으나, 사람의 주거 등에 침입한 자가 피해자의 심신상실 또는 항거불능의 상태를 이용하여 추행하는 경우에 성립한다는 점에서 주거의 평온과 안정 및 피해자의 성적 자기결정권을 침해하는 성폭력범죄로서의 본질이 달라지는 것은 아니므로, 입법자가 개별 사안에 따라 억제·예방의 필요성을 구분하지 아니한 것이 입법목적 달성을 위하여 불필요한 제한을 부과하는 것이라 보기 어렵다. 결국 등록조항은 침해의 최소성이 인정된다. 등록조항에 의하여 신상정보 등록대상자가 된다고 하여 그 자체로 등록대상자의 사회복귀가 저해되거나 전과자

라는 사회적 낙인이 찍히는 것은 아니다. 반면 등록조항을 통하여 달성되는 성폭력범죄자의 재범 방지 및 사회 방위의 공익이 매우 중요한 것임은 명백하다. 따라서 등록조항으로 인하여 제한되는 사익에 비하여 달성되는 공익이 크다는 점에서, 법익의 균형성이 인정된다. 등록조항은 과잉금지원칙을 위반하여 청구인의 개인정보자기결정권을 침해하지 않는다."라고 판시하였습니다. 따라서 해당 조항은 범죄자의 개인정보자기결정권을 침해하지 않아 합헌인 것으로 보아야 합니다.

■ 신상정보 등록대상자가 변경정보를 제출하지 아니하거나 거짓으로 제출한 자를 형사처벌을 한다는데, 일반적 행동의 자유를 침해하는 것 아닌가요?

Q. 성범죄를 저질러 신상정보 등록대상자가 되었습니다. 신상정보가 변경될 때마다 그 사유와 변경내용을 수시로 제출하여야 하고, 위반 시에는 형사처벌을 한다는데, 일반적 행동의 자유를 침해하는 것 아닌가요?

A. 헌법재판소는, "성폭력특례법 제50조 제3항 제2호는 성범죄의 재범을 억제하고 재범 시 수사의 효율성을 제고하기 위하여, 신상정보 등록대상자로 하여금 신상정보가 변경된 때마다 그 사유와 변경내용을 수시로 제출하도록 형사처벌로 강제하는바, 그 목적의 정당성 및 수단의 적합성이 인정된다. 등록대상자의 변경정보 제출의무 위반행위에 대해 형벌을 부과하는 것은 입법재량의 범위 내이고, 성범죄의 재범 방지와 수사의 효율성이라는 공익의 중대성, 변경정보 제출의무를 확실하게 이행하게 할 필요성 등 여러 요소를 고려하여 형벌이라는 제재수단을 선택한 입법자의 판단이 명백히 잘못되었다고 할 수는 없다. 법정형이 비교적 경미하여 재판과정에서 법관은 개별 등록대상자의 구체적 사정을 심리하여 책임에 부합하는 양형을 할 수 있으므로 침해의 최소성이 인정된다. 청구인의 일반적 행동의 자유가 어느 정도 제한된다고 하더라도,

성범죄의 재범을 사전에 예방하고 재범이 발생했을 경우 수사의 효율성을 제고한다는 공익이 더욱 중요하므로, 법익의 균형성도 인정된다. 따라서 성폭력특례법 제50조 제3항 제2호는 청구인의 일반적 행동의 자유를 침해하지 아니한다(헌법재판소 2016. 7. 28. 자 2016헌마109).”라고 판단한 바 있습니다. 따라서 신상정보 등록대상자로 하여금 신상정보가 변경된 때마다 그 사유와 변경내용을 수시로 제출하도록 형사 처벌로 강제하는 규정은 일반적행동의 자유를 침해하지 않습니다.

12-2-6. 신상정보 공개

① 신상정보 공개대상자

법원은 다음의 사람에 대하여 판결로 위에 등록된 공개정보를 20년 동안 정보통신망을 이용하여 공개하도록 하는 명령(이하 “공개명령”이라 함)을 등록대상 사건의 판결과 동시에 선고해야 합니다(성폭력범죄의 처벌 등에 관한 특례법 제47조제1항 및 아동·청소년의 성보호에 관한 법률 제49조제1항).

1. 아동·청소년대상 성폭력범죄를 저지른 사람

2. 「성폭력범죄의 처벌 등에 관한 특례법」 제2조제1항제3호·제4호, 제2조제2항(성폭력범죄의 처벌 등에 관한 특례법 제2조제1항제3호·제4호에 한정함), 제3조부터 제15조까지의 범죄를 저지른 사람

3. 13세 미만의 아동·청소년을 대상으로 아동·청소년대상 성범죄를 저지른 사람으로서 13세 미만의 아동·청소년을 대상으로 아동·청소년대상 성범죄를 다시 범할 위험성이 있다고 인정되는 사람

4. 1. 또는 2.의 죄를 범하였으나 「형법」 제10조제1항에 따라 처벌할 수 없는 사람으로서 1. 또는 2.의 죄를 다시 범할 위험성이 있다고 인정되는 사람

② 공개되는 등록정보

공개명령을 통해 공개하도록 제공되는 등록정보(이하 “공개정보”라 함)는 다음과 같습니다(성폭력범죄의 처벌 등에 관한 특례법 제47조

제1항 및 아동·청소년의 성보호에 관한 법률 제49조제3항).

- 성명
- 나이
- 주소 및 실제거주지(도로명주소법 제2조제5호의 도로명 및 제2조제7호의 건물번호까지로 함)
- 신체정보(키와 몸무게)
- 사진
- 등록대상 성범죄 요지(판결일자, 죄명, 선고형량을 포함함)
- 성범죄 전과사실(죄명, 횟수)
- 전자장치 부착 여부

③ 등록정보 공개기간

등록정보의 공개기간은 판결이 확정된 때부터 기산하고, 다음의 기간을 초과하지 않습니다. 다만, 신상정보 공개대상자가 실형 또는 치료감호를 선고받은 경우에는 그 형 또는 치료감호의 전부 또는 일부의 집행을 종료하거나 집행이 면제된 때부터 기산하고, 등록정보의 등록원인이 된 성범죄(이하 "등록대상 성범죄"라 함)와 경합된 범죄, 등록대상 성범죄로 수용되어 있는 도중 재판을 받게 된 다른 범죄, 다른 범죄로 수용되어 있는 도중 등록대상 성범죄로 재판을 받게 된 경우 다른 범죄로 교정시설 또는 치료감호시설에 수용된 기간은 공개기간에 넣어 계산하지 않습니다(성폭력범죄의 처벌 등에 관한 특례법 제47조제1항, 형의 실효 등에 관한 법률 제7조 및 아동·청소년의 성보호에 관한 법률 제49조제2항).

구분	기간
3년을 초과하는 징역·금고	10년
3년 이하의 징역·금고	5년
벌금	2년

12-2-7. 공개명령 집행

공개명령은 정보통신망<여성가족부 성범죄자 알림 e 사이트>를 이용하여 집행합니다(성폭력범죄의 처벌 등에 관한 특례법 제47조제1항 및 아동·청소년의 성보호에 관한 법률 제52조제1항).

■ 우리 동네에 성폭력 범죄자가 있는지 알 수 있는 방법은 없을까요?

Q. 우리 동네에 성폭력 범죄자가 있는지 알 수 있는 방법은 없을까요?

A. 성범죄자 알림e 사이트는 성범죄로 법원에서 공개명령이 선고된 사람의 신상정보를 제공합니다.

성범죄자 알림 e 사이트 초기화면에서 지도검색 또는 조건검색을 선택하고, 공인인증서, I-PIN, 휴대폰, 주민등록번호 중에 택일하여 개인정보 활용에 대한 동의하시면 우리 동네에 성범죄자가 있는지 여부와 그 성범죄자의 신상정보를 열람하실 수 있습니다.

12-2-8. 신상정보 고지

① 등록정보 고지대상자

법원은 공개대상자 중 다음의 사람에 대하여 판결로 공개명령 기간 동안 고지정보를 고지대상자가 거주하는 읍·면·동의 아동·청소년의 친권자 또는 법정대리인이 있는 가구, 어린이집의 원장, 유치원의 장, 학교의 장, 읍·면사무소와 동 주민자치센터의 장(경계를 같이 하는 읍·면 또는 동을 포함함), 학교교과교습학원의 장과 지역아동센터 및 청소년수련시설의 장에게 고지하도록 하는 명령(이하 "고지명령"이라 함)을 등록대상 성범죄 사건의 판결과 동시에 선고해야 합니다(성폭력범죄의 처벌 등에 관한 특례법 제49조제1항 및 아동·청소년의 성보호에 관한 법률 제50조제1항, 제5항).

1. 아동·청소년대상 성폭력범죄를 저지른 사람
2. 「성폭력범죄의 처벌 등에 관한 특례법」 제2조제1항제3호·제4호, 제

2조제2항(성폭력범죄의 처벌 등에 관한 특례법 제2조제1항제3호·제
4호에 한정함), 제3조부터 제15조까지의 범죄를 저지른 사람
3. 1. 또는 2.의 죄를 범하였으나 「형법」 제10조제1항에 따라 처벌할
수 없는 사람으로서 1. 또는 2.의 죄를 다시 범할 위험성이 있다고
인정되는 사람

② 고지되는 고지정보

고지명령을 통해 고지하도록 제공되는 고지정보는 다음과 같습니다
(성폭력범죄의 처벌 등에 관한 특례법 제49조제1항 및 아동·청소년의
성보호에 관한 법률 제50조제4항).

구분	고지정보
고지대상자가 이미 거주하고 있거나 전입하는 경우	- 성명 - 나이 - 주소 및 실제거주지 (「도로명주소법」 제2조제5호의 도로명 및 제2조제7호의 건물번호까지로 함, 상세주소를 포함함) - 신체정보(키와 몸무게) - 사진 - 등록대상 성범죄 요지 (판결일자, 죄명, 선고형량을 포함함) - 성범죄 전과사실(죄명, 횟수) - 전자장치 부착 여부
고지대상자가 전출하는 경우	- 위의 고지정보 - 고지대상자의 전출 정보

③ 고지명령 이행기간

고지명령은 다음의 기간 내에 해야 합니다(성폭력범죄의 처벌 등에
관한 특례법 제49조제1항 및 아동·청소년의 성보호에 관한 법률 제
50조제3항).

구분	기간
집행유예 선고 시	신상정보 최초 등록일부터 1개월 이내
금고 이상의 실형 선고 시	출소 후 거주할 지역에 전입한 날부터 1개월 이내
다른 지역으로 전출 시	변경정보 등록일부터 1개월 이내

④ 고지명령 집행

고지명령은 우편송부를 통하거나 정보통신망<여성가족부 성범죄자 알림 e 사이트>를 통해 집행합니다(성폭력범죄의 처벌 등에 관한 특례법 제49조제1항, 아동·청소년의 성보호에 관한 법률 제51조제4항 및 동법 시행규칙 제7조제1항).

■ 성범죄자가 우리 동네에 살고 있는지 확인할 수 있나요?

Q. 성범죄자가 우리 동네에 살고 있는지 확인할 수 있나요?

A. 네. 성범죄자의 신상정보 및 성범죄의 요지를 국가에서 운영하는 『성범죄자 알림e』 (www.sexoffender.go.kr)사이트에서 지역별로 확인할 수 있습니다.

◇ 성폭력 범죄자의 신상정보 공개

① 「성폭력범죄의 처벌 등에 관한 특례법」에 따라 일정한 성범죄자에 대하여 법원은 판결로 공개정보를 등록기간 동안 정보통신망을 이용하여 공개하도록 하는 명령(이하 "공개명령"이라 함)을 특별한 사정이 없는 한 해당 성범죄 사건의 판결과 동시에 선고해야 합니다.

② 법원이 판결로 공개명령을 한 경우에는 성폭력범죄자 또는 성범죄자의 신상정보 및 성범죄의 요지를 국가에서 운영하는 전용 웹사이트인 『성범죄자 알림e』사이트에서 확인할 수 있습니다.

◇ 공개되는 정보 및 공개기간

① 공개하도록 제공되는 성범죄자의 정보는 다음과 같습니다.
  - 성명
  - 나이
  - 주소 및 실제거주지(도로명주소법 제2조제5호의 도로명 및 제2조제
    7호의 건물번호까지로 함)
  - 신체정보(키와 몸무게)
  - 사진
  - 등록대상 성범죄 요지(판결일자,죄명,선고형량을 포함함)
  - 성범죄 전과사실(죄명, 횟수)
  - 전자장치 부착 여부
② 등록정보의 공개기간은 판결이 확정된 때부터 기산하고, 다음의 기간
  을 초과하지 않습니다.

구분	기간
3년을 초과하는 징역·금고	10년
3년 이하의 징역·금고	5년
벌금	2년

13. 위치추적 전자장치 부착

재범위험이 있는 성폭력 범죄자에게 위치추적 전자장치를 부착합니다.

13-1. 전자장치 부착 대상

① 다음의 범죄의 재범방지를 위해 형기를 마친 뒤에 보호관찰 등을 통하여 지도하고 보살피며 도움으로써 건전한 사회복귀를 촉진하고 위치추적 전자장치를 신체에 부착하게 하는 부가적인 조취를 취할 수 있습니다(특정 범죄자에 대한 보호관찰 및 전자장치 부착 등에 관한 법률 제1조 및 제2조제2호).

구분	내용
「형법」상의 성폭력	- 강간죄와 그 미수(제297조 및 제300조) - 강제추행죄와 그 미수(제298조 및 제300조) - 준강간, 준강제추행죄와 그 미수(제299조 및 제300조) - 강간 등 상해·치상죄(제301조) - 강간 등 살인·치사죄(제301조의2) - 미성년자 등에 대한 간음죄(제302조) - 업무상위력 등에 의한 간음죄(제303조) - 미성년자에 대한 간음, 추행죄(제305조) - 위의 모든 범죄의 상습범(제305조의2) - 강도강간죄와 그 미수(제339조 및 제342조) - 해상강도죄와 그 미수(사람을 강간한 죄에 한함. 제340조제3항 및 제342조) - 위의 모든 범죄로서 다른 법률에 따라 가중처벌되는 죄
「성폭력범죄의 처벌 등에 관한 특례법」상의 성폭력	- 특수강도강간 등의 죄와 그 미수(제3조 및 제15조) - 특수강간 등의 죄와 그 미수(제4조 및 제15조) - 친족관계에 의한 강간 등의 죄와 그 미수(제5조 및 제15조) - 장애인에 대한 강간·강제추행 등의 죄와 그 미수(제6조 및 제15조) - 13세 미만의 미성년자에 대한 강간, 강제추행 등의 죄와 그 미수((제7조 및 제15조)

	- 강간 등 상해·치상의 죄와 그 미수(제8조 및 제15조) - 강간 등 살인·치사의 죄와 그 미수(제9조 및 제15조) - 위의 모든 범죄로서 다른 법률에 따라 가중처벌되는 죄

② "위치추적 전자장치"(이하"전자장치"라 함)란 전자파를 발신하고 추적하는 원리를 이용하여 위치를 확인하거나 이동경로를 탐지하는 일련의 기계적 설비를 말하며, 다음으로 구성되어 있습니다(특정 범죄자에 대한 보호관찰 및 전자장치 부착 등에 관한 법률 제2조제4호 및 동법 시행령 제2조).
- 휴대용 추적장치: 전자장치가 부착된 사람(이하 "피부착자"라 함)이 휴대하는 것으로서 피부착자의 위치를 확인하는 장치
- 재택(在宅) 감독장치: 피부착자의 주거지에 설치하여 피부착자의 위치를 확인하는 장치
- 부착장치: 피부착자의 신체에 부착하는 장치로서, 휴대용 추적장치와 재택 감독장치에 전자파를 송신하거나 피부착자의 위치를 확인하는 장치

13-2. 징역형 종료 후 전자장치 부착

13-2-1. 전자장치 부착명령 청구

① 검사는 다음에 해당하고, 성폭력범죄를 다시 범할 위험성이 있다고 인정되는 사람에 대하여 전자장치를 부착하도록 하는 명령(이하 "부착명령"이라 함)을 공소가 제기된 성폭력범죄사건의 항소심 변론종결 시까지 법원에 청구할 수 있습니다(특정 범죄자에 대한 보호관찰 및 전자장치 부착 등에 관한 법률 제5조제1항 및 제4항).
- 성폭력범죄로 징역형의 실형을 선고받은 사람이 그 집행을 종료한 후 또는 집행이 면제된 후 10년 이내에 성폭력범죄를 저지른 때
- 성폭력범죄로 「특정 범죄자에 대한 보호관찰 및 전자장치 부착 등

에 관한 법률」에 따른 전자장치를 부착받은 전력이 있는 사람이
다시 성폭력범죄를 저지른 때
- 성폭력범죄를 2회 이상 범하여(유죄의 확정판결을 받은 경우를 포함
함) 그 습벽이 인정된 때
- 19세 미만의 사람에 대하여 성폭력범죄를 저지른 때
- 신체적 또는 정신적 장애가 있는 사람에 대하여 성폭력범죄를 저지
른 때
② 법원은 공소가 제기된 성폭력범죄사건을 심리한 결과 부착명령을 선
고할 필요가 있다고 인정하는 때에는 검사에게 부착명령의 청구를
요구할 수 있습니다(동법 제5조제5항 및 제2조제1호).

13-2-2. 전자장치 부착명령 판결

① 법원은 부착명령 청구가 이유 있다고 인정하는 때에는 다음의 기간의
범위 내에서 부착기간을 정하여 성폭력범죄 판결과 동시에 부착명령
을 선고해야 합니다(특정 범죄자에 대한 보호관찰 및 전자장치 부착
등에 관한 법률 제9조제1항 본문 및 제5항).

구분	기간
법정형의 상한이 사형 또는 무기징역인 경우	10년 이상 30년 이하
법정형 중 징역형의 하한이 3년 이상의 유기징역인 경우(위의 범죄는 제외함)	3년 이상 20년 이하
법정형 중 징역형의 하한이 3년 미만의 유기징역인 경우(위의 모든 범죄는 제외함)	1년 이상 10년 이하

② 법원은 다음에 해당하는 때에는 판결로 부착명령 청구를 기각해야
합니다(동법 제9조제4항).
- 부착명령 청구가 이유 없다고 인정하는 때
- 성폭력범죄사건에 대하여 무죄(심신상실을 이유로 치료감호가 선고

된 경우는 제외함)·면소·공소기각의 판결 또는 결정을 선고하는 때
  - 성폭력범죄사건에 대하여 벌금형을 선고하는 때
  - 성폭력범죄사건에 대하여 선고유예 또는 집행유예를 선고하는 때(전
    자장치 부착을 명하는 때를 제외함)

13-2-3. 전자장치 부착명령 집행

① 부착명령은 성폭력범죄사건에 대한 형의 집행이 종료되거나 면제·가석
  방되는 날 또는 치료감호의 집행이 종료·가종료되는 날 석방 직전에
  다음의 방법으로 전자장치가 부착된 사람의 신체에 전자장치를 부착
  함으로써 집행합니다(특정 범죄자에 대한 보호관찰 및 전자장치 부착
  등에 관한 법률 제13조제1항 본문 및 동법 시행령」 제7조제3항).

② 휴대용 추적장치는 피부착명령자가 휴대할 수 있도록 교부합니다. 다
  만, 부착장치에 피부착자의 위치를 확인하는 기능이 있는 경우에는
  교부하지 않습니다.

③ 부착장치는 피부착명령자의 발목에 부착합니다(발목에 부착할 수 없
  는 특별한 사유가 있으면 다른 신체 부위에 부착할 수 있음).

④ 재택 감독장치는 피부착명령자의 석방 후 지체 없이 피부착명령자의
  주거지에 고정하여 설치합니다(피부착명령자의 주거가 일정하지 않거
  나 그 밖에 재택 감독장치를 설치하기 어려운 사정이 있는 경우에는
  설치하지 않을 수 있음).

⑤ 다음의 경우 전자장치를 분리·회수하여 부착명령의 집행을 정지하며,
  잔여기간에 대해 다음에 따라 집행합니다(특정 범죄자에 대한 보호
  관찰 및 전자장치 부착 등에 관한 법률 제13조제6항, 제7항 및 동법
  시행령 제8조제1항 본문).

정지사유	잔여기간 집행시기
부착명령의 집행 중 다른 죄를 범하여 구속영장의 집행을 받아 구금된 때	구금이 해제되거나 금고 이상의 형의 집행을 받지 않게 확정된 때부터 그 잔여기간을 집행함
부착명령의 집행 중 다른 죄를 범하여 금고 이상의 형의 집행을 받게 된 때	그 형의 집행이 종료되거나 면제된 후 또는 가석방된 때부터 그 잔여기간을 집행함.
가석방 또는 가종료된 사람에 대하여 전자장치 부착기간 동안 가석방 또는 가종료가 취소되거나 실효된 때	그 형이나 치료감호의 집행이 종료되거나 면제된 후 그 잔여기간을 집행함.

⑥ 다음의 경우에 전자장치의 부착명령 집행이 종료됩니다(특정 범죄자에
　대한 보호관찰 및 전자장치 부착 등에 관한 법률 제20조).

- 부착명령기간이 경과한 때
- 부착명령과 함께 선고한 형이 사면되어 그 선고의 효력을 상실하게
　된 때
- 부착명령이 가해제된 사람이 그 가해제가 취소됨이 없이 잔여 부착
　명령기간을 경과한 때

13-2-4. 전자장치 부착명령 연장

피부착자가 다음의 경우에는 법원은 보호관찰소의 장의 신청에 따른 검
사의 청구로 1년의 범위에서 부착기간을 연장하거나 준수사항을 추가 또
는 변경하는 결정을 할 수 있습니다(특정 범죄자에 대한 보호관찰 및 전
자장치 부착 등에 관한 법률 제14조의2제1항).

- 정당한 사유 없이 「보호관찰 등에 관한 법률」 제32조에 따른 준수
　사항을 위반한 경우
- 정당한 사유 없이 형의 집행이 종료되거나 면제·가석방되는 날부터

10일 이내에 주거지를 관할하는 보호관찰소에 출석하여 서면으로 신
고하지 않은 경우
- 정당한 사유 없이 피부착자가 미리 보호관찰관의 허가를 받지 않고
주거 이전하거나 7일 이상의 국내여행 또는 출국을 하거나, 거짓으로
허가를 받은 경우

■ '성폭력범죄 2회 이상'에 소년보호처분 전력으로 위치추적 전자장치를 부착하라는 명령을 청구하는 것이 타당한가요?

Q. 저는 19세 이전 성폭력범죄로 소년법에 의한 보호처분을 받은 전력
이 있는데, 19세 이상의 성인이 된 이후 다시 강간상해죄를 범하
였습니다. 성폭력범죄 2회 이상에 해당한다는 이유로 위치추적 전
자장치를 부착하라는 명령을 청구하는 것이 타당한가요?

A. 죄형법정주의 원칙상 형벌법규는 문언에 따라 엄격하게 해석·적용하여
야 하고 피고인에게 불리한 방향으로 지나치게 확장해석하거나 유추해
석하여서는 안 되는 것이 원칙이고, 이는 특정 범죄자에 대한 위치추적
전자장치 부착명령의 요건을 해석할 때에도 마찬가지입니다.
'특정 범죄자에 대한 위치추적 전자장치 부착 등에 관한 법률'(이하
'전자장치부착법'이라 합니다) 제5조 제1항 제3호는 검사가 전자장치
부착명령을 법원에 청구할 수 있는 경우 중의 하나로 '성폭력범죄를 2
회 이상 범하여(유죄의 확정판결을 받은 경우를 포함한다) 그 습벽이
인정된 때'라고 규정하고 있는데, 이 규정 전단은 문언상 '유죄의 확정
판결을 받은 전과사실을 포함하여 성폭력범죄를 2회 이상 범한 경우'를
의미한다고 해석됩니다. 따라서 피부착명령청구자가 소년법에 의한 보
호처분(이하 '소년보호처분'이라고 합니다)을 받은 전력이 있다고 하더
라도, 이는 유죄의 확정판결을 받은 경우에 해당하지 아니함이 명백하
므로, 피부착명령청구자가 2회 이상 성폭력범죄를 범하였는지를 판단할
때 소년보호처분을 받은 전력을 고려하여서는 안 됩니다(대법원 2012.

3. 22. 선고 2011도15057 전원합의체 판결).

 따라서 성폭력범죄를 1회 범한 것 외에 과거에 성폭력범죄로 소년보호처분을 받은 사실이 있다는 사유만으로는 전자장치부착법 제5조 제1항 제3호가 정한 성폭력범죄를 2회 이상 범한 경우에 해당하지 않으므로 성폭력범죄 2회 이상에 해당한다는 이유로 위치추적 전자장치를 부착하라는 내용의 청구는 기각되어야 할 것입니다.

13-3. 가석방 및 가종료 시 전자장치 부착 등

13-3-1. 가석방 시 전자장치 부착집행

① 부착명령 판결을 선고받지 않은 성폭력 범죄자로서 형의 집행 중 가석방되어 보호관찰을 받게 되는 사람은 준수사항 이행 여부 확인 등을 위하여 가석방기간 동안 전자장치를 가석방되는 날 석방 직전에 부착해아 합니다(특정 범죄자에 대한 보호관찰 및 전자장치 부착 등에 관한 법률 제22조제1항 및 제24조제2항제1호).

② "가석방(假釋放)"이란 자유형(징역 또는 금고)을 집행받고 있는 자가 개전의 정이 현저하다고 인정되는 때에 형기 만료 전에 조건부로 수형자를 석방하고 일정기간이 경과하면 형의 집행을 종료한 것으로 보는 제도를 말합니다.

③ 전자장치 부착집행 중 보호관찰 준수사항 위반으로 유치허가장의 집행을 받아 유치된 때에는 부착집행을 정지하며, 보호관찰심사위원회가 보호관찰소의 장의 가석방 취소신청을 기각한 날 또는 법무부장관이 보호관찰심사위원회의 허가신청을 불허한 날부터 그 잔여기간을 집행합니다(동법 제24조제3항).

④ 다음의 경우에 전자장치의 부착집행이 종료됩니다(동법 제25조제1호 및 제3호).
  - 가석방 기간이 경과하거나 가석방이 실효 또는 취소된 때
  - 가석방된 형이 사면되어 형의 선고의 효력을 상실하게 된 때

13-3-2. 가종료 등 시 전자장치 부착집행

① 치료감호심의위원회는 부착명령 판결을 선고받지 않은 성폭력 범죄자로서 치료감호의 집행 중 가종료 또는 치료위탁되는 피치료감호자나 보호감호의 집행 중 가출소되는 피보호감호자(이하 "가종료자 등"이라 함)에 대하여 「치료감호 등에 관한 법률」 또는 「사회보호법」(법률 제7656호로 폐지되기 전의 법률을 말함)에 따른 준수사항 이행 여부 확인 등을 위하여 보호관찰기간의 범위에서 기간을 정하여 가종료 또는 치료위탁되거나 가출소되는 날(치료감호와 형이 병과된 가종료자의 경우 집행할 잔여 형기가 있는 때에는 그 형의 집행이 종료되거나 면제되는 날) 석방 직전에 전자장치를 부착하게 할 수 있습니다(특정 범죄자에 대한 보호관찰 및 전자장치 부착 등에 관한 법률 제23조제1항 및 제24조제2항제2호).

② 전자장치 부착집행 중 보호관찰 준수사항 위반으로 유치허가장의 집행을 받아 유치된 때에는 부착집행을 정지하며, 보호관찰심사위원회가 보호관찰소의 장의 가석방 취소신청을 기각한 날 또는 법무부장관이 보호관찰심사위원회의 허가신청을 불허한 날부터 그 잔여기간을 집행합니다(동법 제24조제3항).

③ 가종료자 등의 부착기간이 경과하거나 보호관찰이 종료된 경우에 전자장치의 부착집행이 종료됩니다(동법 제25조제2호).

13-4. 집행유예 시 전자장치 부착

13-4-1. 전자장치 부착명령

① 법원은 성폭력 범죄를 범한 사람에 대하여 형의 집행을 유예하면서 보호관찰을 받을 것을 명할 때에는 보호관찰기간의 범위 내에서 기간을 정하여 준수사항의 이행여부 확인 등을 위하여 전자장치를 부착할 것을 명할 수 있습니다(특정 범죄자에 대한 보호관찰 및 전자장치 부착 등에 관한 법률 제28조제1항).

② "집행유예(執行猶豫)"란 범죄자에 대해 단기의 자유형을 선고할 때에
는 그 정상을 참작하여 일정기간 그 형의 집행을 유예하는 제도를
말합니다.

13-4-2. 전자장치 부착명령 집행

① 부착명령은 전자장치 부착을 명하는 법원의 판결이 확정된 때부터 집
행합니다(특정 범죄자에 대한 보호관찰 및 전자장치 부착 등에 관한
법률 제29조제1항).

② 부착명령의 집행 중 보호관찰 준수사항 위반으로 유치허가장의 집행
을 받아 유치된 때에는 부착명령 집행을 정지하며, 검사가 보호관찰
소의 장의 집행유예 취소신청을 기각한 날 또는 법원이 검사의 집행
유예취소청구를 기각한 날부터 그 잔여기간을 집행합니다(동법 제29
조제2항).

③ 다음의 경우에 부착명령 집행이 종료됩니다(동법 제30조).
   - 부착명령기간이 경과한 때
   - 집행유예가 실효 또는 취소된 때
   - 집행유예된 형이 사면되어 형의 선고의 효력을 상실하게 된 때

13-4-3. 전자장치 피부착자의 의무

① 전자장치가 부착된 사람(이하 "피부착자"라 함)은 전자장치의 부착기
간 중 전자장치를 신체에서 임의로 분리·손상, 전파 방해 또는 수신
자료의 변조, 그 밖의 방법으로 그 효용을 해하여서는 안 됩니다(특
정 범죄자에 대한 보호관찰 및 전자장치 부착 등에 관한 법률 제14
조제1항, 제27조 및 제31조).

(관련판례)

대법원은 "그 효용을 해한다"에 대해 전자장치를 부착하게 하여 위
치를 추적하도록 한 전자장치의 실질적인 효용을 해하는 행위를 말하

는 것으로서, 전자장치 자체의 기능을 직접적으로 해하는 행위뿐 아니라 전자장치의 효용이 정상적으로 발휘될 수 없도록 하는 행위도 포함되며, 부작위라고 하더라도 고의적으로 그 효용이 정상적으로 발휘될 수 없도록 한 경우에는 처벌된다고 해석하면서 "위치추적 전자장치의 피부착자인 피고인이 구성 부분인 휴대용 추적장치를 분실한 후 보호관찰소에 분실신고를 하지 않고 돌아다닌 행위"에 대해 전자장치의 효용을 해한 것으로 인정하였습니다(대법원 2012. 8. 17. 선고 2012도5862 판결).

② 피부착자는 성폭력범죄사건에 대한 형의 집행이 종료되거나 면제·가석방되는 날부터 10일 이내에 주거지를 관할하는 보호관찰소에 출석하여 서면으로 신고해야 합니다(동법 제14조제2항, 제27조 및 제30조).

③ 피부착자는 주거를 이전하거나 7일 이상의 국내여행을 하거나 출국할 때에는 미리 보호관찰관의 허가를 받아야 합니다(동법 제14조제3항, 제27조 및 제30조).

④ 피부착자가 위의 의무를 위반하여 전자장치의 부착기간 중 전자장치를 신체에서 임의로 분리·손상, 전파 방해 또는 수신자료의 변조, 그 밖의 방법으로 그 효용을 해한 때에는 7년 이하의 징역 또는 2천만 원 이하의 벌금에 처해집니다(동법 제38조).

■ **성폭력범죄를 저지르면 무조건 전자발찌(위치추적 전자장치)를 차게 되나요?**

Q. 성폭력범죄를 저지르면 무조건 전자발찌(위치추적 전자장치)를 차게 되나요?

A. 아닙니다. 성폭력범죄자를 비롯한 특정범죄자(미성년자 대상 유괴범죄자, 살인범죄자 및 강도범죄자를 포함함)에게만 재범방지를 위해 형기를 마친 뒤에 보호관찰 등을 통하여 지도하고 보살피며 도움으로써 건전한 사회복귀를 촉진하고 위치추적 전자장치를 신체에 부착하게 하는

부가적인 조취를 취할 수 있습니다. 성폭력범죄자에 대한 전자장치 부착 대상 및 절차는 다음과 같습니다.

◇ 징역형 종료 이후의 전자장치 부착

① 검사는 가해자가 다음 어느 하나에 해당하고, 성폭력범죄를 다시 범할 위험성이 있다고 인정되는 경우 위치추적 전자장치의 부착명령을 법원에 청구합니다.

 - 성폭력범죄로 징역형의 실형을 선고 받은 사람이 그 집행을 종료한 후 또는 집행이 면제된 후 10년 이내에 성폭력범죄를 저지른 때

 - 성폭력범죄로 「특정 범죄자에 대한 보호관찰 및 전자장치부착 등에 관한 법률」에 따른 전자장치를 부착받은 전력이 있는 사람이 다시 성폭력범죄를 저지른 때

 - 성폭력범죄를 2회 이상 저질러 그 습벽이 인정된 경우

 - 19세 미만의 미성년자에게 성폭력범죄를 저지른 경우

 - 신체적 또는 정신적 장애가 있는 사람에 대하여 성폭력범죄를 저지른 때

② 법원은 검사의 위치추적 전자장치 부착명령 청구가 이유 있다고 인정하는 경우에는 범행에 따라 1년 이상 30년 이하의 부착기간을 정해 판결로 부착명령을 선고합니다.

◇ 가석방 및 가종료 등과 전자장치 부착

① 부착명령 판결을 선고받지 않은 성폭력범죄자도 가석방되어 보호관찰을 받게 되는 경우에는 가석방기간 동안 전자장치를 부착해야 합니다.

② 치료감호심의위원회는 부착명령 판결을 선고받지 않은 성폭력범죄자로서 치료감호의 집행 중 가종료 또는 치료위탁되는 피치료감호자나 보호감호의 집행 중 가출소되는 피보호감호자에 대해 보호관찰기간의 범위에서 기간을 정해 위치추적 전자장치를 부착하게 할 수 있습니다.

◇ 형의 집행유예와 전자장치 부착

① 성폭력범죄를 범한 사람에 대해 법원이 형의 집행을 유예하면서 보호관찰을 받을 것을 명할 때에는, 보호관찰기간의 범위에서 기간을 정

해 위치추적 전자장치를 부착할 것을 명할 수 있습니다.

14. 성충동 약물치료

14-1. 성충동 약물치료 대상

① 사람에 대해 다음의 범죄를 저지른 성도착증 환자로서 성폭력범죄를 다시 범할 위험성이 있다고 인정되는 사람에 대하여 성폭력범죄의 재범을 방지하고 사회복귀를 촉진하기 위해 성충동 약물치료를 실시합니다(성폭력범죄자의 성충동 약물치료에 관한 법률 제1조 및 제2조제2호).

구분	내용
「형법」상의 성폭력	- 강간죄와 그 미수(제297조 및 제300조) - 유사강간죄와 그 미수(제297조의2 및 제300조) - 강제추행죄와 그 미수(제298조 및 제300조) - 준강간, 준강제추행죄와 그 미수(제299조 및 제300조) - 강간 등 상해·치상죄(제301조) - 강간 등 살인·치사죄(제301조의2) - 미성년자 등에 대한 간음죄(제302조) - 업무상위력 등에 의한 간음죄(제303조) - 미성년자에 대한 간음, 추행죄(제305조) - 위의 모든 범죄의 상습범(제305조의2) - 강도강간죄와 그 미수(제339조 및 제342조) - 해상강도죄와 그 미수(사람을 강간한 죄에 한함. 제340조 제3항 및 제342조) - 위의 모든 범죄로서 다른 법률에 따라 가중처벌되는 죄
「성폭력범죄의 처벌 등에 관한 특례법」상의 성폭력	- 특수강도강간 등의 죄와 그 미수(제3조 및 제15조) - 특수강간 등의 죄와 그 미수(제4조 및 제15조) - 친족관계에 의한 강간 등의 죄와 그 미수(제5조 및 제15조) - 장애인에 대한 강간·강제추행 등의 죄와 그 미수(제6조 및 제15조) - 13세 미만의 미성년자에 대한 강간, 강제추행 등의 죄와 그 미수(제7조 및 제15조) - 강간 등 상해·치상의 죄와 그 미수(제8조 및 제15조)

	- 강간 등 살인·치사의 죄와 그 미수(제9조 및 제15조) - 업무상 위력 등에 의한 추행죄(제10조) - 공중 밀집 장소에서의 추행죄((제11조) - 성적 목적을 위한 다중이용장소 침입행위죄(제12조) - 통신매체를 이용한 음란행위죄제13조) - 위의 모든 범죄로서 다른 법률에 따라 가중처벌되는 죄

② "성도착증 환자"란 소아성기호증(小兒性嗜好症), 성적가학증(性的加虐症) 등 성적 성벽(性癖)이 있는 정신성적 장애자로서 금고 이상의 형에 해당하는 성폭력범죄를 지은 사람(치료감호 등에 관한 법률 제2조제1항제3호) 및 정신건강의학과 전문의의 감정에 의하여 성적 이상 습벽으로 인하여 자신의 행위를 스스로 통제할 수 없다고 판명된 사람을 말합니다(성폭력범죄자의 성충동 약물치료에 관한 법률 제2조제1호).

③ "성충동 약물치료"(이하 "약물치료"라 함)란 비정상적인 성적 충동이나 욕구를 억제하기 위한 조치로서 성도착증 환자에게 약물 투여 및 심리치료 등의 방법으로 도착적인 성기능을 일정기간 동안 약화 또는 정상화하는 치료를 말합니다(동법 제2조제3호).

14-2. 성폭력 범죄자에 대한 약물치료

14-2-1. 약물치료명령 청구

① 검사는 사람에 대하여 성폭력범죄를 저지른 성도착증 환자로서 성폭력범죄를 다시 범할 위험성이 있다고 인정되는 19세 이상의 사람에 대하여 약물치료명령을 공소가 제기되거나 치료감호가 독립청구된 성폭력범죄사건의 항소심 변론종결 시까지 법원에 청구할 수 있습니다(성폭력범죄자의 성충동 약물치료에 관한 법률 제4조제1항 및 제3항).

② 법원은 성폭력범죄사건의 심리결과 약물치료명령을 할 필요가 있다고 인정하는 때에는 검사에게 약물치료명령의 청구를 요구할 수 있습니다(동법 제4조제4항).

14-2-2. 약물치료명령 판결

① 법원은 약물치료명령 청구가 이유 있다고 인정하는 때에는 15년의 범위에서 치료기간을 정하여 성폭력범죄사건의 판결과 동시에 판결로 약물치료명령을 선고해야 합니다(성폭력범죄자의 성충동 약물치료에 관한 법률 제8조제1항 및 제4항).

② 약물치료명령을 선고받은 사람은 약물치료기간 동안 보호관찰을 받습니다(동법 제8조제2항).

③ 법원은 다음에 해당하는 때에는 판결로 약물치료명령 청구를 기각해야 합니다(동법 제8조제3항).
  - 약물치료명령 청구가 이유 없다고 인정하는 때
  - 성폭력범죄사건에 대하여 무죄(심신상실을 이유로 치료감호가 선고된 경우는 제외함)·면소·공소기각의 판결 또는 결정을 선고하는 때
  - 성폭력범죄사건에 대하여 벌금형을 선고하는 때
  - 성폭력범죄사건에 대하여 선고유예 또는 집행유예를 선고하는 때

14-2-3. 약물치료명령 집행

① 약물치료명령은 「의료법」에 따른 의사의 진단과 처방에 의한 약물 투여, 「정신보건법」에 따른 정신보건전문요원 등 전문가에 의한 인지행동 치료 등 심리치료 프로그램의 실시 등의 방법으로 집행합니다(성폭력범죄자의 성충동 약물치료에 관한 법률 제14조제1항).

② 약물치료명령을 받은 사람이 형의 집행이 종료되거나 면제·가석방 또는 치료감호의 집행이 종료·가종료 또는 치료위탁으로 석방되는 경우 보호관찰관은 석방되기 전 2개월 이내에 약물치료명령을 받은 사람에게 약물치료명령을 집행해야 합니다(동법 제14조제3항).

③ 다음의 경우 약물치료명령의 집행을 정지하며, 잔여기간에 대해 다음에 따라 집행합니다(동법 제14조제4항 및 제5항).

정지사유	잔여기간 집행시기
약물치료명령의 집행 중 구속영장의 집행을 받아 구금된 때	구금이 해제되거나 금고 이상의 형의 집행을 받지 않게 확정된 때부터 그 잔여기간을 집행함
약물치료명령의 집행 중 금고 이상의 형의 집행을 받게 된 때	그 형의 집행이 종료되거나 면제된 후 또는 가석방된 때부터 그 잔여기간을 집행함.
가석방 또는 가종료·가출소된 사람에 대하여 약물치료기간 동안 가석방 또는 가종료·가출소가 취소되거나 실효된 때	그 형이나 치료감호의 집행이 종료되거나 면제된 후 그 잔여기간을 집행함.

④ 다음의 경우에 약물치료명령의 집행이 종료됩니다(동법 제20조).

- 약물치료기간이 지난 때
- 약물치료명령과 함께 선고한 형이 사면되어 그 선고의 효력을 상실하게 된 때
- 약물치료명령이 가해제된 사람이 그 가해제가 취소됨이 없이 잔여 약물치료기간을 지난 때

14-2-4. 약물치료기간 연장

① 약물치료 경과 등에 비추어 약물치료명령을 받은 사람에 대한 약물치료를 계속 하여야 할 상당한 이유가 있거나 다음의 사유가 있으면 법원은 보호관찰소의 장의 신청에 따른 검사의 청구로 약물치료기간(종전의 약물치료기간을 합산하여 15년을 초과할 수 없음)을 결정으로 연장할 수 있습니다(성폭력범죄자의 성충동 약물치료에 관한 법률 제16조제1항).

- 정당한 사유 없이 「보호관찰 등에 관한 법률」 제32조제2항(제4호

는 제외함) 또는 제32조제3항에 따른 준수사항을 위반한 경우
- 정당한 사유 없이 형의 집행이 종료되거나 면제·가석방 또는 치료감호의 집행이 종료·가종료 또는 치료위탁되는 날부터 10일 이내에 주거지를 관할하는 보호관찰소에 출석하여 서면으로 신고하지 않은 경우
- 정당한 사유 없이 미리 보호관찰관의 허가를 받지 않고 주거 이전 또는 7일 이상의 국내여행 또는 출국을 하거나 거짓으로 허가를 받은 경우

14-3. 성폭력 수형자에 대한 약물치료

14-3-1. 약물치료명령 청구

검사는 사람에 대하여 성폭력범죄를 저질러 징역형 이상의 형이 확정되었으나 약물치료명령이 선고되지 않은 수형자(이하 "성폭력 수형자"라 함) 중 성도착증 환자로서 성폭력범죄를 다시 범할 위험성이 있다고 인정되고 약물치료를 받는 것을 동의하는 사람에 대하여 그의 주거지 또는 현재지를 관할하는 지방법원(지원을 포함함)에 약물치료명령을 청구할 수 있습니다(성폭력범죄자의 성충동 약물치료에 관한 법률 제22조제1항).

14-3-2. 약물치료명령 판결

약물치료명령을 선고받은 사람은 약물치료기간 동안 보호관찰을 받습니다(성폭력범죄자의 성충동 약물치료에 관한 법률 제29조제2항 및 제8조제2항).

14-3-3. 약물치료명령 집행

① 약물치료명령은 「의료법」에 따른 의사의 진단과 처방에 의한 약물투여, 「정신보건법」에 따른 정신보건전문요원 등 전문가에 의한 인지행동 치료 등 심리치료 프로그램의 실시 등의 방법으로 집행합니다(성폭력범죄자의 성충동 약물치료에 관한 법률 제29조제1항 및 제14

조제1항).

② 약물치료명령을 받은 사람이 형의 집행이 종료되거나 면제·가석방 또는 치료감호의 집행이 종료·가종료 또는 치료위탁으로 석방되는 경우 보호관찰관은 석방되기 전 2개월 이내에 약물치료명령을 받은 사람에게 약물치료명령을 집행해야 합니다(동법 제29조제2항 및 제14조제3항).

③ 다음의 경우 약물치료명령의 집행을 정지하며, 잔여기간에 대해 다음에 따라 집행합니다(동법 제29조 및 제14조제4항, 제5항).

정지사유	잔여기간 집행시기
약물치료명령의 집행 중 구속영장의 집행을 받아 구금된 때	구금이 해제되거나 금고 이상의 형의 집행을 받지 않게 확정된 때부터 그 잔여기간을 집행함
약물치료명령의 집행 중 금고 이상의 형의 집행을 받게 된 때	그 형의 집행이 종료되거나 면제된 후 또는 가석방된 때부터 그 잔여기간을 집행함.
가석방 또는 가종료·가출소된 사람에 대하여 약물치료기간 동안 가석방 또는 가종료·가출소가 취소되거나 실효된 때	그 형이나 치료감호의 집행이 종료되거나 면제된 후 그 잔여기간을 집행함.

④ 다음의 경우에 약물치료명령의 집행이 종료됩니다(동법 제29조 및 제20조).

- 약물치료기간이 지난 때
- 약물치료명령이 가해제된 사람이 그 가해제가 취소됨이 없이 잔여 약물치료기간을 지난 때

14-3-4. 약물치료기간 연장

약물치료 경과 등에 비추어 약물치료명령을 받은 사람에 대한 약물치료를 계속 하여야 할 상당한 이유가 있거나 다음의 사유가 있으면 법원은

보호관찰소의 장의 신청에 따른 검사의 청구로 약물치료기간(종전의 약
물치료기간을 합산하여 15년을 초과할 수 없음)을 결정으로 연장할 수
있습니다(성폭력범죄자의 성충동 약물치료에 관한 법률 제29조제2항 및
제16조제1항).

- 정당한 사유 없이 「보호관찰 등에 관한 법률」 제32조제2항(제4호는
  제외함) 또는 제32조제3항에 따른 준수사항을 위반한 경우
- 정당한 사유 없이 형의 집행이 종료되거나 면제·가석방 또는 치료감호
  의 집행이 종료·가종료 또는 치료위탁되는 날부터 10일 이내에 주거지
  를 관할하는 보호관찰소에 출석하여 서면으로 신고하지 않은 경우
- 정당한 사유 없이 미리 보호관찰관의 허가를 받지 않고 주거 이전
  또는 7일 이상의 국내여행 또는 출국을 하거나 거짓으로 허가를 받
  은 경우

14-4. 가종료자 등에 대한 약물치료

14-4-1. 약물치료명령

치료감호심의위원회는 성폭력범죄자 중 성도착증 환자로서 치료감호의
집행 중 가종료 또는 치료위탁되는 피치료감호자나 보호감호의 집행 중
가출소되는 피보호감호자(이하 "가종료자 등"이라 함)에 대하여 보호관
찰 기간의 범위에서 치료명령을 부과할 수 있습니다(성폭력범죄자의 성충
동 약물치료에 관한 법률 제25조제1항).

14-4-2. 약물치료명령 집행

① 약물치료명령은 「의료법」에 따른 의사의 진단과 처방에 의한 약물
   투여, 「정신보건법」에 따른 정신보건전문요원 등 전문가에 의한 인지
   행동 치료 등 심리치료 프로그램의 실시 등의 방법으로 집행합니다
   (성폭력범죄자의 성충동 약물치료에 관한 법률 제29조제1항 및 제14
   조제1항).

② 보호관찰관은 가종료자 등이 가종료·치료위탁 또는 가출소 되기 전 2개월 이내에 치료명령을 집행해야 합니다. 다만, 치료감호와 형이 병과된 가종료자의 경우 집행할 잔여 형기가 있는 때에는 그 형의 집행이 종료되거나 면제되어 석방되기 전 2개월 이내에 치료명령을 집행해야 합니다(동법 제27조).

③ 다음의 경우 약물치료명령의 집행을 정지하며, 잔여기간에 대해 다음에 따라 집행합니다(동법 제29조제1항 및 제14조제4항, 제5항).

정지사유	잔여기간 집행시기
약물치료명령의 집행 중 구속영장의 집행을 받아 구금된 때	구금이 해제되거나 금고 이상의 형의 집행을 받지 않게 확정된 때부터 그 잔여기간을 집행함
약물치료명령의 집행 중 금고 이상의 형의 집행을 받게 된 때	그 형의 집행이 종료되거나 면제된 후 또는 가석방된 때부터 그 잔여기간을 집행함.

④ 다음의 경우에 약물치료명령의 집행이 종료됩니다(동법 제28조 및 제29조제1항).

- 약물치료기간이 지난 때
- 가출소·가종료·치료위탁으로 인한 보호관찰 기간이 경과하거나 보호관찰이 종료된 때
- 약물치료명령이 가해제된 사람이 그 가해제가 취소됨이 없이 잔여 약물치료기간을 지난 때

■ 어떤 사람이 성충동 약물치료 명령을 받게 되나요?

Q. 최근에 법원이 성폭력 범죄자에게 성충동 약물치료 명령을 내렸다는 기사를 보았는데 어떤 사람이 성충동 약물치료 명령을 받게 되나요?

A. 성폭력범죄를 저지른 성도착증 환자로서 성폭력범죄를 다시 범할 위험

성이 있다고 인정되는 사람에 대하여 형벌 외에 성충동 약물치료를 실시할 수 있습니다.

◇ 성도착증 환자

"성도착증 환자"란 「치료감호 등에 관한 법률」 제2조제1항제3호에 해당하는 사람 및 정신건강의학과 전문의의 감정에 의해 성적 이상 습벽으로 인하여 자신의 행위를 스스로 통제할 수 없다고 판명된 사람을 말합니다.

◇ 성충동 약물치료명령의 청구

① 검사는 사람에 대하여 성폭력범죄를 저지른 성도착증 환자로서 성폭력범죄를 다시 범할 위험성이 있다고 인정되는 19세 이상의 사람에 대하여 약물치료명령을 법원에 청구할 수 있습니다.

② 검사는 치료명령 대상자에 치료감호시설이나 법무부장관이 지정하는 정신의료기관의 정신건강의학과 전문의의 진단이나 감정을 받은 후 치료명령을 청구해야 합니다.

◇ 성충동 약물치료명령의 판결

법원은 치료명령 청구가 이유 있다고 인정하는 때에는 15년의 범위에서 치료기간을 정하여 판결로 치료명령을 선고해야 합니다.

부록 : 관련법령

- 성폭력방지 및 피해자보호 등에 관한 법률
- 성폭력방지 및 피해자보호 등에 관한 법률 시행령
- 성폭력범죄의 처벌 등에 관한 특례법
- 성폭력범죄의 처벌 등에 관한 특례법 시행령

성폭력방지 및 피해자보호 등에 관한 법률

[시행 2017.6.22.] [법률 제14704호, 2017.3.21., 일부개정]

제1장 총칙

제1조(목적) 이 법은 성폭력을 예방하고 성폭력피해자를 보호·지원함으로써 인권증진에 이바지함을 목적으로 한다. <개정 2015.2.3.>

제2조(정의) 이 법에서 사용하는 용어의 뜻은 다음과 같다.

  1. "성폭력"이란 「성폭력범죄의 처벌 등에 관한 특례법」 제2조제1항에 규정된 죄에 해당하는 행위를 말한다.

  2. "성폭력행위자"란 「성폭력범죄의 처벌 등에 관한 특례법」 제2조제1항에 해당하는 죄를 범한 사람을 말한다.

  3. "성폭력피해자"란 성폭력으로 인하여 직접적으로 피해를 입은 사람을 말한다.

제3조(국가 등의 책무) ① 국가와 지방자치단체는 성폭력을 방지하고 성폭력피해자(이하 "피해자"라 한다)를 보호·지원하기 위하여 다음 각 호의 조치를 하여야 한다.

  1. 성폭력 신고체계의 구축·운영

  2. 성폭력 예방을 위한 조사·연구, 교육 및 홍보

  3. 피해자를 보호·지원하기 위한 시설의 설치·운영

  4. 피해자에 대한 주거지원, 직업훈련 및 법률구조등 사회복귀 지원

  5. 피해자에 대한 보호·지원을 원활히 하기 위한 관련 기관 간 협력체계의 구축·운영

  6. 성폭력 예방을 위한 유해환경 개선

  7. 피해자 보호·지원을 위한 관계 법령의 정비와 각종 정책의 수립·시행 및 평가

② 국가와 지방자치단체는 제1항에 따른 책무를 다하기 위하여 이에 따른 예산상의 조치를 하여야 한다.

제4조(성폭력 실태조사) ① 여성가족부장관은 성폭력의 실태를 파악하고 성폭력 방지에 관한 정책을 수립하기 위하여 3년마다 성폭력 실태조사를

하고 그 결과를 발표하여야 한다.

② 제1항에 따른 성폭력 실태조사의 내용과 방법 등에 필요한 사항은 여성가족부령으로 정한다.

제5조(성폭력 예방교육 등) ① 국가기관 및 지방자치단체의 장, 「유아교육법」 제7조에 따른 유치원의 장, 「영유아보육법」 제10조에 따른 어린이집의 원장, 「초·중등교육법」 제2조에 따른 각급 학교의 장, 그 밖에 대통령령으로 정하는 공공단체의 장은 대통령령으로 정하는 바에 따라 성교육 및 성폭력 예방교육 실시, 기관 내 피해자 보호와 피해 예방을 위한 자체 예방지침 마련, 사건발생 시 재발방지대책 수립·시행 등 필요한 조치를 하고, 그 결과를 여성가족부장관에게 제출하여야 한다. <개정 2012.12.18., 2016.5.29.>

② 제1항에 따른 교육을 실시하는 경우 「성매매방지 및 피해자보호 등에 관한 법률」 제4조에 따른 성매매 예방교육, 「양성평등기본법」 제31조에 따른 성희롱 예방교육 및 「가정폭력방지 및 피해자보호 등에 관한 법률」 제4조의3에 따른 가정폭력 예방교육 등을 성평등 관점에서 통합하여 실시할 수 있다. <신설 2014.1.21., 2014.5.28.>

③ 「양성평등기본법」 제3조제3호에 따른 사용자는 성교육 및 성폭력 예방교육을 실시하는 등 직장 내 성폭력 예방을 위한 노력을 하여야 한다. <신설 2015.2.3.>

④ 제1항에 따른 교육 대상에 포함되지 아니하는 국민은 제5조의2에 따른 성폭력 예방교육 지원기관에서 성교육 및 성폭력 예방교육을 받을 수 있다. <개정 2012.12.18., 2014.1.21., 2015.2.3.>

⑤ 여성가족부장관은 제1항과 제2항에 따른 교육을 효과적으로 실시하기 위하여 전문강사를 양성하고, 관계 중앙행정기관의 장과 협의하여 생애주기별 교육프로그램 및 장애인 등 대상별 특성을 고려한 교육프로그램을 개발·보급하여야 한다.

⑥ 여성가족부장관은 제1항에 따른 교육 및 성폭력 예방조치에 대한 점검을 대통령령으로 정하는 바에 따라 매년 실시하여야 한다. <신설 2014.1.21., 2015.2.3., 2016.5.29.>

⑦ 여성가족부장관은 제6항에 따른 점검결과 교육이 부실하다고 인정되는 기관·단체에 대하여 대통령령으로 정하는 바에 따라 관리자 특별교육 등 필요한 조치를 취하여야 한다.

⑧ 여성가족부장관은 제6항에 따른 점검결과를 다음 각 호의 평가에 반영하도록 해당 기관·단체의 장에게 요구할 수 있다.
1. 「정부업무평가 기본법」 제14조제1항 및 제18조제1항에 따른 중앙행정기관 및 지방자치단체의 자체평가
2. 「공공기관의 운영에 관한 법률」 제48조제1항에 따른 공기업·준정부기관의 경영실적평가
3. 「지방공기업법」 제78조제1항에 따른 지방공기업의 경영평가
4. 「초·중등교육법」 제9조제2항에 따른 학교 평가
⑨ 여성가족부장관은 제6항에 따른 점검결과를 대통령령으로 정하는 바에 따라 언론 등에 공표하여야 한다. 다만, 다른 법률에서 공표를 제한하고 있는 경우에는 그러하지 아니하다.
⑩ 관계 중앙행정기관의 장 및 특별시장·광역시장·특별자치시장·도지사·특별자치도지사는 대통령령으로 정하는 바에 따라 매년 성폭력 예방에 필요한 계획을 수립·시행하여야 한다.
⑪ 제1항에 따른 교육의 내용과 방법, 결과 제출 절차 등에 필요한 사항은 대통령령으로 정한다.
제5조의2(성폭력 예방교육 지원기관의 설치·운영 등) ① 여성가족부장관은 성교육 및 성폭력 예방교육의 실시, 생애주기별 교육프로그램 개발·보급, 장애인 등 대상별 특성을 고려한 교육프로그램 개발·보급, 전문강사 양성 등의 업무를 수행하고 지원하기 위한 기관(이하 "지원기관"이라 한다)을 설치·운영할 수 있다.
② 여성가족부장관은 지원기관의 운영을 대통령령으로 정하는 기관이나 단체에 위탁할 수 있다.
③ 지원기관의 업무 및 운영 등에 필요한 사항은 여성가족부령으로 정한다. [본조신설 2012.12.18.]
제5조의3(성폭력 예방 홍보영상의 제작·배포·송출) ① 여성가족부장관은 성폭력의 예방과 방지, 피해자의 치료와 재활 등에 관한 홍보영상을 제작하여 「방송법」 제2조제23호의 방송편성책임자에게 배포하여야 한다.
② 여성가족부장관은 「방송법」 제2조제3호가목의 지상파방송사업자(이하 "방송사업자"라 한다)에게 같은 법 제73조제4항에 따라 대통령령으로 정하는 비상업적 공익광고 편성비율의 범위에서 제1항의 홍보영상을 채

널별로 송출하도록 요청할 수 있다.

③ 방송사업자는 제1항의 홍보영상 외에 독자적으로 홍보영상을 제작하여 송출할 수 있다. 이 경우 여성가족부장관에게 필요한 협조 및 지원을 요청할 수 있다. [본조신설 2012.12.18.]

제6조(성폭력 추방 주간) 성폭력에 대한 사회적 경각심을 높이고 성폭력을 예방하기 위하여 대통령령으로 정하는 바에 따라 1년 중 1주간을 성폭력 추방 주간으로 한다.

제7조(피해자등에 대한 취학 및 취업 지원) ① 국가와 지방자치단체는 피해자나 피해자의 가족구성원(이하 "피해자등"이라 한다)이 「초·중등교육법」 제2조에 따른 각급학교의 학생인 경우 주소지 외의 지역에서 취학(입학, 재입학, 전학 및 편입학을 포함한다. 이하 이 조에서 같다)할 필요가 있을 때에는 그 취학이 원활히 이루어지도록 지원하여야 한다. 이 경우 취학을 지원하는 관계자는 피해자등의 사생활이 침해되지 아니하도록 유의하여야 한다.

② 출석일수 산입 등 제1항에 따른 취학 지원에 필요한 사항은 대통령령으로 정한다.

③ 국가와 지방자치단체는 피해자를 보호하는 자에 대한 직업훈련 및 취업을 알선할 수 있다. <신설 2011.3.30.>

④ 취업 지원 대상의 범위 등 제3항에 따른 취업 지원에 필요한 사항은 여성가족부령으로 정한다. <신설 2011.3.30.>

[제목개정 2011.3.30.]

제7조의2(피해자에 대한 법률상담등) ① 국가는 피해자에 대하여 법률상담과 소송대리(訴訟代理) 등의 지원(이하 "법률상담등"이라 한다)을 할 수 있다.

② 여성가족부장관은 「법률구조법」 제8조에 따른 대한법률구조공단 또는 대통령령으로 정하는 그 밖의 기관에 제1항에 따른 법률상담등을 요청할 수 있다.

③ 제1항에 따른 법률상담등에 드는 비용은 대통령령으로 정하는 바에 따라 국가가 부담할 수 있다.

④ 제1항에 따른 법률상담등의 요건과 내용 및 절차 등은 대통령령으로 정한다. [본조신설 2012.2.1.]

제8조(피해자에 대한 불이익처분의 금지) 누구든지 피해자를 고용하고 있는 자는 성폭력과 관련하여 피해자를 해고하거나 그 밖의 불이익을 주어서는 아니 된다.

제9조(신고의무) 19세 미만의 미성년자(19세에 도달하는 해의 1월 1일을 맞이한 미성년자는 제외한다)를 보호하거나 교육 또는 치료하는 시설의 장 및 관련 종사자는 자기의 보호·지원을 받는 자가 「성폭력범죄의 처벌 등에 관한 특례법」 제3조부터 제9조까지, 「형법」 제301조 및 제301조의 2의 피해자인 사실을 알게 된 때에는 즉시 수사기관에 신고하여야 한다.

제2장 피해자 보호·지원 시설 등의 설치·운영

제10조(상담소의 설치·운영) ① 국가 또는 지방자치단체는 성폭력피해상담소(이하 "상담소"라 한다)를 설치·운영할 수 있다.

② 국가 또는 지방자치단체 외의 자가 상담소를 설치·운영하려면 특별자치시장·특별자치도지사 또는 시장·군수·구청장(자치구의 구청장을 말한다. 이하 같다)에게 신고하여야 한다.

③ 상담소의 설치·운영 기준, 상담소에 두는 상담원 등 종사자의 수 및 신고 등에 필요한 사항은 여성가족부령으로 정한다.

제11조(상담소의 업무) 상담소는 다음 각 호의 업무를 한다. <개정 2011.3.30.>

1. 성폭력피해의 신고접수와 이에 관한 상담
2. 성폭력피해로 인하여 정상적인 가정생활 또는 사회생활이 곤란하거나 그 밖의 사정으로 긴급히 보호할 필요가 있는 사람과 제12조에 따른 성폭력피해자보호시설 등의 연계
3. 피해자등의 질병치료와 건강관리를 위하여 의료기관에 인도하는 등 의료 지원
4. 피해자에 대한 수사기관의 조사와 법원의 증인신문(證人訊問) 등에의 동행
5. 성폭력행위자에 대한 고소와 피해배상청구 등 사법처리 절차에 관하여 「법률구조법」 제8조에 따른 대한법률구조공단 등 관계 기관에 필요한 협조 및 지원 요청

6. 성폭력 예방을 위한 홍보 및 교육

7. 그 밖에 성폭력 및 성폭력피해에 관한 조사·연구

제12조(보호시설의 설치·운영 및 종류) ① 국가 또는 지방자치단체는 성폭력피해자보호시설(이하 "보호시설"이라 한다)을 설치·운영할 수 있다. <개정 2012.12.18.>

② 「사회복지사업법」에 따른 사회복지법인이나 그 밖의 비영리법인은 특별자치시장·특별자치도지사 또는 시장·군수·구청장의 인가를 받아 보호시설을 설치·운영할 수 있다. <개정 2012.12.18.>

③ 제1항 및 제2항에 따른 보호시설의 종류는 다음 각 호와 같다. <신설 2012.12.18., 2015.2.3.>

 1. 일반보호시설: 피해자에게 제13조제1항 각 호의 사항을 제공하는 시설

 2. 장애인보호시설: 「장애인차별금지 및 권리구제 등에 관한 법률」 제2조제2항에 따른 장애인인 피해자에게 제13조제1항 각 호의 사항을 제공하는 시설

 3. 특별지원 보호시설: 「성폭력범죄의 처벌 등에 관한 특례법」 제5조에 따른 피해자로서 19세 미만의 피해자에게 제13조제1항 각 호의 사항을 제공하는 시설

 4. 외국인보호시설: 외국인 피해자에게 제13조제1항 각 호의 사항을 제공하는 시설. 다만, 「가정폭력방지 및 피해자보호 등에 관한 법률」 제7조의2제1항제3호에 따른 외국인보호시설과 통합하여 운영할 수 있다.

 5. 자립지원 공동생활시설: 제1호부터 제4호까지의 보호시설을 퇴소한 사람에게 제13조제1항제3호 및 그 밖에 필요한 사항을 제공하는 시설

 6. 장애인 자립지원 공동생활시설: 제2호의 보호시설을 퇴소한 사람에게 제13조제1항제3호 및 그 밖에 필요한 사항을 제공하는 시설

④ 국가 또는 지방자치단체는 보호시설의 설치·운영을 대통령령으로 정하는 기관 또는 단체에 위탁할 수 있다. <신설 2015.12.1.>

⑤ 보호시설의 설치·운영 기준, 보호시설에 두는 상담원 등 종사자의 수 및 인가 절차 등과 제4항에 따른 위탁에 필요한 사항은 여성가족부령으로 정한다. <개정 2012.12.18., 2015.12.1.>

제13조(보호시설의 업무 등) ① 보호시설은 다음 각 호의 업무를 한다. <개정 2011.3.30.>

　　1. 피해자등의 보호 및 숙식 제공

　　2. 피해자등의 심리적 안정과 사회 적응을 위한 상담 및 치료

　　3. 자립·자활 교육의 실시와 취업정보의 제공

　　4. 제11조제3호·제4호 및 제5호의 업무

　　5. 다른 법률에 따라 보호시설에 위탁된 업무

　　6. 그 밖에 피해자등을 보호하기 위하여 필요한 업무

② 제12조제3항제2호에 따른 장애인보호시설 및 같은 항 제6호에 따른 장애인 자립지원 공동생활시설을 설치·운영하는 자가 제1항 각 호의 업무를 할 때에는 장애인의 특성을 고려하여 적절하게 보호·지원될 수 있도록 하여야 한다. <개정 2012.12.18., 2015.2.3.>

제14조(보호시설에 대한 보호비용 지원) ① 국가 또는 지방자치단체는 보호시설에 입소한 피해자등의 보호를 위하여 필요한 경우 다음 각 호의 보호비용을 보호시설의 장 또는 피해자에게 지원할 수 있다. 다만, 보호시설에 입소한 피해자등이 「국민기초생활 보장법」 등 다른 법령에 따라 보호를 받고 있는 경우에는 그 범위에서 이 법에 따른 지원을 하지 아니한다.

　　1. 생계비

　　2. 아동교육지원비

　　3. 아동양육비

　　4. 그 밖에 대통령령으로 정하는 비용

② 제1항에 따른 보호비용의 지원 방법 및 절차 등에 필요한 사항은 여성가족부령으로 정한다.

제15조(보호시설의 입소) ① 피해자등이 다음 각 호의 어느 하나에 해당하는 경우에는 보호시설에 입소할 수 있다.

　　1. 본인이 입소를 희망하거나 입소에 동의하는 경우

　　2. 미성년자 또는 지적장애인 등 의사능력이 불완전한 사람으로서 성폭력행위자가 아닌 보호자가 입소에 동의하는 경우

② 제12조제2항에 따라 인가받은 보호시설의 장은 제1항에 따라 보호시설에 입소한 사람의 인적사항 및 입소사유 등을 특별자치시장·특별자치도지사 또는 시장·군수·구청장에게 지체 없이 보고하여야 한다. <개정 2012.12.18.>

③ 보호시설의 장은 친족에 의한 피해자나 지적장애인 등 의사능력이 불

완전한 피해자로서 상담원의 상담 결과 입소가 필요하나 보호자의 입소 동의를 받는 것이 적절하지 못하다고 인정하는 경우에는 제1항에도 불구하고 보호시설에 입소하게 할 수 있다. 이 경우 제12조제2항에 따라 인가받은 보호시설의 장은 지체 없이 관할 특별자치시장·특별자치도지사 또는 시장·군수·구청장의 승인을 받아야 한다. <개정 2012.12.18.>

④ 제3항에 따른 입소 및 승인에 있어서 보호시설의 장과 특별자치시장·특별자치도지사 또는 시장·군수·구청장은 피해자의 권익 보호를 최우선적으로 고려하여야 한다. <개정 2012.12.18.>

제16조(보호시설의 입소기간) ① 제12조제3항에 따른 보호시설의 종류별 입소기간은 다음 각 호와 같다. <개정 2014.1.21., 2015.2.3.>

1. 일반보호시설: 1년 이내. 다만, 여성가족부령으로 정하는 바에 따라 1년 6개월의 범위에서 한 차례 연장할 수 있다.

2. 장애인보호시설: 2년 이내. 다만, 여성가족부령으로 정하는 바에 따라 피해회복에 소요되는 기간까지 연장할 수 있다.

3. 특별지원 보호시설: 19세가 될 때까지. 다만, 여성가족부령으로 정하는 바에 따라 2년의 범위에서 한 차례 연장할 수 있다.

4. 외국인보호시설: 1년 이내. 다만, 여성가족부령으로 정하는 바에 따라 피해회복에 소요되는 기간까지 연장할 수 있다.

5. 자립지원 공동생활시설: 2년 이내. 다만, 여성가족부령으로 정하는 바에 따라 2년의 범위에서 한 차례 연장할 수 있다.

6. 장애인 자립지원 공동생활시설: 2년 이내. 다만, 여성가족부령으로 정하는 바에 따라 2년의 범위에서 한 차례 연장할 수 있다.

② 제1항제1호에도 불구하고 일반보호시설에 입소한 피해자가 대통령령으로 정하는 특별한 사유에 해당하는 경우에는 입소기간을 초과하여 연장할 수 있다.

③ 제2항에 따른 입소기간의 연장에 관한 사항은 여성가족부령으로 정한다.

[전문개정 2012.12.18.]

제17조(보호시설의 퇴소) ① 제15조제1항에 따라 보호시설에 입소한 사람은 본인의 의사 또는 같은 항 제2호에 따라 입소 동의를 한 보호자의 요청에 따라 보호시설에서 퇴소할 수 있다.

② 보호시설의 장은 입소한 사람이 다음 각 호의 어느 하나에 해당하면 퇴소를 명할 수 있다.

　1. 보호 목적이 달성된 경우

　2. 제16조에 따른 보호기간이 끝난 경우

　3. 입소자가 거짓이나 그 밖의 부정한 방법으로 입소한 경우

　4. 그 밖에 보호시설 안에서 현저한 질서문란 행위를 한 경우

제18조(피해자를 위한 통합지원센터의 설치·운영) ① 국가와 지방자치단체는 성폭력 피해상담, 치료, 제7조의2제2항에 따른 기관에 법률상담등 연계, 수사지원, 그 밖에 피해구제를 위한 지원업무를 종합적으로 수행하기 위하여 성폭력피해자통합지원센터(이하 "통합지원센터"라 한다)를 설치·운영할 수 있다. <개정 2015.12.1.>

② 국가와 지방자치단체는 대통령령으로 정하는 기관 또는 단체로 하여금 통합지원센터를 설치·운영하게 할 수 있다.

③ 통합지원센터에 두는 상담원 등 종사자의 수 등에 필요한 사항은 여성가족부령으로 정한다.

제19조(상담원 등의 자격기준) ① 다음 각 호의 어느 하나에 해당하는 사람은 상담소, 보호시설 및 통합지원센터의 장, 상담원 또는 그 밖의 종사자가 될 수 없다. <개정 2014.1.21., 2017.12.12.>

　1. 미성년자, 피성년후견인 또는 피한정후견인

　2. 삭제 <2015.2.3.>

　3. 금고 이상의 형을 선고받고 그 집행이 종료(집행이 종료된 것으로 보는 경우를 포함한다)되지 아니하였거나 그 집행을 받지 아니하기로 확정되지 아니한 사람

　4. 「성폭력범죄의 처벌 등에 관한 특례법」 제2조의 죄 또는 「아동·청소년의 성보호에 관한 법률」 제2조제2호의 죄를 범하여 형 또는 치료감호를 선고받고 그 형 또는 치료감호의 전부 또는 일부의 집행이 종료되거나 집행이 유예·면제된 날부터 10년이 지나지 아니한 사람

② 상담소, 보호시설 및 통합지원센터에서 종사하려는 사람은 전문 지식이나 경력 등 대통령령으로 정하는 자격기준을 갖추어야 한다.

[시행일 : 2018.3.13.]

제19조의2(상담원 교육훈련시설) ① 국가와 지방자치단체(특별시·광역시·

특별자치시·도·특별자치도에 한정한다)는 상담원(상담원이 되려는 사람
을 포함한다)의 자질을 향상시키기 위하여 상담원에 대한 전문적인 교육
·훈련을 담당하는 시설(이하 "교육훈련시설"이라 한다)을 설치·운영할
수 있다.

② 여성가족부장관 또는 특별시장·광역시장·특별자치시장·도지사·특
별자치도지사(이하 "시·도지사"라 한다)는 상담원에 대한 전문적인 교
육·훈련을 대통령령으로 정하는 기관 또는 단체에 위탁하거나 이를 교
육훈련시설로 지정할 수 있다.

③ 다음 각 호의 자로서 교육훈련시설을 설치하려는 자는 특별자치시장·
특별자치도지사 또는 시장·군수·구청장에게 신고하여야 한다. <개정
2015.2.3.>

　1. 「고등교육법」에 따른 학교를 설립·운영하는 학교법인

　2. 법률구조법인

　3. 사회복지법인

　4. 그 밖의 비영리법인이나 단체

④ 교육훈련시설의 설치 및 지정 기준, 교육훈련시설에 두는 강사의 자격
과 수, 상담원 교육훈련과정의 운영기준 및 신고절차 등에 필요한 사항
은 여성가족부령으로 정한다.

[본조신설 2012.12.18.]

제20조(보수교육의 실시) ① 여성가족부장관 또는 시·도지사는 상담소, 보
호시설 및 통합지원센터 종사자의 자질을 향상시키기 위하여 보수(補修)
교육을 실시하여야 한다. <개정 2012.12.18.>

② 여성가족부장관 또는 시·도지사는 제1항에 따른 교육에 관한 업무를
「고등교육법」 제2조제1호 및 제4호에 따른 대학 및 전문대학 또는 대통
령령으로 정하는 전문기관에 위탁할 수 있다.

③ 제1항에 따른 보수교육의 내용·기간 및 방법 등에 필요한 사항은 여
성가족부령으로 정한다.

제21조(폐지·휴지 등의 신고) ①제10조제2항, 제12조제2항 또는 제19조의
2제3항에 따라 설치한 상담소, 보호시설 또는 교육훈련시설을 폐지하거
나 휴지(休止) 또는 재개(再開)하려는 경우에는 여성가족부령으로 정하
는 바에 따라 미리 특별자치시장·특별자치도지사 또는 시장·군수·구

청장에게 신고하여야 한다. <개정 2012.12.18., 2016.3.2.>

② 상담소의 장, 보호시설의 장 또는 교육훈련시설의 장은 해당 시설을 폐지 또는 휴지하는 경우에는 여성가족부령으로 정하는 바에 따라 해당 시설을 이용하는 사람이 다른 시설로 옮길 수 있도록 하는 등 시설 이용자의 권익을 보호하기 위한 조치를 하여야 한다. <신설 2016.3.2.>

③ 특별자치시장·특별자치도지사 또는 시장·군수·구청장은 제1항에 따른 상담소, 보호시설 또는 교육훈련시설의 폐지 또는 휴지의 신고를 받은 경우 해당 시설의 장이 제2항에 따른 시설 이용자의 권익을 보호하기 위한 조치를 하였는지 여부를 확인하는 등 여성가족부령으로 정하는 조치를 하여야 한다. <신설 2016.3.2.>

제22조(시정 명령) 특별자치시장·특별자치도지사 또는 시장·군수·구청장은 상담소, 보호시설 또는 교육훈련시설이 다음 각 호의 어느 하나에 해당하는 경우에는 기간을 정하여 시정을 명할 수 있다. <개정 2012.12.18., 2015.2.3., 2015.12.1., 2016.3.2.>

1. 제10조제3항 또는 제12조제5항에 따른 설치·운영 기준 및 종사자의 수에 미달하게 된 경우

2. 상담소 또는 보호시설의 상담원 등이 제19조에 따른 자격기준에 미달하게 된 경우

3. 제19조의2제4항에 따른 설치·지정 기준 또는 운영기준에 미달하게 되거나 강사의 수가 부족한 경우 또는 자격이 없는 사람을 채용한 경우

4. 제21조제1항에 따라 신고한 휴지기간을 초과하여 운영을 재개하지 아니한 경우

제23조(인가의 취소 등) ① 특별자치시장·특별자치도지사 또는 시장·군수·구청장은 상담소, 보호시설 또는 교육훈련시설이 다음 각 호의 어느 하나에 해당하는 경우에는 그 업무의 폐지 또는 정지를 명하거나 인가를 취소할 수 있다. <개정 2012.12.18.>

1. 제22조에 따른 시정 명령을 위반한 경우

2. 제29조를 위반하여 영리를 목적으로 상담소, 보호시설 또는 교육훈련시설을 설치·운영한 경우

3. 정당한 사유 없이 제32조제1항에 따른 보고를 하지 아니하거나 거

짓으로 보고한 경우 또는 조사·검사를 거부하거나 기피한 경우

② 특별자치시장·특별자치도지사 또는 시장·군수·구청장은 상담소, 보호시설 또는 교육훈련시설이 제1항에 따라 업무가 폐지 또는 정지되거나 인가가 취소되는 경우에는 해당 시설을 이용하는 사람이 다른 시설로 옮길 수 있도록 하는 등 여성가족부령으로 정하는 바에 따라 시설 이용자의 권익을 보호하기 위하여 필요한 조치를 하여야 한다. <신설 2016.3.2.>

③ 제1항에 따른 업무의 폐지·정지 또는 인가의 취소에 관한 세부 기준은 여성가족부령으로 정한다. <개정 2016.3.2.>

제24조(피해자등의 의사 존중) 상담소, 보호시설 및 통합지원센터의 장과 종사자는 피해자등이 분명히 밝힌 의사에 반하여 제11조 및 제13조제1항에 따른 업무 등을 할 수 없다.

제25조(상담소·보호시설 및 통합지원센터의 평가) ① 여성가족부장관은 상담소·보호시설 및 통합지원센터의 운영실적을 3년마다 평가하고, 시설의 감독 및 지원 등에 그 결과를 고려하여야 한다.

② 제1항에 따른 평가의 기준과 방법 등에 필요한 사항은 여성가족부령으로 정한다.

제26조(경비의 보조) ① 국가 또는 지방자치단체는 상담소, 보호시설 또는 통합지원센터의 설치·운영에 드는 경비를 보조할 수 있다.

② 제1항에 따라 경비를 보조할 때에는 제4조에 따른 성폭력 실태조사와 제25조에 따른 평가 및 제32조에 따른 보고 등의 결과를 고려하여야 한다.

제27조(성폭력 전담의료기관의 지정 등) ① 여성가족부장관, 특별자치시장·특별자치도지사 또는 시장·군수·구청장은 국립·공립병원, 보건소 또는 민간의료시설을 피해자등의 치료를 위한 전담의료기관으로 지정할 수 있다. <개정 2011.3.30., 2012.12.18.>

② 제1항에 따라 지정된 전담의료기관은 피해자 본인·가족·친지나 긴급전화센터, 상담소, 보호시설 또는 통합지원센터의 장 등이 요청하면 피해자등에 대하여 다음 각 호의 의료 지원을 하여야 한다. <개정 2011.3.30.>

1. 보건 상담 및 지도
2. 치료
3. 그 밖에 대통령령으로 정하는 신체적·정신적 치료

③ 여성가족부장관, 특별자치시장·특별자치도지사 또는 시장·군수·구

청장은 제1항에 따라 지정한 전담의료기관이 다음 각 호의 어느 하나에
해당하는 경우에는 그 지정을 취소할 수 있다. 다만, 제1호에 해당하는
경우에는 그 지정을 취소하여야 한다. <신설 2015.2.3.>
　1. 거짓이나 그 밖의 부정한 방법으로 지정을 받은 경우
　2. 정당한 사유 없이 제2항에 따른 의료 지원을 거부한 경우
　3. 그 밖에 전담의료기관으로서 적합하지 아니하다고 대통령령으로 정
　　하는 경우
④ 여성가족부장관, 특별자치시장·특별자치도지사 또는 시장·군수·구
청장은 제3항에 따라 지정을 취소하는 경우에는 청문을 하여야 한다.
<신설 2015.2.3.>
⑤ 제1항 및 제3항에 따른 지정 및 지정 취소의 기준, 절차, 운영 등에
필요한 사항은 여성가족부령으로 정한다. <신설 2015.2.3.>

제28조(의료비 지원) ① 국가 또는 지방자치단체는 제27조제2항에 따른 치
료 등 의료 지원에 필요한 경비의 전부 또는 일부를 지원할 수 있다.
② 제1항에 따른 의료비용의 지원범위 및 절차 등에 필요한 사항은 여성
가족부령으로 정한다.

제29조(영리목적 운영의 금지) 누구든지 영리를 목적으로 상담소, 보호시설
또는 교육훈련시설을 설치·운영하여서는 아니 된다. 다만, 교육훈련시설
의 장은 상담원 교육훈련과정을 수강하는 사람에게 여성가족부장관이 정
하는 바에 따라 수강료를 받을 수 있다. <개정 2012.12.18.>

제30조(비밀 엄수의 의무) 상담소, 보호시설 또는 통합지원센터의 장이나 그
밖의 종사자 또는 그 직에 있었던 사람은 그 직무상 알게 된 비밀을 누
설하여서는 아니 된다.

제3장 보칙

제31조(경찰관서의 협조) 상담소, 보호시설 또는 통합지원센터의 장은 피해
자등을 긴급히 구조할 필요가 있을 때에는 경찰관서(지구대·파출소 및
출장소를 포함한다)의 장에게 그 소속 직원의 동행을 요청할 수 있으며,
요청을 받은 경찰관서의 장은 특별한 사유가 없으면 이에 따라야 한다.

<개정 2011.3.30.>

제31조의2(사법경찰관리의 현장출동 등) ① 사법경찰관리는 성폭력 신고가 접수된 때에는 지체 없이 신고된 현장에 출동하여야 한다.

② 제1항에 따라 출동한 사법경찰관리는 신고된 현장에 출입하여 관계인에 대하여 조사를 하거나 질문을 할 수 있다.

③ 제2항에 따라 출입, 조사 또는 질문을 하는 사법경찰관리는 그 권한을 표시하는 증표를 지니고 이를 관계인에게 내보여야 한다.

④ 제2항에 따라 조사 또는 질문을 하는 사법경찰관리는 피해자·신고자·목격자 등이 자유롭게 진술할 수 있도록 성폭력행위자로부터 분리된 곳에서 조사하는 등 필요한 조치를 하여야 한다.

⑤ 누구든지 정당한 사유 없이 신고된 현장에 출동한 사법경찰관리에 대하여 현장조사를 거부하는 등 업무를 방해하여서는 아니 된다.

[본조신설 2017.3.21.]

제32조(보고 및 검사 등) ① 여성가족부장관 또는 지방자치단체의 장은 상담소, 보호시설, 통합지원센터 또는 교육훈련시설의 장에게 해당 시설에 관하여 필요한 보고를 하게 할 수 있으며, 관계 공무원으로 하여금 그 시설의 운영 상황을 조사하게 하거나 장부 또는 그 밖의 서류를 검사하게 할 수 있다. <개정 2012.12.18., 2015.12.1.>

② 제1항에 따라 검사를 하는 공무원은 사전에 검사 일시, 검사 목적 등에 관한 사항을 그 시설의 장에게 통보하여야 한다.

③ 제1항에 따라 직무를 수행하는 관계 공무원은 그 권한을 표시하는 증표를 지니고 이를 관계인에게 보여주어야 한다.

제33조(유사명칭 사용 금지) 이 법에 따른 상담소, 보호시설, 통합지원센터, 교육훈련시설이 아니면 성폭력피해상담소, 성폭력피해자보호시설, 성폭력피해자통합지원센터, 성폭력 관련 상담원 교육훈련시설 또는 이와 유사한 명칭을 사용하지 못한다.

[전문개정 2012.12.18.]

제34조(청문) 특별자치시장·특별자치도지사 또는 시장·군수·구청장은 제23조에 따라 업무의 폐지를 명하거나 인가를 취소하려면 청문을 하여야 한다. <개정 2012.12.18.>

제35조(권한의 위임) 이 법에 따른 여성가족부장관의 권한은 그 일부를 대

통령령으로 정하는 바에 따라 시·도지사 또는 시장·군수·구청장에게
위임할 수 있다.

제4장 벌칙

제36조(벌칙) ① 제8조를 위반하여 피해자를 해고하거나 그 밖의 불이익
    을 준 자는 3년 이하의 징역 또는 2천만원 이하의 벌금에 처한다.
    <신설 2012.2.1.>
    ②다음 각 호의 어느 하나에 해당하는 자는 2년 이하의 징역 또는
    500만원 이하의 벌금에 처한다. <개정 2012.2.1., 2012.12.18.>
    1. 제10조제2항, 제12조제2항 또는 제19조의2제3항을 위반하여 신고를
       하지 아니하거나 인가를 받지 아니하고 상담소, 보호시설 또는 교육
       훈련시설을 설치·운영한 자
    2. 제23조에 따른 업무의 폐지 또는 정지 명령이나 인가취소를 받고도
       상담소, 보호시설 또는 교육훈련시설을 계속 운영한 자
    3. 제29조에 따른 영리목적 운영 금지의무를 위반한 자
    4. 제30조에 따른 비밀 엄수의 의무를 위반한 자
제37조(양벌규정) 법인의 대표자나 법인 또는 개인의 대리인, 사용인, 그 밖
    의 종사자가 그 법인 또는 개인의 업무에 관하여 제36조의 위반행위를
    하면 그 행위자를 벌하는 외에 그 법인 또는 개인에게도 해당 조문의
    벌금형을 과(科)한다. 다만, 법인 또는 개인이 그 위반행위를 방지하기
    위하여 해당 업무에 관하여 상당한 주의와 감독을 게을리하지 아니한
    경우에는 그러하지 아니하다.
제38조(과태료) ① 제31조의2제5항을 위반하여 정당한 사유 없이 현장조사
    를 거부하는 등 업무를 방해한 자에게는 500만원 이하의 과태료를 부과
    한다. <신설 2017.3.21.>
    ② 다음 각 호의 어느 하나에 해당하는 자에게는 300만원 이하의 과태료
    를 부과한다. <개정 2017.3.21.>
    1. 정당한 사유 없이 제32조제1항에 따른 보고를 하지 아니하거나 거
       짓으로 보고한 자 또는 조사·검사를 거부하거나 기피한 자

2. 제33조에 따른 유사명칭 사용 금지의무를 위반한 자
③ 제1항 및 제2항에 따른 과태료는 대통령령으로 정하는 바에 따라 여성가족부장관 또는 지방자치단체의 장이 부과·징수한다.

부칙
<제14704호, 2017.3.21.>

이 법은 공포 후 3개월이 경과한 날부터 시행한다.

성폭력방지 및 피해자보호 등에 관한 법률 시행령

[시행 2017.6.22.] [대통령령 제28134호, 2017.6.20., 일부개정]

제1조(목적) 이 영은 「성폭력방지 및 피해자보호 등에 관한 법률」에서 위임된 사항과 그 시행에 필요한 사항을 규정함을 목적으로 한다.

제2조(성폭력 예방교육 등의 실시) ① 「성폭력방지 및 피해자보호 등에 관한 법률」(이하 "법"이라 한다) 제5조제1항에서 "대통령령으로 정하는 공공단체"란 다음 각 호의 기관 또는 단체를 말한다. <개정 2014.11.19.>

  1. 「고등교육법」 제2조 각 호의 학교 및 그 밖에 다른 법령에 따라 설립·운영되는 학교

  2. 「공직자윤리법 시행령」 제3조의2제2항에 따라 인사혁신처장이 관보에 공직유관단체로 고시한 기관·단체(같은 조 제3항에 따라 공직유관단체에서 제외된 것으로 보는 기관·단체는 제외한다)

② 국가기관 및 지방자치단체의 장, 「유아교육법」 제7조에 따른 유치원의 장, 「영유아보육법」 제10조에 따른 어린이집의 원장, 「초·중등교육법」 제2조에 따른 각급 학교의 장 및 제1항 각 호의 기관 또는 단체의 장(이하 "국가기관 등의 장"이라 한다)은 법 제5조제1항에 따라 다음 각 호의 조치를 하여야 한다. 이 경우 「양성평등기본법 시행령」 제20조에 따른 성희롱 방지조치와 통합하여 할 수 있다. <개정 2014.7.16., 2016.11.22.>

  1. 해당 기관·단체에 소속된 사람 및 학생 등을 대상으로 매년 1회 이상, 1시간 이상의 성교육 및 성폭력 예방교육(이하 "성폭력 예방교육"이라 한다)실시. 이 경우 기관·단체에 신규임용된 사람에 대해서는 임용된 날부터 2개월 이내에 교육을 실시하여야 한다.

  2. 성폭력 예방교육 연간 추진계획 수립

  3. 자체 성폭력 피해 예방지침 마련

  4. 해당 기관·단체 내 성폭력 발생 시 재발 방지대책의 수립 및 시행

  5. 그 밖에 해당 기관·단체 내 성폭력을 예방하기 위하여 필요한 조치

③ 성폭력 예방교육은 다음 각 호의 사항에 대하여 강의, 시청각교육, 인

터넷 홈페이지를 이용한 교육 등 다양한 방법으로 실시할 수 있되, 대면
(對面)에 의한 방법으로 하는 교육이 포함되어야 한다. 이 경우 교육 대
상자가 「아동ㆍ청소년의 성보호에 관한 법률」 제2조제1호에 따른 아동
ㆍ청소년인 경우에는 성폭력 위기 상황에 대응할 능력을 향상시킬 수 있
는 교육 내용이 포함되어야 한다.

 1. 건전한 성의식 및 성문화의 창달에 관한 사항
 2. 성인지(性認知) 관점에서의 성폭력 예방에 관한 사항
 3. 성폭력 방지를 위한 관련 법령의 소개 및 홍보에 관한 사항
 4. 그 밖에 성에 대한 건전한 가치관 함양과 성폭력 예방에 필요한 사항

④ 성폭력 예방교육 및 성폭력 예방조치(제2항제2호부터 제5호까지의 규정
에 해당하는 조치를 말한다. 이하 같다)를 실시하는 국가기관 등의 장은
법 제5조제1항에 따라 매년 2월 말일까지 전년도 성폭력 예방교육 및 성
폭력 예방조치 실시결과를 여성가족부장관에게 제출하여야 한다. <개정
2016.11.22.>

⑤ 법 제5조제6항에 따라 여성가족부장관은 제4항에 따라 제출된 성폭력 예
방교육 및 성폭력 예방조치 실시결과를 전산입력, 서면 등의 방법으로 점검
하되, 필요한 경우 현장점검을 할 수 있다. <신설 2014.7.16., 2015.8.3.,
2016.11.22.>

⑥ 법 제5조제7항에 따라 여성가족부장관은 성폭력 예방교육이 부실하다
고 인정되는 기관ㆍ단체에 대하여 점검 후 6개월 이내에 관리자 특별교
육을 실시하여야 한다. <신설 2014.7.16., 2015.8.3.>

⑦ 여성가족부장관은 법 제5조제9항에 따라 성폭력 예방교육 및 성폭력 예
방조치 실시에 대한 점검결과를 인터넷 홈페이지 또는 「신문 등의 진흥에
관한 법률」 제9조제1항에 따라 그 보급지역을 전국으로 하여 등록한 일반
일간신문 등에 게재하여 공표하여야 한다. <신설 2014.7.16., 2015.8.3.,
2016.11.22.>

⑧ 국가기관 등의 장은 성폭력 예방교육을 법 제5조의2제1항에 따른 성
폭력 예방교육 지원기관 등 전문기관ㆍ단체 또는 성폭력 예방교육 관련
전문가에게 위탁하여 실시할 수 있다. <개정 2014.7.16.>

⑨ 여성가족부장관 및 관계 중앙행정기관의 장은 성폭력 예방교육 및 성
폭력 예방조치를 실시하는 국가기관 등의 장에게 필요한 교재, 자료 또

는 전문인력을 지원할 수 있다.

⑩ 법 제5조제10항에 따른 계획에는 다음 각 호의 사항이 포함되어야 한다. <신설 2016.11.22.>

　　1. 성폭력 예방교육 및 성폭력 예방조치에 관한 기본 방향

　　2. 성폭력 예방교육 및 성폭력 예방조치의 추진과제와 추진방법

　　3. 소속기관 및 산하 공공기관의 성폭력 예방교육 및 성폭력 예방조치 실적 점검과 점검 결과의 활용에 관한 사항

[전문개정 2013.6.17.]

제2조의2(성폭력 예방교육 지원기관) ① 여성가족부장관은 법 제5조의2제2항에 따라 다음 각 호의 기관 또는 단체에 같은 조 제1항에 따른 성폭력 예방교육 지원기관의 운영에 관한 업무를 위탁할 수 있다.

　　1. 국가나 지방자치단체가 설치ㆍ운영하는 여성정책 관련 기관

　　2. 다음 각 목의 기관이나 단체 중 성폭력 예방교육에 관한 사항을 지원할 수 있는 인적ㆍ물적 자원을 갖추고 있다고 여성가족부장관이 인정하는 기관이나 단체

　　가.「사회복지사업법」 제2조제3호에 따른 사회복지법인

　　나. 정관이나 규약 등에 성폭력방지 및 피해자보호를 사업 내용으로 정한 비영리법인이나 단체

② 여성가족부장관은 제1항에 따라 업무를 위탁한 경우에는 그 수탁자 및 위탁업무의 내용을 관보에 고시하여야 한다.

[전문개정 2016.5.31.]

제3조(성폭력 추방 주간) ① 법 제6조에 따라 매년 11월 25일부터 12월 1일까지를 성폭력 추방 주간으로 한다.

② 국가나 지방자치단체는 제1항에 따른 성폭력 추방 주간을 기념하기 위하여 다음 각 호의 행사를 실시한다.

　　1. 기념행사

　　2. 심포지엄의 개최

　　3. 대중매체를 통한 홍보 등

제4조(피해자등의 취학 지원) ① 법 제7조에 따라 피해자나 피해자의 가족구성원(이하 "피해자등"이라 한다)을 주소지 외의 지역에 취학(입학, 전학 및 편입학을 포함한다. 이하 이 조에서 같다)시키려면 다음 각 호의

절차에 따라야 한다. <개정 2015.8.3.>

 1. 초등학교의 경우: 보호자가 피해자등을 주소지 외의 지역에 있는 초등학교에 입학시키려는 경우 초등학교의 장은 피해자등이 성폭력으로 인하여 피해를 입은 사실이 인정되면 입학을 승낙하여야 하고, 피해자등이 초등학교에 다니고 있는 경우 초등학교의 장은 피해자등이 성폭력으로 인하여 피해를 입은 사실이 인정되면 피해자등의 보호자(가해자가 아닌 보호자를 말한다) 1명의 동의를 받아 교육장에게 그 피해자등의 전학을 추천하여야 하고 교육장은 전학할 학교를 지정하여 전학시켜야 한다.
 2. 그 밖의 각급학교의 경우: 각급학교의 장은 피해자등이 성폭력으로 인하여 피해를 입은 사실이 인정되면 피해자등이 다른 학교로 전학·편입학할 수 있도록 추천하여야 하고, 교육장 또는 교육감은 전학·편입학할 학교를 지정하여 배정하여야 한다. 이 경우 그 지정된 학교의 장은 피해자등이 교육과정을 이수하는 데에 지장이 없으면 전학·편입학을 승낙하여야 한다.

② 읍·면·동의 장, 학교의 장, 교육장 또는 교육감은 피해자등을 보호하기 위하여 제1항에 따라 조치한 사실이 취학 업무 관계자가 아닌 사람에게 공개되지 아니하도록 관리·감독하여야 한다.

③ 제1항의 절차에 따라 취학에 걸린 기간은 피해자등의 출석일수에 산입한다.

제4조의2(피해자에 대한 법률상담등) ① 법 제7조의2제1항에 따른 법률상담과 소송대리 등의 지원(이하 "법률상담등"이라 한다)을 필요로 하는 성폭력피해자 또는 그 법정대리인은 법 제7조의2제2항에 따른 기관에 법률상담등을 요청할 수 있다.

② 여성가족부장관 또는 법 제10조제1항에 따른 성폭력피해상담소(이하 "상담소"라 한다), 법 제12조제1항에 따른 성폭력피해자보호시설(이하 "보호시설"이라 한다) 및 법 제18조제1항에 따른 성폭력피해자통합지원센터(이하 "통합지원센터"라 한다)의 장은 성폭력피해 관련 사실을 인지하고 법률상담등이 필요하다고 인정할 때에는 피해자 또는 그 법정대리인의 의사에 따라 법 제7조의2제2항에 따른 기관에 법률상담등을 요청할 수 있다.

③ 국가는 사건의 진행 정도에 따른 구조의 필요성, 피해자의 경제적 능

력과 스스로의 권리구제 능력 및 방어 가능성 등을 고려하여 법률상담,
민사소송·가사소송의 대리 및 변호와 형사절차상의 법률적 조력을 지원
하되, 피해자가 다음 각 호의 어느 하나에 해당하는 경우에는 우선 지원
할 수 있다. <개정 2013.6.17.>
　　1. 피해자가 보호시설에 입소해 있는 경우
　　2. 피해자가 「아동·청소년의 성보호에 관한 법률」 제2조제1호에 따른
　　　아동·청소년인 경우
　　3. 피해자가 「국민기초생활 보장법」에 따른 수급권자인 경우
　　4. 피해자가 「장애인복지법 시행령」 별표 1에 따른 장애인인 경우
　④ 법 제7조의2제2항에서 "대통령령으로 정하는 그 밖에 기관"이란 「변
　호사법」에 따른 대한변호사협회와 그 밖에 여성가족부장관이 정하여 고
　시하는 기관을 말한다.
　⑤ 국가는 예산의 범위에서 법률상담등에 드는 비용을 부담한다.
[본조신설 2012.7.31.]

제4조의3(보호시설의 설치·운영) ① 여성가족부장관 또는 지방자치단체의
　장은 법 제12조제4항에 따라 다음 각 호의 기관 또는 단체에 보호시설
　의 설치·운영에 관한 업무를 위탁할 수 있다.
　　1. 국가나 지방자치단체가 설치·운영하는 여성정책 관련 기관
　　2. 「사회복지사업법」 제2조제3호에 따른 사회복지법인
　　3. 정관이나 규약 등에 성폭력방지 및 피해자보호를 사업 내용으로 하
　　　는 비영리법인이나 단체
　② 여성가족부장관 또는 지방자치단체의 장은 제1항에 따라 업무를 위탁
　한 경우에는 그 수탁자 및 위탁업무의 내용을 관보 또는 해당 지방자치
　단체의 공보에 고시하여야 한다.
[본조신설 2016.5.31.]

제5조(보호시설에 대한 보호비용 지원) 법 제14조제1항제4호에서 "대통령령
　으로 정하는 비용"이란 퇴소 시 자립지원금을 말한다.

제5조의2(일반보호시설 입소기간의 연장) 법 제16조제2항에서 "대통령령으로
　정하는 특별한 사유에 해당하는 경우"란 다음 각 호의 어느 하나에 해
　당하는 경우를 말한다.
　　1. 피해자가 19세 미만인 경우

2. 피해자가 「장애인차별금지 및 권리구제 등에 관한 법률」 제2조제2
   항에 따른 장애인인 경우
3. 그 밖에 여성가족부장관이 피해자의 보호 필요성, 생활환경 또는 사
   회적응능력 등을 고려하여 입소기간의 연장이 필요하다고 인정하는
   경우

[본조신설 2013.6.17.]

제6조(피해자를 위한 통합지원센터의 설치·운영) 법 제18조제2항에서 "대통
령령으로 정하는 기관 또는 단체"란 다음 각 호의 기관 또는 단체를 말
한다.

1. 국가나 지방자치단체가 설치·운영하는 여성정책 관련 기관
2. 「의료법」에 따른 종합병원
3. 「지방의료원의 설립 및 운영에 관한 법률」에 따른 지방의료원
4. 그 밖에 성폭력방지 및 피해자 보호를 주된 업무로 하는 비영리법인
   또는 단체

제7조(종사자의 자격기준) 법 제19조제2항에 따른 상담소, 보호시설 및 통
합지원센터의 종사자의 자격기준은 별표 1과 같다.

제7조의2(상담원 교육훈련시설의 위탁·지정운영) ① 여성가족부장관 또는
특별시장·광역시장·특별자치시장·도지사·특별자치도지사(이하 "시·
도지사"라 한다)는 법 제19조의2제2항에 따라 다음 각 호의 기관 또는
단체에 같은 조 제1항에 따른 상담원에 대한 전문적인 교육·훈련에 관
한 업무를 위탁하거나 이를 같은 조 제1항에 따른 교육훈련시설로 지정
할 수 있다.

1. 국가나 지방자치단체가 설치·운영하는 여성정책 관련 기관
2. 「고등교육법」 제2조 각 호의 학교
3. 「법률구조법」 제4조에 따른 법률구조법인
4. 다음 각 목의 기관이나 단체 중 상담원 교육훈련에 관한 사항을 지
   원할 수 있는 인적·물적 자원을 갖추고 있다고 여성가족부장관이
   인정하는 기관이나 단체
   가. 「사회복지사업법」 제2조제3호에 따른 사회복지법인
   나. 정관이나 규약 등에 성폭력방지 및 피해자보호를 사업 내용으로
   정한 비영리법인이나 단체

② 여성가족부장관 또는 시·도지사는 제1항에 따라 업무를 위탁한 경우에는 그 수탁자 및 위탁업무의 내용을, 지정한 경우에는 지정한 사실을 관보 또는 해당 지방자치단체의 공보에 고시하여야 한다.

[전문개정 2016.5.31.]

제8조(보수교육 업무의 위탁운영) ① 여성가족부장관 또는 시·도지사는 법 제20조제2항에 따라 「고등교육법」 제2조제1호 및 제4호에 따른 대학 및 전문대학 또는 다음 각 호의 전문기관에 법 제20조제1항에 따른 보수교육에 관한 업무를 위탁할 수 있다.

1. 국가나 지방자치단체가 설치·운영하는 여성정책 관련 기관
2. 「사회복지사업법」 제2조제3호에 따른 사회복지법인이 설치·운영하는 교육기관
3. 정관이나 규약 등에 성폭력방지 및 피해자보호를 사업 내용으로 정한 비영리법인이나 단체가 설치·운영하는 교육기관

② 여성가족부장관 또는 시·도지사는 제1항에 따라 업무를 위탁한 경우에는 그 수탁자 및 위탁업무의 내용을 관보 또는 해당 지방자치단체의 공보에 고시하여야 한다.

[전문개정 2016.5.31.]

제9조(그 밖의 치료의 범위) 법 제27조제2항제3호에서 "대통령령으로 정하는 신체적·정신적 치료"란 다음 각 호의 치료 등을 말한다.

1. 성병 감염 여부의 검사 및 감염 성병의 치료
2. 임신 여부의 검사
3. 성폭력으로 임신한 태아의 낙태
4. 성폭력피해로 인한 만성적인 두통, 복통 등의 치료
5. 성폭력피해로 인한 정신질환의 치료

제9조의2(성폭력 전담의료기관의 지정 취소) 법 제27조제3항제3호에서 "대통령령으로 정하는 경우"란 다음 각 호의 어느 하나에 해당하는 경우를 말한다.

1. 법 제27조제5항에 따른 지정 기준에 맞지 아니하게 된 경우
2. 거짓이나 그 밖의 부정한 방법으로 법 제28조제1항에 따른 지원을 받은 경우
3. 최근 1년간 같은 위반행위로 「의료법」 제63조에 따른 시정명령을 2

회 이상 받은 경우

　　4. 「의료법」 제64조제1항에 따른 의료업 정지처분을 받은 경우

　[본조신설 2015.8.3.]

제10조(권한의 위임) 여성가족부장관은 법 제35조에 따라 법 제38조에 따른 과태료의 부과·징수에 관한 권한을 특별자치시장·특별자치도지사 또는 시장·군수·구청장(자치구의 구청장을 말한다. 이하 같다)에게 위임한다. <개정 2013.6.17.>

제10조의2(민감정보 및 고유식별정보의 처리) 여성가족부장관(법 제35조에 따라 여성가족부장관의 권한을 위임받은 자를 포함한다), 지방자치단체의 장(해당 권한이 위임·위탁된 경우에는 그 권한을 위임·위탁받은 자를 포함한다) 또는 보호시설의 장은 다음 각 호의 사무를 수행하기 위하여 불가피한 경우 「개인정보 보호법」 제23조에 따른 건강에 관한 정보나 같은 법 시행령 제19조제1호에 따른 주민등록번호가 포함된 자료를 처리할 수 있다.

　　1. 법 제13조에 따른 보호시설 업무에 관한 사무

　　2. 법 제14조제1항에 따른 보호비용 지원에 관한 사무

　　3. 법 제19조에 따른 상담원 등의 자격기준 확인에 관한 사무

　[본조신설 2014.8.6.]

　[종전 제10조의2는 제10조의3으로 이동 <2014.8.6.>]

제10조의3(규제의 재검토) 여성가족부장관은 제7조 및 별표 1에 따른 상담소, 보호시설 및 통합지원센터의 종사자의 자격에 대하여 2014년 1월 1일을 기준으로 3년마다(매 3년이 되는 해의 1월 1일 전까지를 말한다) 그 타당성을 검토하여 개선 등의 조치를 하여야 한다.

　[본조신설 2013.12.30.]

　[제10조의2에서 이동 <2014.8.6.>]

제11조(과태료의 부과기준) ① 법 제38조제1항 및 제2항에 따른 과태료의 부과기준은 별표 2와 같다. <개정 2017.6.20.>

② 여성가족부장관 또는 지방자치단체의 장은 위반행위의 정도, 위반횟수, 위반행위의 동기와 그 결과 등을 고려하여 별표 2에 따른 과태료 금액의 2분의 1의 범위에서 그 금액을 줄일 수 있다. <개정 2013.6.17., 2016.5.31.>

부칙

〈제28134호, 2017.6.20.〉

이 영은 2017년 6월 22일부터 시행한다.

성폭력범죄의 처벌 등에 관한 특례법

[시행 2017.12.12.] [법률 제15156호, 2017.12.12., 일부개정]

제1장 총칙

제1조(목적) 이 법은 성폭력범죄의 처벌 및 그 절차에 관한 특례를 규정함으로써 성폭력범죄 피해자의 생명과 신체의 안전을 보장하고 건강한 사회질서의 확립에 이바지함을 목적으로 한다.

제2조(정의) ① 이 법에서 "성폭력범죄"란 다음 각 호의 어느 하나에 해당하는 죄를 말한다. <개정 2013.4.5., 2016.12.20.>

　1. 「형법」 제2편제22장 성풍속에 관한 죄 중 제242조(음행매개), 제243조(음화반포등),제244조(음화제조등)및 제245조(공연음란)의 죄

　2. 「형법」 제2편제31장 약취(略取), 유인(誘引) 및 인신매매의 죄 중 추행, 간음 또는 성매매와 성적 착취를 목적으로 범한 제288조 또는 추행, 간음 또는 성매매와 성적 착취를 목적으로 범한 제289조, 제290조(추행, 간음 또는 성매매와 성적 착취를 목적으로 제288조 또는 추행, 간음 또는 성매매와 성적 착취를 목적으로 제289조의 죄를 범하여 약취, 유인, 매매된 사람을 상해하거나 상해에 이르게 한 경우에 한정한다), 제291조(추행, 간음 또는 성매매와 성적 착취를 목적으로 제288조 또는 추행, 간음 또는 성매매와 성적 착취를 목적으로 제289조의 죄를 범하여 약취, 유인, 매매된 사람을 살해하거나 사망에 이르게 한 경우에 한정한다), 제292조[추행, 간음 또는 성매매와 성적 착취를 목적으로 한 제288조 또는 추행, 간음 또는 성매매와 성적 착취를 목적으로 한 제289조의 죄로 약취, 유인, 매매된 사람을 수수(授受) 또는 은닉한 죄, 추행, 간음 또는 성매매와 성적 착취를 목적으로 한 제288조 또는 추행, 간음 또는 성매매와 성적 착취를 목적으로 한 제289조의 죄를 범할 목적으로 사람을 모집, 운송, 전달한 경우에 한정한다] 및 제294조(추행, 간음 또는 성매매와 성적 착취를 목적으로 범한 제288조의 미수범 또는 추행, 간음 또는 성매매와 성적 착취를 목적으로 범한 제289조의 미수범, 추행, 간음 또는 성매매와 성적 착취를 목적으

로 제288조 또는 추행, 간음 또는 성매매와 성적 착취를 목적으로 제
289조의 죄를 범하여 발생한 제290조제1항의 미수범 또는 추행, 간음
또는 성매매와 성적 착취를 목적으로 제288조 또는 추행, 간음 또는
성매매와 성적 착취를 목적으로 제289조의 죄를 범하여 발생한 제291
조제1항의 미수범 및 제292조제1항의 미수범 중 추행, 간음 또는 성매
매와 성적 착취를 목적으로 약취, 유인,매매된 사람을 수수, 은닉한 죄
의 미수범으로 한정한다)의 죄
3. 「형법」 제2편제32장 강간과 추행의 죄 중 제297조(강간), 제297조
의2(유사강간), 제298조(강제추행), 제299조(준강간, 준강제추행), 제
300조(미수범), 제301조(강간등 상해·치상), 제301조의2(강간등 살인·
치사), 제302조(미성년자등에 대한 간음), 제303조(업무상위력등에 의
한 간음)및 제305조(미성년자에 대한 간음,추행)의죄
4. 「형법」 제339조(강도강간)의 죄 및 제342조(제339조의 미수범으로
한정한다)의 죄
5. 이 법 제3조(특수강도강간 등)부터 제15조(미수범)까지의 죄
② 제1항 각 호의 범죄로서 다른 법률에 따라 가중처벌되는 죄는 성폭력
범죄로 본다.

제2장 성폭력범죄의 처벌 및 절차에 관한 특례

제3조(특수강도강간 등) ① 「형법」 제319조제1항(주거침입), 제330조(야간주거
침입절도), 제331조(특수절도) 또는 제342조(미수범. 다만, 제330조 및 제
331조의 미수범으로 한정한다)의 죄를 범한 사람이 같은 법 제297조(강
간), 제297조의2(유사강간), 제298조(강제추행) 및 제299조(준강간, 준강제
추행)의 죄를 범한 경우에는 무기징역 또는 5년 이상의 징역에 처한다.
② 「형법」 제334조(특수강도) 또는 제342조(미수범. 다만, 제334조의 미
수범으로 한정한다)의 죄를 범한 사람이 같은 법 제297조(강간), 제297
조의2(유사강간), 제298조(강제추행) 및 제299조(준강간, 준강제추행)의
죄를 범한 경우에는 사형, 무기징역 또는 10년 이상의 징역에 처한다.
제4조(특수강간 등) ① 흉기나 그 밖의 위험한 물건을 지닌 채 또는 2명 이
상이 합동하여 「형법」 제297조(강간)의 죄를 범한 사람은 무기징역 또는

5년 이상의 징역에 처한다.

② 제1항의 방법으로 「형법」 제298조(강제추행)의 죄를 범한 사람은 3년 이상의 유기징역에 처한다.

③ 제1항의 방법으로 「형법」 제299조(준강간, 준강제추행)의 죄를 범한 사람은 제1항 또는 제2항의 예에 따라 처벌한다.

제5조(친족관계에 의한 강간 등) ① 친족관계인 사람이 폭행 또는 협박으로 사람을 강간한 경우에는 7년 이상의 유기징역에 처한다.

② 친족관계인 사람이 폭행 또는 협박으로 사람을 강제추행한 경우에는 5년 이상의 유기징역에 처한다.

③ 친족관계인 사람이 사람에 대하여 「형법」 제299조(준강간, 준강제추행)의 죄를 범한 경우에는 제1항 또는 제2항의 예에 따라 처벌한다.

④ 제1항부터 제3항까지의 친족의 범위는 4촌 이내의 혈족·인척과 동거하는 친족으로 한다.

⑤ 제1항부터 제3항까지의 친족은 사실상의 관계에 의한 친족을 포함한다.

제6조(장애인에 대한 강간·강제추행 등) ① 신체적인 또는 정신적인 장애가 있는 사람에 대하여 「형법」 제297조(강간)의 죄를 범한 사람은 무기징역 또는 7년 이상의 징역에 처한다.

② 신체적인 또는 정신적인 장애가 있는 사람에 대하여 폭행이나 협박으로 다음 각 호의 어느 하나에 해당하는 행위를 한 사람은 5년 이상의 유기징역에 처한다.

  1. 구강·항문 등 신체(성기는 제외한다)의 내부에 성기를 넣는 행위
  2. 성기·항문에 손가락 등 신체(성기는 제외한다)의 일부나 도구를 넣는 행위

③ 신체적인 또는 정신적인 장애가 있는 사람에 대하여 「형법」 제298조(강제추행)의 죄를 범한 사람은 3년 이상의 유기징역 또는 2천만원 이상 5천만원 이하의 벌금에 처한다.

④ 신체적인 또는 정신적인 장애로 항거불능 또는 항거곤란 상태에 있음을 이용하여 사람을 간음하거나 추행한 사람은 제1항부터 제3항까지의 예에 따라 처벌한다.

⑤ 위계(僞計) 또는 위력(威力)으로써 신체적인 또는 정신적인 장애가 있는 사람을 간음한 사람은 5년 이상의 유기징역에 처한다.

⑥ 위계 또는 위력으로써 신체적인 또는 정신적인 장애가 있는 사람을 추행한 사람은 1년 이상의 유기징역 또는 1천만원 이상 3천만원 이하의 벌금에 처한다.

⑦ 장애인의 보호, 교육 등을 목적으로 하는 시설의 장 또는 종사자가 보호, 감독의 대상인 장애인에 대하여 제1항부터 제6항까지의 죄를 범한 경우에는 그 죄에 정한 형의 2분의 1까지 가중한다.

제7조(13세 미만의 미성년자에 대한 강간, 강제추행 등) ① 13세 미만의 사람에 대하여 「형법」 제297조(강간)의 죄를 범한 사람은 무기징역 또는 10년 이상의 징역에 처한다.

② 13세 미만의 사람에 대하여 폭행이나 협박으로 다음 각 호의 어느 하나에 해당하는 행위를 한 사람은 7년 이상의 유기징역에 처한다.

  1. 구강·항문 등 신체(성기는 제외한다)의 내부에 성기를 넣는 행위

  2. 성기·항문에 손가락 등 신체(성기는 제외한다)의 일부나 도구를 넣는 행위

③ 13세 미만의 사람에 대하여 「형법」 제298조(강제추행)의 죄를 범한 사람은 5년 이상의 유기징역 또는 3천만원 이상 5천만원 이하의 벌금에 처한다.

④ 13세 미만의 사람에 대하여 「형법」 제299조(준강간, 준강제추행)의 죄를 범한 사람은 제1항부터 제3항까지의 예에 따라 처벌한다.

⑤ 위계 또는 위력으로써 13세 미만의 사람을 간음하거나 추행한 사람은 제1항부터 제3항까지의 예에 따라 처벌한다.

제8조(강간 등 상해·치상) ① 제3조제1항, 제4조, 제6조, 제7조 또는 제15조(제3조제1항, 제4조, 제6조 또는 제7조의 미수범으로 한정한다)의 죄를 범한 사람이 다른 사람을 상해하거나 상해에 이르게 한 때에는 무기징역 또는 10년 이상의 징역에 처한다.

② 제5조 또는 제15조(제5조의 미수범으로 한정한다)의 죄를 범한 사람이 다른 사람을 상해하거나 상해에 이르게 한 때에는 무기징역 또는 7년 이상의 징역에 처한다.

제9조(강간 등 살인·치사) ① 제3조부터 제7조까지, 제15조(제3조부터 제7조까지의 미수범으로 한정한다)의 죄 또는 「형법」 제297조(강간), 제297조의2(유사강간) 및 제298조(강제추행)부터 제300조(미수범)까지의 죄를

범한 사람이 다른 사람을 살해한 때에는 사형 또는 무기징역에 처한다.

② 제4조, 제5조 또는 제15조(제4조 또는 제5조의 미수범으로 한정한다)의 죄를 범한 사람이 다른 사람을 사망에 이르게 한 때에는 무기징역 또는 10년 이상의 징역에 처한다.

③ 제6조, 제7조 또는 제15조(제6조 또는 제7조의 미수범으로 한정한다)의 죄를 범한 사람이 다른 사람을 사망에 이르게 한 때에는 사형, 무기징역 또는 10년 이상의 징역에 처한다.

제10조(업무상 위력 등에 의한 추행) ① 업무, 고용이나 그 밖의 관계로 인하여 자기의 보호, 감독을 받는 사람에 대하여 위계 또는 위력으로 추행한 사람은 2년 이하의 징역 또는 500만원 이하의 벌금에 처한다.

② 법률에 따라 구금된 사람을 감호하는 사람이 그 사람을 추행한 때에는 3년 이하의 징역 또는 1천500만원 이하의 벌금에 처한다.

제11조(공중 밀집 장소에서의 추행) 대중교통수단, 공연·집회 장소, 그 밖에 공중(公衆)이 밀집하는 장소에서 사람을 추행한 사람은 1년 이하의 징역 또는 300만원 이하의 벌금에 처한다.

제12조(성적 목적을 위한 다중이용장소 침입행위) 자기의 성적 욕망을 만족시킬 목적으로 화장실, 목욕장·목욕실 또는 발한실(發汗室), 모유수유시설, 탈의실 등 불특정 다수가 이용하는 다중이용장소에 침입하거나 같은 장소에서 퇴거의 요구를 받고 응하지 아니하는 사람은 1년 이하의 징역 또는 300만원 이하의 벌금에 처한다. <개정 2017.12.12.>

[제목개정 2017.12.12.]

제13조(통신매체를 이용한 음란행위) 자기 또는 다른 사람의 성적 욕망을 유발하거나 만족시킬 목적으로 전화, 우편, 컴퓨터, 그 밖의 통신매체를 통하여 성적 수치심이나 혐오감을 일으키는 말, 음향, 글, 그림, 영상 또는 물건을 상대방에게 도달하게 한 사람은 2년 이하의 징역 또는 500만원 이하의 벌금에 처한다.

제14조(카메라 등을 이용한 촬영) ① 카메라나 그 밖에 이와 유사한 기능을 갖춘 기계장치를 이용하여 성적 욕망 또는 수치심을 유발할 수 있는 다른 사람의 신체를 그 의사에 반하여 촬영하거나 그 촬영물을 반포·판매·임대·제공 또는 공공연하게 전시·상영한 자는 5년 이하의 징역 또는 1천만원 이하의 벌금에 처한다.

② 제1항의 촬영이 촬영 당시에는 촬영대상자의 의사에 반하지 아니하는 경우에도 사후에 그 의사에 반하여 촬영물을 반포·판매·임대·제공 또는 공공연하게 전시·상영한 자는 3년 이하의 징역 또는 500만원 이하의 벌금에 처한다.

③ 영리를 목적으로 제1항의 촬영물을 「정보통신망 이용촉진 및 정보보호 등에 관한 법률」 제2조제1항제1호의 정보통신망(이하 "정보통신망"이라 한다)을 이용하여 유포한 자는 7년 이하의 징역 또는 3천만원 이하의 벌금에 처한다.

제15조(미수범) 제3조부터 제9조까지 및 제14조의 미수범은 처벌한다.

제16조(형벌과 수강명령 등의 병과) ① 법원이 성폭력범죄를 범한 사람에 대하여 형의 선고를 유예하는 경우에는 1년 동안 보호관찰을 받을 것을 명할 수 있다. 다만, 성폭력범죄를 범한 「소년법」 제2조에 따른 소년에 대하여 형의 선고를 유예하는 경우에는 반드시 보호관찰을 명하여야 한다.

② 법원이 성폭력범죄를 범한 사람에 대하여 유죄판결(선고유예는 제외한다)을 선고하거나 약식명령을 고지하는 경우에는 500시간의 범위에서 재범예방에 필요한 수강명령 또는 성폭력 치료프로그램의 이수명령(이하 "이수명령"이라 한다)을 병과하여야 한다. 다만, 수강명령 또는 이수명령을 부과할 수 없는 특별한 사정이 있는 경우에는 그러하지 아니하다. <개정 2016.12.20.>

③ 성폭력범죄를 범한 자에 대하여 제2항의 수강명령은 형의 집행을 유예할 경우에 그 집행유예기간 내에서 병과하고, 이수명령은 벌금 이상의 형을 선고하거나 약식명령을 고지할 경우에 병과한다. 다만, 이수명령은 성폭력범죄자가 「특정 범죄자에 대한 보호관찰 및 전자장치 부착 등에 관한 법률」 제9조의2제1항제4호에 따른 이수명령을 부과받은 경우에는 병과하지 아니한다. <개정 2016.12.20.>

④ 법원이 성폭력범죄를 범한 사람에 대하여 형의 집행을 유예하는 경우에는 제2항에 따른 수강명령 외에 그 집행유예기간 내에서 보호관찰 또는 사회봉사 중 하나 이상의 처분을 병과할 수 있다.

⑤ 제2항에 따른 수강명령 또는 이수명령은 형의 집행을 유예할 경우에는 그 집행유예기간 내에, 벌금형을 선고하거나 약식명령을 고지할 경우에는 형 확정일부터 6개월 이내에, 징역형 이상의 실형(實刑)을 선고할 경

우에는 형기 내에 각각 집행한다. 다만, 수강명령 또는 이수명령은 성폭
력범죄를 범한 사람이 「아동·청소년의 성보호에 관한 법률」 제21조에 따
른 수강명령 또는 이수명령을 부과받은 경우에는 병과하지 아니한다.
<개정 2016.12.20.>

⑥ 제2항에 따른 수강명령 또는 이수명령이 벌금형 또는 형의 집행유예와
병과된 경우에는 보호관찰소의 장이 집행하고, 징역형 이상의 실형과 병
과된 경우에는 교정시설의 장이 집행한다. 다만, 징역형 이상의 실형과
병과된 이수명령을 모두 이행하기 전에 석방 또는 가석방되거나 미결구
금일수 산입 등의 사유로 형을 집행할 수 없게 된 경우에는 보호관찰소
의 장이 남은 이수명령을 집행한다.

⑦ 제2항에 따른 수강명령 또는 이수명령은 다음 각 호의 내용으로 한
다.

1. 일탈적 이상행동의 진단·상담

2. 성에 대한 건전한 이해를 위한 교육

3. 그 밖에 성폭력범죄를 범한 사람의 재범예방을 위하여 필요한 사항

⑧ 성폭력범죄를 범한 사람으로서 형의 집행 중에 가석방된 사람은 가석
방기간 동안 보호관찰을 받는다. 다만, 가석방을 허가한 행정관청이 보
호관찰을 할 필요가 없다고 인정한 경우에는 그러하지 아니하다.

⑨ 보호관찰, 사회봉사, 수강명령 및 이수명령에 관하여 이 법에서 규정한
사항 외의 사항에 대하여는 「보호관찰 등에 관한 법률」을 준용한다.

제17조(판결 전 조사) ① 법원은 성폭력범죄를 범한 피고인에 대하여 제16
조에 따른 보호관찰, 사회봉사, 수강명령 또는 이수명령을 부과하기 위
하여 필요하다고 인정하면 그 법원의 소재지 또는 피고인의 주거지를 관
할하는 보호관찰소의 장에게 피고인의 신체적·심리적 특성 및 상태, 정신
성적 발달과정, 성장배경, 가정환경, 직업, 생활환경, 교우관계, 범행동
기, 병력(病歷), 피해자와의 관계, 재범위험성 등 피고인에 관한 사항의
조사를 요구할 수 있다.

② 제1항의 요구를 받은 보호관찰소의 장은 지체 없이 이를 조사하여 서
면으로 해당 법원에 알려야 한다. 이 경우 필요하다고 인정하면 피고인
이나 그 밖의 관계인을 소환하여 심문하거나 소속 보호관찰관에게 필요
한 사항을 조사하게 할 수 있다.

③ 법원은 제1항의 요구를 받은 보호관찰소의 장에게 조사진행상황에 관한 보고를 요구할 수 있다

제18조(고소 제한에 대한 예외) 성폭력범죄에 대하여는 「형사소송법」 제224조(고소의 제한) 및 「군사법원법」 제266조에도 불구하고 자기 또는 배우자의 직계존속을 고소할 수 있다. <개정 2013.4.5.>

제19조 삭제 <2013.4.5.>

제20조(「형법」상 감경규정에 관한 특례) 음주 또는 약물로 인한 심신장애 상태에서 성폭력범죄(제2조제1항제1호의 죄는 제외한다)를 범한 때에는 「형법」 제10조제1항·제2항 및 제11조를 적용하지 아니할 수 있다.

제21조(공소시효에 관한 특례) ① 미성년자에 대한 성폭력범죄의 공소시효는 「형사소송법」 제252조제1항 및 「군사법원법」 제294조제1항에도 불구하고 해당 성폭력범죄로 피해를 당한 미성년자가 성년에 달한 날부터 진행한다. <개정 2013.4.5.>

② 제2조제3호 및 제4호의 죄와 제3조부터 제9조까지의 죄는 디엔에이(DNA)증거 등 그 죄를 증명할 수 있는 과학적인 증거가 있는 때에는 공소시효가 10년 연장된다.

③ 13세 미만의 사람 및 신체적인 또는 정신적인 장애가 있는 사람에 대하여 다음 각 호의 죄를 범한 경우에는 제1항과 제2항에도 불구하고 「형사소송법」 제249조부터 제253조까지 및 「군사법원법」 제291조부터 제295조까지에 규정된 공소시효를 적용하지 아니한다.

　1. 「형법」 제297조(강간), 제298조(강제추행), 제299조(준강간, 준강제추행), 제301조(강간등 상해·치상) 또는 제301조의2(강간등 살인·치사)의 죄

　2. 제6조제2항, 제7조제2항, 제8조, 제9조의 죄

　3. 「아동·청소년의 성보호에 관한 법률」 제9조 또는 제10조의 죄

④ 다음 각 호의 죄를 범한 경우에는 제1항과 제2항에도 불구하고 「형사소송법」 제249조부터 제253조까지 및 「군사법원법」 제291조부터 제295조까지에 규정된 공소시효를 적용하지 아니한다. <개정 2013.4.5.>

　1. 「형법」 제301조의2(강간등 살인·치사)의 죄(강간등 살인에 한정한다)

　2. 제9조제1항의 죄

　3. 「아동·청소년의 성보호에 관한 법률」 제10조제1항의 죄

4. 「군형법」 제92조의8의 죄(강간 등 살인에 한정한다)

제22조(「특정강력범죄의 처벌에 관한 특례법」의 준용) 성폭력범죄에 대한 처벌절차에는 「특정강력범죄의 처벌에 관한 특례법」 제7조(증인에 대한 신변안전조치), 제8조(출판물 게재 등으로부터의 피해자 보호), 제9조(소송진행의 협의), 제12조(간이공판절차의 결정) 및 제13조(판결선고)를 준용한다.

제23조(피해자, 신고인 등에 대한 보호조치) 법원 또는 수사기관이 성폭력범죄의 피해자, 성폭력범죄를 신고(고소·고발을 포함한다)한 사람을 증인으로 신문하거나 조사하는 경우에는 「특정범죄신고자 등 보호법」 제5조 및 제7조부터 제13조까지의 규정을 준용한다. 이 경우 「특정범죄신고자 등 보호법」 제9조와 제13조를 제외하고는 보복을 당할 우려가 있음을 요하지 아니한다.

제24조(피해자의 신원과 사생활 비밀 누설 금지) ① 성폭력범죄의 수사 또는 재판을 담당하거나 이에 관여하는 공무원 또는 그 직에 있었던 사람은 피해자의 주소, 성명, 나이, 직업, 학교, 용모, 그 밖에 피해자를 특정하여 파악할 수 있게 하는 인적사항과 사진 등 또는 그 피해자의 사생활에 관한 비밀을 공개하거나 다른 사람에게 누설하여서는 아니 된다.

② 누구든지 제1항에 따른 피해자의 주소, 성명, 나이, 직업, 학교, 용모, 그 밖에 피해자를 특정하여 파악할 수 있는 인적사항이나 사진 등을 피해자의 동의를 받지 아니하고 신문 등 인쇄물에 싣거나 「방송법」 제2조제1호에 따른 방송 또는 정보통신망을 통하여 공개하여서는 아니 된다.

제25조(피의자의 얼굴 등 공개) ① 검사와 사법경찰관은 성폭력범죄의 피의자가 죄를 범하였다고 믿을 만한 충분한 증거가 있고, 국민의 알권리 보장, 피의자의 재범 방지 및 범죄예방 등 오로지 공공의 이익을 위하여 필요할 때에는 얼굴, 성명 및 나이 등 피의자의 신상에 관한 정보를 공개할 수 있다. 다만, 피의자가 「청소년 보호법」 제2조제1호의 청소년에 해당하는 경우에는 공개하지 아니한다.

② 제1항에 따라 공개를 할 때에는 피의자의 인권을 고려하여 신중하게 결정하고 이를 남용하여서는 아니 된다.

제26조(성폭력범죄의 피해자에 대한 전담조사제) ① 검찰총장은 각 지방검찰청 검사장으로 하여금 성폭력범죄 전담 검사를 지정하도록 하여 특별

한 사정이 없으면 이들로 하여금 피해자를 조사하게 하여야 한다.

② 경찰청장은 각 경찰서장으로 하여금 성폭력범죄 전담 사법경찰관을 지정하도록 하여 특별한 사정이 없으면 이들로 하여금 피해자를 조사하게 하여야 한다.

③ 국가는 제1항의 검사 및 제2항의 사법경찰관에게 성폭력범죄의 수사에 필요한 전문지식과 피해자보호를 위한 수사방법 및 수사절차 등에 관한 교육을 실시하여야 한다.

제27조(성폭력범죄 피해자에 대한 변호사 선임의 특례) ① 성폭력범죄의 피해자 및 그 법정대리인(이하 "피해자등"이라 한다)은 형사절차상 입을 수 있는 피해를 방어하고 법률적 조력을 보장하기 위하여 변호사를 선임할 수 있다.

② 제1항에 따른 변호사는 검사 또는 사법경찰관의 피해자등에 대한 조사에 참여하여 의견을 진술할 수 있다. 다만, 조사 도중에는 검사 또는 사법경찰관의 승인을 받아 의견을 진술할 수 있다.

③ 제1항에 따른 변호사는 피의자에 대한 구속 전 피의자심문, 증거보전절차, 공판준비기일 및 공판절차에 출석하여 의견을 진술할 수 있다. 이 경우 필요한 절차에 관한 구체적 사항은 대법원규칙으로 정한다.

④ 제1항에 따른 변호사는 증거보전 후 관계 서류나 증거물, 소송계속 중의 관계 서류나 증거물을 열람하거나 등사할 수 있다.

⑤ 제1항에 따른 변호사는 형사절차에서 피해자등의 대리가 허용될 수 있는 모든 소송행위에 대한 포괄적인 대리권을 가진다.

⑥ 검사는 피해자에게 변호사가 없는 경우 국선변호사를 선정하여 형사절차에서 피해자의 권익을 보호할 수 있다.

제28조(성폭력범죄에 대한 전담재판부) 지방법원장 또는 고등법원장은 특별한 사정이 없으면 성폭력범죄 전담재판부를 지정하여 성폭력범죄에 대하여 재판하게 하여야 한다.

제29조(수사 및 재판절차에서의 배려) ① 수사기관과 법원 및 소송관계인은 성폭력범죄를 당한 피해자의 나이, 심리 상태 또는 후유장애의 유무 등을 신중하게 고려하여 조사 및 심리·재판 과정에서 피해자의 인격이나 명예가 손상되거나 사적인 비밀이 침해되지 아니하도록 주의하여야 한다.

② 수사기관과 법원은 성폭력범죄의 피해자를 조사하거나 심리·재판할 때

피해자가 편안한 상태에서 진술할 수 있는 환경을 조성하여야 하며, 조사 및 심리·재판 횟수는 필요한 범위에서 최소한으로 하여야 한다.

제30조(영상물의 촬영·보존 등) ① 성폭력범죄의 피해자가 19세 미만이거나 신체적인 또는 정신적인 장애로 사물을 변별하거나 의사를 결정할 능력이 미약한 경우에는 피해자의 진술 내용과 조사 과정을 비디오녹화기 등 영상물 녹화장치로 촬영·보존하여야 한다.

② 제1항에 따른 영상물 녹화는 피해자 또는 법정대리인이 이를 원하지 아니하는 의사를 표시한 경우에는 촬영을 하여서는 아니 된다. 다만, 가해자가 친권자 중 일방인 경우는 그러하지 아니하다.

③ 제1항에 따른 영상물 녹화는 조사의 개시부터 종료까지의 전 과정 및 객관적 정황을 녹화하여야 하고, 녹화가 완료된 때에는 지체 없이 그 원본을 피해자 또는 변호사 앞에서 봉인하고 피해자로 하여금 기명날인 또는 서명하게 하여야 한다.

④ 검사 또는 사법경찰관은 피해자가 제1항의 녹화장소에 도착한 시각, 녹화를 시작하고 마친 시각, 그 밖에 녹화과정의 진행경과를 확인하기 위하여 필요한 사항을 조서 또는 별도의 서면에 기록한 후 수사기록에 편철하여야 한다.

⑤ 검사 또는 사법경찰관은 피해자 또는 법정대리인이 신청하는 경우에는 영상물 촬영과정에서 작성한 조서의 사본을 신청인에게 발급하거나 영상물을 재생하여 시청하게 하여야 한다.

⑥ 제1항에 따라 촬영한 영상물에 수록된 피해자의 진술은 공판준비기일 또는 공판기일에 피해자나 조사 과정에 동석하였던 신뢰관계에 있는 사람 또는 진술조력인의 진술에 의하여 그 성립의 진정함이 인정된 경우에 증거로 할 수 있다.

⑦ 누구든지 제1항에 따라 촬영한 영상물을 수사 및 재판의 용도 외에 다른 목적으로 사용하여서는 아니 된다.

제31조(심리의 비공개) ① 성폭력범죄에 대한 심리는 그 피해자의 사생활을 보호하기 위하여 결정으로써 공개하지 아니할 수 있다.

② 증인으로 소환받은 성폭력범죄의 피해자와 그 가족은 사생활보호 등의 사유로 증인신문의 비공개를 신청할 수 있다.

③ 재판장은 제2항에 따른 신청을 받으면 그 허가 및 공개 여부, 법정

외의 장소에서의 신문 등 증인의 신문 방식 및 장소에 관하여 결정할 수 있다.

④ 제1항 및 제3항의 경우에는 「법원조직법」 제57조(재판의 공개)제2항·제3항 및 「군사법원법」 제67조제2항·제3항을 준용한다. <개정 2013.4.5.>

제32조(증인지원시설의 설치·운영 등) ① 각급 법원은 증인으로 법원에 출석하는 피해자등이 재판 전후에 피고인이나 그 가족과 마주치지 아니하도록 하고, 보호와 지원을 받을 수 있는 적절한 시설을 설치한다.

② 각급 법원은 제1항의 시설을 관리·운영하고 피해자등의 보호와 지원을 담당하는 직원(이하 "증인지원관"이라 한다)을 둔다.

③ 법원은 증인지원관에 대하여 인권 감수성 향상에 필요한 교육을 정기적으로 실시한다.

④ 증인지원관의 업무·자격 및 교육 등에 필요한 사항은 대법원규칙으로 정한다.

제33조(전문가의 의견 조회) ① 법원은 정신건강의학과의사, 심리학자, 사회복지학자, 그 밖의 관련 전문가로부터 행위자 또는 피해자의 정신·심리 상태에 대한 진단 소견 및 피해자의 진술 내용에 관한 의견을 조회할 수 있다.

② 법원은 성폭력범죄를 조사·심리할 때에는 제1항에 따른 의견 조회의 결과를 고려하여야 한다.

③ 법원은 법원행정처장이 정하는 관련 전문가 후보자 중에서 제1항에 따른 전문가를 지정하여야 한다.

④ 제1항부터 제3항까지의 규정은 수사기관이 성폭력범죄를 수사하는 경우에 준용한다. 다만, 피해자가 13세 미만이거나 신체적인 또는 정신적인 장애로 사물을 변별하거나 의사를 결정할 능력이 미약한 경우에는 관련 전문가에게 피해자의 정신·심리 상태에 대한 진단 소견 및 진술 내용에 관한 의견을 조회하여야 한다.

⑤ 제4항에 따라 준용할 경우 "법원행정처장"은 "검찰총장 또는 경찰청장"으로 본다.

제34조(신뢰관계에 있는 사람의 동석) ① 법원은 제3조부터 제8조까지, 제10조 및 제15조(제9조의 미수범은 제외한다)의 범죄의 피해자를 증인으로 신문하는 경우에 검사, 피해자 또는 법정대리인이 신청할 때에는 재

판에 지장을 줄 우려가 있는 등 부득이한 경우가 아니면 피해자와 신뢰관계에 있는 사람을 동석하게 하여야 한다.

② 제1항은 수사기관이 같은 항의 피해자를 조사하는 경우에 관하여 준용한다.

③ 제1항 및 제2항의 경우 법원과 수사기관은 피해자와 신뢰관계에 있는 사람이 피해자에게 불리하거나 피해자가 원하지 아니하는 경우에는 동석하게 하여서는 아니 된다.

제35조(진술조력인 양성 등) ① 법무부장관은 의사소통 및 의사표현에 어려움이 있는 성폭력범죄의 피해자에 대한 형사사법절차에서의 조력을 위하여 진술조력인을 양성하여야 한다.

② 진술조력인은 정신건강의학, 심리학, 사회복지학, 교육학 등 아동·장애인의 심리나 의사소통 관련 전문지식이 있거나 관련 분야에서 상당 기간 종사한 사람으로 법무부장관이 정하는 교육을 이수하여야 한다. 진술조력인의 자격이나 양성 등에 관하여 필요한 사항은 법무부령으로 정한다.

③ 법무부장관은 제1항에 따라 양성한 진술조력인 명부를 작성하여야 한다.

제36조(진술조력인의 수사과정 참여) ① 검사 또는 사법경찰관은 성폭력범죄의 피해자가 13세 미만의 아동이거나 신체적인 또는 정신적인 장애로 의사소통이나 의사표현에 어려움이 있는 경우 원활한 조사를 위하여 직권이나 피해자, 그 법정대리인 또는 변호사의 신청에 따라 진술조력인으로 하여금 조사과정에 참여하여 의사소통을 중개하거나 보조하게 할 수 있다. 다만, 피해자 또는 그 법정대리인이 이를 원하지 아니하는 의사를 표시한 경우에는 그러하지 아니하다.

② 검사 또는 사법경찰관은 제1항의 피해자를 조사하기 전에 피해자, 법정대리인 또는 변호사에게 진술조력인에 의한 의사소통 중개나 보조를 신청할 수 있음을 고지하여야 한다.

③ 진술조력인은 조사 전에 피해자를 면담하여 진술조력인 조력 필요성에 관하여 평가한 의견을 수사기관에 제출할 수 있다.

④ 제1항에 따라 조사과정에 참여한 진술조력인은 피해자의 의사소통이나 표현 능력, 특성 등에 관한 의견을 수사기관이나 법원에 제출할 수 있다.

⑤ 제1항부터 제4항까지의 규정은 검증에 관하여 준용한다.

⑥ 그 밖에 진술조력인의 수사절차 참여에 관한 절차와 방법 등 필요한 사항은 법무부령으로 정한다.

제37조(진술조력인의 재판과정 참여) ① 법원은 성폭력범죄의 피해자가 13세 미만 아동이거나 신체적인 또는 정신적인 장애로 의사소통이나 의사표현에 어려움이 있는 경우 원활한 증인 신문을 위하여 직권 또는 검사, 피해자, 그 법정대리인 및 변호사의 신청에 의한 결정으로 진술조력인으로 하여금 증인 신문에 참여하여 중개하거나 보조하게 할 수 있다.

② 법원은 증인이 제1항에 해당하는 경우에는 신문 전에 피해자, 법정대리인 및 변호사에게 진술조력인에 의한 의사소통 중개나 보조를 신청할 수 있음을 고지하여야 한다.

③ 진술조력인의 소송절차 참여에 관한 구체적 절차와 방법은 대법원규칙으로 정한다.

제38조(진술조력인의 의무) ① 진술조력인은 수사 및 재판 과정에 참여함에 있어 중립적인 지위에서 상호간의 진술이 왜곡 없이 전달될 수 있도록 노력하여야 한다.

② 진술조력인은 그 직무상 알게 된 피해자의 주소, 성명, 나이, 직업, 학교, 용모, 그 밖에 피해자를 특정하여 파악할 수 있게 하는 인적사항과 사진 및 사생활에 관한 비밀을 공개하거나 다른 사람에게 누설하여서는 아니 된다.

제39조(벌칙적용에 있어서 공무원의 의제) 진술조력인은 「형법」 제129조부터 제132조까지에 따른 벌칙의 적용에 있어서 이를 공무원으로 본다.

제40조(비디오 등 중계장치에 의한 증인신문) ① 법원은 제2조제1항제3호부터 제5호까지의 범죄의 피해자를 증인으로 신문하는 경우 검사와 피고인 또는 변호인의 의견을 들어 비디오 등 중계장치에 의한 중계를 통하여 신문할 수 있다.

② 제1항에 따른 증인신문의 절차·방법 등에 관하여 필요한 사항은 대법원규칙으로 정한다.

제41조(증거보전의 특례) ① 피해자나 그 법정대리인 또는 경찰은 피해자가 공판기일에 출석하여 증언하는 것에 현저히 곤란한 사정이 있을 때에는 그 사유를 소명(疏明)하여 제30조에 따라 촬영된 영상물 또는 그 밖의

다른 증거에 대하여 해당 성폭력범죄를 수사하는 검사에게 「형사소송법」 제184조(증거보전의 청구와 그 절차)제1항에 따른 증거보전의 청구를 할 것을 요청할 수 있다. 이 경우 피해자가 16세 미만이거나 신체적인 또는 정신적인 장애로 사물을 변별하거나 의사를 결정할 능력이 미약한 경우에는 공판기일에 출석하여 증언하는 것에 현저히 곤란한 사정이 있는 것으로 본다.

② 제1항의 요청을 받은 검사는 그 요청이 타당하다고 인정할 때에는 증거보전의 청구를 할 수 있다.

제3장 신상정보 등록 등

제42조(신상정보 등록대상자) ① 제2조제1항제3호·제4호, 같은 조 제2항(제1항제3호·제4호에 한정한다), 제3조부터 제15조까지의 범죄 및 「아동·청소년의 성보호에 관한 법률」 제2조제2호가목·라목의 범죄(이하 "등록대상 성범죄"라 한다)로 유죄판결이나 약식명령이 확정된 자 또는 같은 법 제49조제1항제4호에 따라 공개명령이 확정된 자는 신상정보 등록대상자(이하 "등록대상자"라 한다)가 된다. 다만, 제12조·제13조의 범죄 및 「아동·청소년의 성보호에 관한 법률」 제11조제3항 및 제5항의 범죄로 벌금형을 선고받은 자는 제외한다. <개정 2016.12.20.>

② 법원은 등록대상 성범죄로 유죄판결을 선고하거나 약식명령을 고지하는 경우에는 등록대상자라는 사실과 제43조에 따른 신상정보 제출 의무가 있음을 등록대상자에게 알려 주어야 한다. <개정 2016.12.20.>

③ 제2항에 따른 통지는 판결을 선고하는 때에는 구두 또는 서면으로 하고, 약식명령을 고지하는 때에는 통지사항이 기재된 서면을 송달하는 방법으로 한다. <신설 2016.12.20.>

④ 법원은 제1항의 판결이나 약식명령이 확정된 날부터 14일 이내에 판결문(제45조제4항에 따라 법원이 등록기간을 달리 정한 경우에는 그 사실을 포함한다) 또는 약식명령 등본을 법무부장관에게 송달하여야 한다. <개정 2016.12.20.>

[2016.12.20. 법률 제14412호에 의하여 2016.3.31. 헌법재판소에서 위헌 결정된 이 조를 개정함.]

제43조(신상정보의 제출 의무) ① 등록대상자는 제42조제1항의 판결이 확정된 날부터 30일 이내에 다음 각 호의 신상정보(이하 "기본신상정보"라 한다)를 자신의 주소지를 관할하는 경찰관서의 장(이하 "관할경찰관서의 장"이라 한다)에게 제출하여야 한다. 다만, 등록대상자가 교정시설 또는는 치료감호시설에 수용된 경우에는 그 교정시설의 장 또는 치료감호시설의 장(이하 "교정시설등의 장"이라 한다)에게 기본신상정보를 제출함으로써 이를 갈음할 수 있다. <개정 2014.12.30., 2016.12.20.>

  1. 성명
  2. 주민등록번호
  3. 주소 및 실제거주지
  4. 직업 및 직장 등의 소재지
  5. 연락처(전화번호, 전자우편주소를 말한다)
  6. 신체정보(키와 몸무게)
  7. 소유차량의 등록번호

② 관할경찰관서의 장 또는 교정시설등의 장은 제1항에 따라 등록대상자가 기본신상정보를 제출할 때에 등록대상자의 정면·좌측·우측 상반신 및 전신 컬러사진을 촬영하여 전자기록으로 저장·보관하여야 한다. <개정 2016.12.20.>

③ 등록대상자는 제1항에 따라 제출한 기본신상정보가 변경된 경우에는 그 사유와 변경내용(이하 "변경정보"라 한다)을 변경사유가 발생한 날부터 20일 이내에 제1항에 따라 제출하여야 한다. <개정 2016.12.20.>

④ 등록대상자는 제1항에 따라 기본신상정보를 제출한 경우에는 그 다음 해부터 매년 12월 31일까지 주소지를 관할하는 경찰관서에 출석하여 경찰관서의 장으로 하여금 자신의 정면·좌측·우측 상반신 및 전신 컬러사진을 촬영하여 전자기록으로 저장·보관하도록 하여야 한다. 다만, 교정시설등의 장은 등록대상자가 교정시설 등에 수용된 경우에는 석방 또는 치료감호 종료 전에 등록대상자의 정면·좌측·우측 상반신 및 전신 컬러사진을 새로 촬영하여 전자기록으로 저장·보관하여야 한다. <개정 2016.12.20.>

⑤ 관할경찰관서의 장 또는 교정시설등의 장은 등록대상자로부터 제출받은 기본신상정보 및 변경정보와 제2항 및 제4항에 따라 저장·보관하는 전자기록을 지체 없이 법무부장관에게 송달하여야 한다. <개정 2016.12.20.>

⑥ 제5항에 따라 등록대상자에 대한 기본신상정보를 송달할 때에 관할경

찰관서의 장은 등록대상자에 대한 「형의 실효 등에 관한 법률」 제2조제
5호에 따른 범죄경력자료를 함께 송달하여야 한다. <개정 2016.12.20.>
⑦ 기본신상정보 및 변경정보의 송달, 등록에 관한 절차와 방법 등 필요
한 사항은 대통령령으로 정한다. <개정 2016.12.20.>

제43조의2(출입국 시 신고의무 등) ① 등록대상자가 6개월 이상 국외에 체
류하기 위하여 출국하는 경우에는 미리 관할경찰관서의 장에게 체류국가
및 체류기간 등을 신고하여야 한다.

② 제1항에 따라 신고한 등록대상자가 입국하였을 때에는 특별한 사정이
없으면 14일 이내에 관할경찰관서의 장에게 입국 사실을 신고하여야 한
다. 제1항에 따른 신고를 하지 아니하고 출국하여 6개월 이상 국외에
체류한 등록대상자가 입국하였을 때에도 또한 같다.

③ 관할경찰관서의 장은 제1항 및 제2항에 따른 신고를 받았을 때에는
지체 없이 법무부장관에게 해당 정보를 송달하여야 한다.

④ 제1항 및 제2항에 따른 신고와 제3항에 따른 송달의 절차 및 방법 등
에 관하여 필요한 사항은 대통령령으로 정한다.

[본조신설 2016.12.20.]

제44조(등록대상자의 신상정보 등록 등) ① 법무부장관은 제43조제5항, 제6
항 및 제43조의2제3항에 따라 송달받은 정보와 다음 각 호의 등록대상
자 정보를 등록하여야 한다. <개정 2016.12.20.>

 1. 등록대상 성범죄 경력정보
 2. 성범죄 전과사실(죄명, 횟수)
 3. 「특정 범죄자에 대한 보호관찰 및 전자장치 부착 등에 관한 법률」
    에 따른 전자장치 부착 여부

② 법무부장관은 등록대상자가 제1항에 따라 등록한 정보를 정보통신망을 이
용하여 열람할 수 있도록 하여야 한다. 다만, 등록대상자가 신청하는 경우
에는 등록한 정보를 등록대상자에게 통지하여야 한다. <개정 2016.12.20.>

③ 법무부장관은 제1항에 따른 등록에 필요한 정보의 조회(「형의 실효 등
에 관한 법률」 제2조제8호에 따른 범죄경력조회를 포함한다)를 관계 행
정기관의 장에게 요청할 수 있다.

④ 법무부장관은 등록대상자가 기본신상정보 또는 변경정보를 정당한 사
유 없이 제출하지 아니한 경우에는 신상정보의 등록에 필요한 사항을 관

계 행정기관의 장에게 조회를 요청하여 등록할 수 있다. 이 경우 법무부
장관은 등록일자를 밝혀 등록대상자에게 신상정보를 등록한 사실 및 등
록한 신상정보의 내용을 통지하여야 한다. <개정 2016.12.20.>
⑤ 제3항 및 제4항의 요청을 받은 관계 행정기관의 장은 지체 없이 조회
결과를 법무부장관에게 송부하여야 한다.
⑥ 제4항 전단에 따라 법무부장관이 기본신상정보를 등록한 경우에 등록
대상자의 변경정보 제출과 사진 촬영에 대해서는 제43조제3항 및 제4항
을 준용한다. <신설 2016.12.20.>
⑦ 제1항 또는 제4항 전단에 따라 등록한 정보(이하 "등록정보"라 한다)
의 열람, 통지 신청 및 통지의 방법과 절차 등에 필요한 사항은 대통령
령으로 정한다. <신설 2016.12.20.>

제45조(등록정보의 관리) ① 법무부장관은 제44조제1항 또는 제4항에 따라
기본신상정보를 최초로 등록한 날(이하 "최초등록일"이라 한다)부터 다
음 각 호의 구분에 따른 기간(이하 "등록기간"이라 한다) 동안 등록정보
를 보존·관리하여야 한다. 다만, 법원이 제4항에 따라 등록기간을 정한
경우에는 그 기간 동안 등록정보를 보존·관리하여야 한다.
 1. 신상정보 등록의 원인이 된 성범죄로 사형, 무기징역·무기금고형 또
    는 10년 초과의 징역·금고형을 선고받은 사람: 30년
 2. 신상정보 등록의 원인이 된 성범죄로 3년 초과 10년 이하의 징역·금
    고형을 선고받은 사람: 20년
 3. 신상정보 등록의 원인이 된 성범죄로 3년 이하의 징역·금고형을 선고
    받은 사람 또는 「아동·청소년의 성보호에 관한 법률」 제49조제1항제
    4호에 따라 공개명령이 확정된 사람: 15년
 4. 신상정보 등록의 원인이 된 성범죄로 벌금형을 선고받은 사람: 10년
② 신상정보 등록의 원인이 된 성범죄와 다른 범죄가 「형법」 제37조(판결
이 확정되지 아니한 수개의 죄를 경합범으로 하는 경우로 한정한다)에
따라 경합되어 「형법」 제38조에 따라 형이 선고된 경우에는 그 선고형
전부를 신상정보 등록의 원인이 된 성범죄로 인한 선고형으로 본다.
③ 제1항에 따른 등록기간을 산정하기 위한 선고형은 다음 각 호에 따라
계산한다. 제2항이 적용되는 경우도 이와 같다.
 1. 하나의 판결에서 신상정보 등록의 원인이 된 성범죄로 여러 종류의

형이 선고된 경우에는 가장 무거운 종류의 형을 기준으로 한다.

2. 하나의 판결에서 신상정보 등록의 원인이 된 성범죄로 여러 개의 징역형 또는 금고형이 선고된 경우에는 각각의 기간을 합산한다. 이 경우 징역형과 금고형은 같은 종류의 형으로 본다.

3. 「소년법」 제60조에 따라 부정기형이 선고된 경우에는 단기를 기준으로 한다.

④ 법원은 제2항이 적용(제3항이 동시에 적용되는 경우를 포함한다)되어 제1항 각 호에 따라 등록기간이 결정되는 것이 부당하다고 인정하는 경우에는 판결로 제1항 각 호의 기간 중 더 단기의 기간을 등록기간으로 정할 수 있다.

⑤ 다음 각 호의 기간은 제1항에 따른 등록기간에 넣어 계산하지 아니한다.

1. 등록대상자가 신상정보 등록의 원인이 된 성범죄로 교정시설 또는 치료감호시설에 수용된 기간

2. 제1호에 따른 기간 이전의 기간으로서 제1호에 따른 기간과 이어져 등록대상자가 다른 범죄로 교정시설 또는 치료감호시설에 수용된 기간

3. 제1호에 따른 기간 이후의 기간으로서 제1호에 따른 기간과 이어져 등록대상자가 다른 범죄로 교정시설 또는 치료감호시설에 수용된 기간

⑥ 법무부장관은 제44조제1항에 따른 등록 당시 등록대상자가 교정시설 또는 치료감호시설에 수용 중인 경우에는 등록대상자가 석방된 후 지체 없이 등록정보를 등록대상자의 관할경찰관서의 장에게 송부하여야 한다.

⑦ 관할경찰관서의 장은 등록기간 중 다음 각 호의 구분에 따른 기간마다 등록대상자와의 직접 대면 등의 방법으로 등록정보의 진위와 변경 여부를 확인하여 그 결과를 법무부장관에게 송부하여야 한다.

1. 제1항에 따른 등록기간이 30년인 등록대상자: 3개월

2. 제1항에 따른 등록기간이 20년 또는 15년인 등록대상자: 6개월

3. 제1항에 따른 등록기간이 10년인 등록대상자: 1년

⑧ 제7항제2호 및 제3호에도 불구하고 관할경찰관서의 장은 다음 각 호의 구분에 따른 기간 동안에는 3개월마다 제7항의 결과를 법무부장관에게 송부하여야 한다.

1. 「아동·청소년의 성보호에 관한 법률」 제49조에 따른 공개대상자인 경우: 공개기간

2. 「아동·청소년의 성보호에 관한 법률」 제50조에 따른 고지대상자인 경우: 고지기간

[전문개정 2016.12.20.]

[2016.12.20. 법률 제14412호에 의하여 2015.7.30. 헌법재판소에서 헌법불합치 결정된 이 조를 개정함.]

제45조의2(신상정보 등록의 면제) ① 신상정보 등록의 원인이 된 성범죄로 형의 선고를 유예받은 사람이 선고유예를 받은 날부터 2년이 경과하여 「형법」 제60조에 따라 면소된 것으로 간주되면 신상정보 등록을 면제한다.

② 등록대상자는 다음 각 호의 구분에 따른 기간(교정시설 또는 치료감호시설에 수용된 기간은 제외한다)이 경과한 경우에는 법무부령으로 정하는 신청서에 범죄경력조회서를 첨부하여 법무부장관에게 신상정보 등록의 면제를 신청할 수 있다.

  1. 제45조제1항에 따른 등록기간이 30년인 등록대상자: 최초등록일부터 20년

  2. 제45조제1항에 따른 등록기간이 20년인 등록대상자: 최초등록일부터 15년

  3. 제45조제1항에 따른 등록기간이 15년인 등록대상자: 최초등록일부터 10년

  4. 제45조제1항에 따른 등록기간이 10년인 등록대상자: 최초등록일부터 7년

③ 법무부장관은 제2항에 따라 등록의 면제를 신청한 등록대상자가 다음 각호의 요건을 모두 갖춘 경우에는 신상정보 등록을 면제한다.

  1. 등록기간 중 등록대상 성범죄를 저질러 유죄판결이 확정된 사실이 없을 것

  2. 신상정보 등록의 원인이 된 성범죄로 선고받은 징역형 또는 금고형의 집행을 종료하거나 벌금을 완납하였을 것

  3. 신상정보 등록의 원인이 된 성범죄로 부과받은 다음 각 목의 명령의 집행을 모두 종료하였을 것
     가. 「아동·청소년의 성보호에 관한 법률」에 따른 공개명령·고지명령
     나. 「특정 범죄자에 대한 보호관찰 및 전자장치 부착 등에 관한 법률」에 따른 전자장치 부착명령

　　다. 「성폭력범죄자의 성충동 약물치료에 관한 법률」에 따른 약물치료
　　　명령
　4. 신상정보 등록의 원인이 된 성범죄로 부과받은 다음 각 목의 규정에
　　따른 보호관찰명령, 사회봉사명령, 수강명령 또는 이수명령의 집행을
　　완료하였을 것
　　가. 제16조제1항·제2항·제4항 및 제8항
　　나. 「형법」 제62조의2제1항
　　다. 「아동·청소년의 성보호에 관한 법률」 제21조제1항·제2항·제4항
　　　및 같은 법 제61조제3항
　　라. 「특정 범죄자에 대한 보호관찰 및 전자장치 부착 등에 관한 법
　　　률」 제21조의3
　5. 등록기간 중 다음 각 목의 범죄를 저질러 유죄판결을 선고받아 그
　　판결이 확정된 사실이 없을 것
　　가. 제50조제3항 및 제5항의 범죄
　　나. 「아동·청소년의 성보호에 관한 법률」 제65조제3항·제5항 및 같
　　　은 법 제66조의 범죄
　　다. 「특정 범죄자에 대한 보호관찰 및 전자장치 부착 등에 관한 법
　　　률」 제38조 및 제39조(성폭력범죄로 위치추적 전자장치의 부착
　　　명령이 집행 중인 사람으로 한정한다)의 범죄
　　라. 「성폭력범죄자의 성충동 약물치료에 관한 법률」 제35조의 범죄
④ 법무부장관은 제3항 각 호에 따른 요건의 충족 여부를 확인하기 위하
여 관계 행정기관의 장에게 협조를 요청하거나 등록대상자에게 필요한
자료의 제출을 요청할 수 있다.
[본조신설 2016.12.20.]

제45조의3(신상정보 등록의 종료) ① 신상정보의 등록은 다음 각 호의 어느
하나에 해당하는 때에 종료된다.
　1. 제45조제1항의 등록기간이 지난 때
　2. 제45조의2에 따라 등록이 면제된 때
② 법무부장관은 제1항에 따라 등록이 종료된 신상정보를 즉시 폐기하여
야 한다.
③ 법무부장관은 제2항에 따라 등록정보를 폐기하는 경우에는 등록대상자

가 정보통신망을 이용하여 폐기된 사실을 열람할 수 있도록 하여야 한다. 다만, 등록대상자가 신청하는 경우에는 폐기된 사실을 통지하여야 한다.

④ 제3항에 따른 등록정보 폐기 사실의 열람, 통지 신청과 통지의 방법 및 절차 등에 필요한 사항은 대통령령으로 정한다.

[본조신설 2016.12.20.]

제46조(등록정보의 활용 등) ① 법무부장관은 등록정보를 등록대상 성범죄와 관련한 범죄 예방 및 수사에 활용하게 하기 위하여 검사 또는 각급 경찰관서의 장에게 배포할 수 있다.

② 제1항에 따른 등록정보의 배포절차 및 관리 등에 관한 사항은 대통령령으로 정한다.

제47조(등록정보의 공개) ① 등록정보의 공개에 관하여는 「아동·청소년의 성보호에 관한 법률」 제49조, 제50조, 제52조, 제54조, 제55조 및 제65조를 적용한다.

② 등록정보의 공개는 여성가족부장관이 집행한다.

③ 법무부장관은 등록정보의 공개에 필요한 정보를 여성가족부장관에게 송부하여야 한다.

④ 제3항에 따른 정보 송부에 관하여 필요한 사항은 대통령령으로 정한다.

제48조(비밀준수) 등록대상자의 신상정보의 등록·보존 및 관리 업무에 종사하거나 종사하였던 자는 직무상 알게 된 등록정보를 누설하여서는 아니 된다.

제49조(등록정보의 고지) ① 등록정보의 고지에 관하여는 「아동·청소년의 성보호에 관한 법률」 제50조 및 제51조를 적용한다.

② 등록정보의 고지는 여성가족부장관이 집행한다.

③ 법무부장관은 등록정보의 고지에 필요한 정보를 여성가족부장관에게 송부하여야 한다.

④ 제3항에 따른 정보 송부에 관한 세부사항은 대통령령으로 정한다.

제49조의2(간주규정) ① 「군사법원법」 제2조제1항 각 호의 어느 하나에 해당하는 사람(이하 이 조에서 "군인등"이라 한다)에 대하여 제25조제1항, 제27조제2항·제6항, 제29조, 제30조제4항·제5항, 제33조제1항부터 제4항까지, 제34조, 제40조제1항, 제41조, 제42조제2항·제4항을 적용함에 있

어 "법원"은 "군사법원"으로, "수사기관"은 "군수사기관"으로, "검사"는
"검찰관"으로, "사법경찰관"은 "군사법경찰관"으로, "국선변호사"는 "변
호사 자격이 있는 장교"로 간주한다.
② 군인등에 대하여 제41조제1항을 적용함에 있어 "경찰"은 "군사법경찰
관"으로 간주한다.
③ 군인등에 대하여 제33조제3항을 적용함(같은 조 제4항에 따라 준용되
는 경우에도 같다)에 있어 "법원행정처장"은 "국방부장관"으로 간주한다.
[본조신설 2013.4.5.]

제4장 벌칙

제50조(벌칙) ① 다음 각 호의 어느 하나에 해당하는 자는 5년 이하의 징역
또는 5천만원 이하의 벌금에 처한다.
　1. 제48조를 위반하여 직무상 알게 된 등록정보를 누설한 자
　2. 정당한 권한 없이 등록정보를 변경하거나 말소한 자
② 다음 각 호의 어느 하나에 해당하는 자는 2년 이하의 징역 또는 500
만원 이하의 벌금에 처한다.
　1. 제24조제1항 또는 제38조제2항에 따른 피해자의 신원과 사생활 비
　　밀 누설 금지 의무를 위반한 자
　2. 제24조제2항을 위반하여 피해자의 인적사항과 사진 등을 공개한 자
③ 다음 각 호의 어느 하나에 해당하는 자는 1년 이하의 징역 또는 500
만원 이하의 벌금에 처한다. <개정 2016.12.20.>
　1. 제43조제1항을 위반하여 정당한 사유 없이 기본신상정보를 제출하지
　　아니하거나 거짓으로 제출한 자 및 같은 조 제2항에 따른 관할경찰
　　관서 또는 교정시설의 장의 사진촬영에 정당한 사유 없이 응하지 아
　　니한 자
　2. 제43조제3항(제44조제6항에서 준용하는 경우를 포함한다)을 위반하
　　여 정당한 사유 없이 변경정보를 제출하지 아니하거나 거짓으로 제출
　　한 자
　3. 제43조제4항(제44조제6항에서 준용하는 경우를 포함한다)을 위반하
　　여 정당한 사유 없이 관할 경찰관서에 출석하지 아니하거나 촬영에

응하지 아니한 자

④ 제2항제2호의 죄는 피해자의 명시한 의사에 반하여 공소를 제기할 수 없다.

⑤ 제16조제2항에 따라 이수명령을 부과받은 사람이 보호관찰소의 장 또는 교정시설의 장의 이수명령 이행에 관한 지시에 불응하여 「보호관찰 등에 관한 법률」 또는 「형의 집행 및 수용자의 처우에 관한 법률」에 따른 경고를 받은 후 재차 정당한 사유 없이 이수명령 이행에 관한 지시에 불응한 경우에는 다음 각 호에 따른다. <개정 2016.12.20.>

　1. 벌금형과 병과된 경우는 500만원 이하의 벌금에 처한다.

　2. 징역형 이상의 실형과 병과된 경우에는 1년 이하의 징역 또는 5백만원 이하의 벌금에 처한다.

제51조(양벌규정) 법인의 대표자나 법인 또는 개인의 대리인, 사용인, 그 밖의 종업원이 그 법인 또는 개인의 업무에 관하여 제13조 또는 제43조의 위반행위를 하면 그 행위자를 벌하는 외에 그 법인 또는 개인에게도 해당 조문의 벌금형을 과(科)한다. 다만, 법인 또는 개인이 그 위반행위를 방지하기 위하여 해당 업무에 관하여 상당한 주의와 감독을 게을리하지 아니한 경우에는 그러하지 아니하다.

제52조(과태료) ① 정당한 사유 없이 제43조의2제1항 또는 제2항을 위반하여 신고하지 아니하거나 거짓으로 신고한 경우에는 300만원 이하의 과태료를 부과한다.

② 제1항에 따른 과태료는 대통령령으로 정하는 바에 따라 관할경찰관서의 장이 부과·징수한다. [본조신설 2016.12.20.]

부칙

<제15156호, 2017.12.12.>

이 법은 공포한 날부터 시행한다.

성폭력범죄의 처벌 등에 관한 특례법 시행령

[시행 2017.6.21.] [대통령령 제28115호, 2017.6.20., 일부개정]

제1조(목적) 이 영은 「성폭력범죄의 처벌 등에 관한 특례법」에서 위임된 사항과 그 시행에 필요한 사항을 규정함을 목적으로 한다.

제1조의2(성적 목적을 위한 공공장소 침입행위) 「성폭력범죄의 처벌 등에 관한 특례법」(이하 "법"이라 한다) 제12조에서 "「공중화장실 등에 관한 법률」 제2조제1호부터 제5호까지에 따른 공중화장실 등 및 「공중위생관리법」 제2조제1항제3호에 따른 목욕장업의 목욕장 등 대통령령으로 정하는 공공장소"란 다음 각 호의 어느 하나에 해당하는 장소를 말한다.

  1. 「공중화장실 등에 관한 법률」 제2조제1호부터 제5호까지의 규정에 따른 공중화장실, 개방화장실, 이동화장실, 간이화장실 또는 유료화장실
  2. 「공중위생관리법」 제2조제1항제3호에 따른 목욕장업의 목욕장
  3. 「모자보건법」 제10조의3에 따른 모유수유시설로서 임산부가 영유아에게 모유를 먹일 수 있도록 설치된 장소
  4. 다음 각 목의 어느 하나에 해당하는 시설에 설치된 탈의실 또는 목욕실
    가. 「체육시설의 설치·이용에 관한 법률」 제2조제1호에 따른 체육시설
    나. 「유통산업발전법」 제2조제3호에 따른 대규모점포

[본조신설 2013.6.17.]

제2조(성폭력범죄자의 재범 예방을 위한 시책 마련) 법무부장관은 법 제16조제2항에 따른 수강명령과 성폭력 치료프로그램의 이수명령의 실시에 필요한 프로그램의 개발 및 관련 전문인력의 양성 등 성폭력범죄자의 재범 예방을 위한 시책을 마련하여야 한다. <개정 2013.6.17.>

제3조(신상정보의 제출 내용 등) ① 법 제42조제1항에 따른 신상정보 등록대상자(이하 "등록대상자"라 한다)가 법 제43조제1항에 따라 제출하여야 하는 신상정보(이하 "기본신상정보"라 한다)의 세부 내용은 다음 각 호와 같다. <개정 2015.1.20., 2015.6.22., 2017.6.20.>

1. 성명: 한글과 한자(한자 성명이 있는 경우만 해당한다)로 표기하되, 외국인인 경우 한글과 영문으로 표기한다.
2. 주민등록번호. 다만, 외국인 및 「재외동포의 출입국과 법적 지위에 관한 법률」 제2조제1호에 따른 재외국민(주민등록을 하지 아니한 경우만 해당하며, 이하 "재외국민"이라 한다)과 같은 조 제2호에 따른 외국국적동포(이하 "외국국적동포"라 한다)에 대해서는 다음 각 목의 구분에 따라 표기한다.
   가. 외국인의 경우: 국적·여권번호 및 외국인등록번호(외국인등록번호가 없는 경우에는 생년월일)
   나. 재외국민의 경우: 여권번호 및 생년월일
   다. 외국국적동포의 경우: 국적·여권번호 및 같은 법 제7조제1항에 따라 부여된 국내거소신고번호(국내거소신고번호가 없는 경우에는 생년월일)
3. 주소 및 실제거주지: 다음 각 목의 구분에 따라 표기한다.
   가. 내국인의 경우: 「주민등록법」에 따라 신고한 주소와 실제거주지 주소
   나. 외국인의 경우: 「출입국관리법」 제32조에 따라 등록한 국내 체류지와 실제거주지 주소
   다. 외국국적동포의 경우: 「재외동포의 출입국과 법적 지위에 관한 법률」 제6조에 따라 신고한 국내 거소와 실제거주지 주소
4. 직업 및 직장 등의 소재지: 직업, 직장명, 직장 소재지의 주소를 표기한다.
5. 연락처: 다음 각 목과 같이 구분하여 표기한다.
   가. 전화번호: 주거지 전화번호, 휴대전화 번호 또는 그 밖에 연락할 수 있는 전화번호
   나. 전자우편주소
6. 신체정보(키와 몸무게): 키는 센티미터로, 몸무게는 킬로그램으로 각각 표기한다.
7. 소유차량의 등록번호: 본인 명의로 등록된 모든 차량의 등록번호를 표기한다.
② 기본신상정보 및 법 제43조제3항에 따른 변경정보(이하 "변경정보"라

한다)는 등록대상자가 자신의 주소지 또는 거주지를 관할하는 경찰관서의 장(이하 "관할경찰관서의 장"이라 한다)에게 직접 방문하여 제출하여야 한다. 다만, 등록대상자가 교정시설 또는 치료감호시설(이하 "교정시설등"이라 한다)에 수용된 경우에는 그 교정시설의 장 또는 치료감호시설의 장(이하 "교정시설등의 장"이라 한다)에게 제출하여야 한다. <개정 2017.6.20.>

③ 관할경찰관서의 장 또는 교정시설등의 장은 기본신상정보와 변경정보를 받으면 다음 각 호의 관련 서류를 확인하는 방법으로 그 진위를 확인하여야 한다. <개정 2015.1.20., 2017.6.20.>

  1. 주민등록증(재외국민의 경우에는 여권을 말한다)·운전면허증 또는 학생증

  2. 여권 및 외국인등록증(외국인만 해당한다)

  3. 여권 및 「재외동포의 출입국과 법적 지위에 관한 법률」 제7조에 따른 국내거소신고증 또는 국내거소신고 사실증명(외국국적동포인 경우만 해당한다)

  4. 재직증명서

④ 관할경찰관서의 장 또는 교정시설등의 장은 제2항에 따라 기본신상정보와 변경정보를 받으면 기재사항 중 빠진 것이 없는지를 확인한 후 제출 일시를 적은 확인서를 지체 없이 등록대상자에게 발급하여야 한다. 이 경우 다음 각 호의 사항이 기재된 안내문을 함께 교부하여야 한다. <개정 2017.6.20.>

  1. 법 제43조에 따른 신상정보의 제출 의무에 관한 사항

  2. 법 제43조의2에 따른 출입국 시 신고의무 등에 관한 사항

  3. 법 제44조제2항에 따른 등록정보의 열람 및 통지에 관한 사항

  4. 법 제45조의2에 따른 신상정보 등록의 면제에 관한 사항

  5. 법 제45조의3제3항에 따른 등록정보 폐기 사실의 열람 및 통지에 관한 사항

⑤ 관할경찰관서의 장 또는 교정시설등의 장은 법 제43조제2항 또는 제4항에 따라 등록대상자의 사진을 촬영할 때에는 선명한 화질을 얻도록 충분히 조명을 밝힌 상태에서 600만 화소 이상의 해상도를 가진 카메라로 촬영하고, 등록대상자의 정면·좌측·우측 상반신 및 전신 컬러사진을

각각 구분하여 전자기록으로 저장·보관하여야 한다. 이 경우 전자기록의 파일명을 등록대상자의 성명과 생년월일로 하여야 한다.

⑥ 교정시설등의 장은 법 제43조제4항 단서에 따라 촬영한 등록대상자 사진의 전자기록과 다음 각 호의 사항을 기재한 서면을 등록대상자가 출소되기 2개월 전까지 법무부장관에게 송달하여야 한다. 다만, 등록대상자가 가석방, 가종료 또는 가출소되는 경우에는 출소 5일 전까지 법무부장관에게 송달하여야 한다.

　1. 등록대상자의 출소 예정일

　2. 등록대상자의 출소 후 거주지

　3. 등록대상자의 출소 사유

⑦ 기본신상정보와 변경정보에 관한 제출 서식 및 신상정보 제출 확인서 등에 관하여 필요한 사항은 법무부령으로 정한다. <개정 2017.6.20.>

제4조(신상정보의 송달) 법 제43조제5항에 따른 기본신상정보 및 변경정보의 송달은 등기우편으로 하고, 전자기록의 송달은 행정기관의 정보통신망 등을 이용하여 한다. <개정 2017.6.20.>

제4조의2(출입국 시 신고 등) ① 법 제43조의2제1항에 따라 등록대상자는 6개월 이상 국외에 체류하기 위하여 출국하는 경우 출국하기 전까지 관할경찰관서의 장에게 법무부령으로 정하는 출국신고서를 제출하여야 한다.

② 제1항에 따라 출국신고서를 제출한 등록대상자는 사정변경 등으로 출국을 하지 아니하거나 출국 후 입국 예정일까지 입국을 할 수 없게 된 경우에는 지체없이 관할경찰관서의 장에게 알려야 한다.

③ 등록대상자는 법 제43조의2제2항에 따라 입국한 날부터 14일 이내에 관할경찰관서의 장에게 법무부령으로 정하는 입국신고서를 제출하여야 한다. 다만, 그 기간 내에 입국신고서를 제출할 수 없는 특별한 사정이 있는 경우에는 그 사유가 소멸한 날부터 7일 이내에 소명자료를 첨부하여 입국신고서를 제출하여야 한다.

④ 법 제43조의2제3항에 따라 관할경찰관서의 장은 제1항에 따른 출국신고서 및 제3항에 따른 입국신고서 등 등록대상자의 출입국에 관한 정보를 등기우편으로 법무부장관에게 송달하여야 한다.

[본조신설 2017.6.20.]

제5조(신상정보의 등록 등) ① 법무부장관은 법 제43조제5항·제6항 및 법

제43조의2제3항에 따라 관할경찰관서의 장 또는 교정시설등의 장으로부터 송달받은 정보와 법 제44조제4항 전단에 따라 관계 행정기관의 장으로부터 조회된 내용을 확인한 후 성범죄자 등록정보 원부(이하 "등록정보원부"라 한다)에 등록하여야 한다. <개정 2017.6.20.>

② 법 제44조제1항 각 호의 등록대상자 정보의 세부 내용은 다음 각 호와 같다.

  1. 등록대상 성범죄 경력정보: 다음 각 목의 사항

    가. 등록대상 사건의 판결일자

    나. 판결법원

    다. 사건번호

    라. 죄명

    마. 선고 형량 및 범죄사실의 요지

  2. 성범죄 전과사실(죄명, 횟수): 다음 각 목의 사항

    가. 등록대상 사건의 확정 판결일 이전에 유죄판결이 확정된 성범죄의 죄명

    나. 등록대상 사건의 확정 판결일 이전에 성범죄로 유죄판결이 확정된 횟수

  3. 「특정 범죄자에 대한 보호관찰 및 전자장치 부착 등에 관한 법률」에 따른 전자장치 부착 여부: 전자장치 부착 여부 및 부착 기간(부착기간은 부착명령을 받은 경우에 한정한다)

③ 등록정보원부의 서식과 작성 방식 등에 관한 구체적인 사항은 법무부령으로 정한다.

제5조의2(등록정보의 열람 방법 등) ① 법 제44조제1항 또는 제4항 전단에 따라 등록한 정보(이하 "등록정보"라 한다)의 열람은 등록대상자가 「형사사법절차 전자화 촉진법」 제2조제6호에 따른 형사사법포털(이하 이 조에서 "형사사법포털"이라 한다)에 접속하여 열람하는 방법으로 한다.

② 제1항에 따른 등록정보의 열람은 등록대상자 본인 외에는 할 수 없다.

③ 형사사법포털의 접속절차·방법 등 그 밖에 등록정보의 열람에 필요한 사항은 법무부장관이 정한다.

[본조신설 2017.6.20.]

제5조의3(등록정보의 통지 방법 및 절차) ① 등록대상자는 법 제44조제2항 단서에 따라 등록정보의 통지를 신청하거나 그 신청을 철회하려는 경우에는 법무부령으로 정하는 신청서를 직접 방문하거나 등기우편으로 법무부장관에게 제출하여야 한다.

② 법무부장관은 법 제44조제2항 단서 또는 같은 조 제4항 후단에 따라 등록정보를 통지하여야 하는 경우에는 등기우편으로 그 내용을 통지하여야 한다.

[본조신설 2017.6.20.]

제6조(등록정보의 관리) ① 법무부장관은 법 제45조제7항 및 제8항에 따라 등록정보의 진위와 변경 여부를 확인하기 위하여 필요하면 성범죄자 등록정보를 관할경찰관서의 장에게 제공할 수 있다. <개정 2017.6.20.>

② 법 제45조제7항에 따른 직접 대면 등의 방법은 등록대상자를 경찰관서에 출석시키는 방법을 포함한다. <개정 2017.6.20.>

③ 법 제45조제7항 및 제8항에 따라 관할경찰관서의 장으로부터 등록정보의 진위와 변경 여부 확인 결과를 송부받은 법무부장관은 그 내용을 확인한 후 변경된 정보를 등록정보원부에 등록하여야 한다. <개정 2017.6.20.>

제6조의2(신상정보 등록의 면제 신청 등) ① 법 제45조의2제2항에 따른 신상정보 등록의 면제를 신청하려는 등록대상자(이하 "면제 신청인"이라 한다)는 법무부령으로 정하는 신청서를 직접 방문하거나 등기우편으로 법무부장관에게 제출하여야 한다.

② 제1항에 따른 면제 신청인으로부터 신상정보 등록의 면제 신청을 받은 법무부장관은 법 제45조의2제2항 각 호의 기간 경과 여부와 법 제45조의2제3항 각 호에 따른 면제 요건 충족 여부를 확인한 후 등록의 면제 신청을 받은 날부터 20일 이내에 신상정보 등록의 면제 여부를 결정하여야 한다. 이 경우 법 제45조의2제2항 각 호의 기간 경과 여부는 등록면제 신청일을 기준으로 하고, 법 제45조의2제3항 각 호에 따른 면제 요건 충족 여부는 등록면제 결정일을 기준으로 한다.

③ 법무부장관은 면제 신청인이 등록의 면제 여부의 결과를 정보통신망을 이용하여 열람할 수 있도록 하여야 한다. 다만, 면제 신청인이 요청하는 경우에는 등기우편으로 통지하여야 한다.

④ 제3항에 따른 등록면제 신청 결과의 열람 방법 등에 관하여는 제5조

의2를 준용한다.

[본조신설 2017.6.20.]

제6조의3(등록정보 폐기 사실의 열람 방법 등) ① 법 제45조의3제3항 본문에 따른 등록정보 폐기 사실의 열람 방법 등에 관하여는 제5조의2를 준용한다.

② 법 제45조의3제3항 본문에 따라 등록정보 폐기 사실을 열람할 수 있는 기간은 법 제45조의3제1항에 따라 등록이 종료된 때부터 1년으로 한다.

[본조신설 2017.6.20.]

제6조의4(등록정보 폐기 사실의 통지 방법 및 절차) ① 등록대상자는 법 제45조의3제3항 단서에 따라 등록정보 폐기사실의 통지를 신청하거나 그 신청을 철회하려는 경우 법무부령으로 정하는 신청서를 직접 방문하거나 등기우편으로 법무부장관에게 제출하여야 한다.

② 법무부장관은 제1항에 따라 등록정보 폐기 사실의 통지 신청을 받은 경우 등기우편으로 그 내용을 통지하여야 한다.

③ 법무부장관은 법 제44조제4항 전단에 따라 등록된 신상정보가 법 제45조의3제2항에 따라 폐기된 경우에는 등기우편으로 해당 등록대상자에게 그 사실을 통지하여야 한다.

[본조신설 2017.6.20.]

제7조(등록정보의 활용 등) ① 법무부장관은 법 제46조제1항에 따른 등록정보의 배포를 갈음하여 검사나 각급 경찰관서의 장에게 법무부장관이 운영하는 정보통신망에 접속하여 등록정보를 조회하거나 출력하게 할 수 있다.

② 제1항에 따라 출력된 등록정보는 그 활용 목적을 다하거나 법 제45조의3제1항에 따라 신상정보의 등록이 종료되면 즉시 폐기하여야 한다. <개정 2017.6.20.>

제8조(등록정보의 송부) ① 법무부장관은 법 제47조제3항과 제49조제3항에 따라 등록정보의 공개와 고지에 필요한 정보(제6조제3항에 따라 등록정보원부에 등록한 변경된 정보를 포함한다)를 등록정보원부에 등록한 후 지체 없이 여성가족부장관에게 송부하여야 한다.

② 제1항에 따른 정보의 송부는 행정기관의 정보통신망 등을 이용하여 한다.

제9조(민감정보 및 고유식별정보의 처리) ① 법무부장관, 검사 또는 사법경찰관은 다음 각 호의 사무를 수행하기 위하여 불가피한 경우 「개인정보 보호법」 제23조에 따른 건강에 관한 정보, 같은 법 시행령 제18조제2호에 따른 범죄경력자료에 해당하는 정보 및 같은 영 제19조에 따른 주민등록번호, 여권번호, 운전면허의 면허번호 또는 외국인등록번호가 포함된 자료를 처리할 수 있다.

  1. 법 제27조제6항에 따른 국선변호사의 선정 등에 관한 사무

  2. 법 제35조 및 제36조에 따른 진술조력인의 자격·양성·교육 등에 관한 사무

  3. 제1호 또는 제2호에 따른 사무를 수행하기 위하여 필요한 사무

② 법무부장관, 여성가족부장관, 검사, 관할경찰관서의 장, 각급 경찰관서의 장, 교정시설등의 장, 관계 행정기관의 장 또는 사법경찰관은 다음 각 호의 사무를 수행하기 위하여 불가피한 경우 「개인정보 보호법」 제23조에 따른 건강 및 성생활에 관한 정보, 같은 법 시행령 제18조제1호 및 제2호에 따른 유전정보 및 범죄경력자료에 해당하는 정보 및 같은 영 제19조에 따른 주민등록번호, 여권번호, 운전면허의 면허번호 또는 외국인등록번호가 포함된 자료를 처리할 수 있다. <개정 2017.6.20.>

  1. 법 제25조에 따른 피의자의 얼굴 공개 등에 관한 사무

  2. 법 제43조의2에 따른 출입국 시 신고의무 등에 관한 사무

  3. 법 제44조에 따른 등록대상자의 신상정보 등록 등에 관한 사무

  4. 법 제45조에 따른 등록정보의 관리에 관한 사무

  5. 법 제45조의2에 따른 신상정보 등록의 면제에 관한 사무

  6. 법 제45조의3에 따른 신상정보 등록의 종료에 관한 사무

  7. 법 제46조에 따른 등록정보의 활용 등에 관한 사무

  8. 법 제47조에 따른 등록정보의 공개에 관한 사무

  9. 법 제49조에 따른 등록정보의 고지에 관한 사무

  10. 제1호부터 제9호까지의 규정에 따른 사무를 수행하기 위하여 필요한 사무

③ 법 제27조제6항에 따른 국선변호사 또는 법 제35조에 따른 진술조력인은 다음 각 호의 업무를 수행하기 위하여 불가피한 경우 제2항에 따른 개인정보가 포함된 자료를 처리할 수 있다.

1. 법 제27조제6항에 따른 국선변호사가 수행하는 성폭력범죄의 피해자
   에 대한 법률적 조력 업무
2. 법 제35조에 따른 진술조력인이 수행하는 성폭력범죄의 피해자에 대
   한 의사소통 중개나 보조 업무
3. 제1호 또는 제2호에 따른 업무를 수행하기 위하여 필요한 업무

제10조(과태료의 부과기준) 법 제52조제2항에 따른 과태료 부과 기준은 별
   표와 같다.
[본조신설 2017.6.20.]

부칙
<제28115호, 2017.6.20.>

이 영은 2017년 6월 21일부터 시행한다.

◆ 편저 이 창 복 ◆
• 경찰공무원 명예퇴직
• 로펌사무소 청소년 담당실무 국장
• 안산 학교폭력 선도위원
• 학교폭력 청소년 비행방지 위원회 연구위원
• 학교폭력 청소년 비행방지 위원회 회장
• 저서 : 형벌법 실무대전
　　　　 형사사건 쉽게 해결하는방법
　　　　 진정서 탄원서 내용증명서 고소장 작성방법
　　　　 학교폭력 해소와 법률적대처

성희롱 · 성추행 · 성폭력
대처방법과 법률적 해결　　　　　　정가 18,000원

2025年 5月 20日　인쇄
2025年 5月 25日　**발행**
　編 著 : 이 창 복
　발행인 : 김 현 호
　발행처 : 법문 북스
　공급처 : 법률미디어

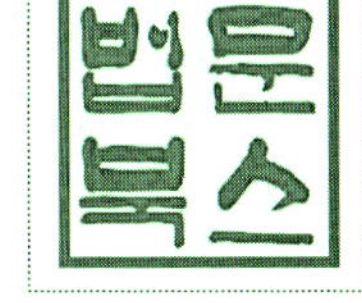

서울 구로구 경인로 54길4 (우편번호 : 08278)
TEL : 2636-2911-2,　FAX : 2636-3012
등록 : 1979년 8월 27일 제5-22호
Home : www.lawb.co.kr

▌ISBN 978-89-7535-664-3 (13360)
▌이 도서의 국립중앙도서관 출판예정도서목록(CIP)은 서지정보유통지원시스템 홈페이지(http://seoji.nl.go.kr)와　　　　　　국가자료공동목록시스템 (http://www.nl.go.kr/kolisnet)에서 이용하실 수 있습니다. (CIP제어번호 : CIP2018015009)
▌파본은 교환해 드립니다.